新媒体与大学生心理健康教育融合发展的路径研究

章园园 ◎著

中国商业出版社

图书在版编目（CIP）数据

新媒体与大学生心理健康教育融合发展的路径研究 /
章园园著. -- 北京 ：中国商业出版社，2024．7.
ISBN 978-7-5208-3002-7

Ⅰ．G444

中国国家版本馆 CIP 数据核字第 2024ED6121 号

责任编辑：郝永霞

策划编辑：佟　彤

中国商业出版社出版发行

（www.zgsycb.com　100053　北京广安门内报国寺1号）

总编室：010-63180647　　编辑室：010-83118925

发行部：010-83120835/8286

新华书店经销

廊坊市源鹏印务有限公司印刷

787毫米×1092毫米　　16开　　14.25印张　　231千字

2024年7月第1版　2024年7月第1次印刷

定价：68.00元

前　言

数字技术和网络技术的快速迭代及迅猛发展使得互联网成为社会重要的基础设施之一，新媒体发展也呈现出不同于以往的新面貌。新媒体对全球媒体格局的影响进一步深化，影响着国际传播与信息新秩序的重组与建立。新媒体正迅速渗透人类社会的政治、经济、思想、文化等诸多领域，不仅改变了社会的传播形态，也影响着人们的生活方式和思维方式。由此，新媒体也成为新闻学、传播学等诸多领域的热点研究问题。伴随着互联网的普及，媒体融合成为未来媒体发展及媒体传播的主流趋势。网络活动已成为大学生日常学习的有机组成部分。同时，在媒介融合下，大学生心理健康教育也迎来了新的发展契机，即充分利用媒介融合所带来的信息沟通以及信息传播等优势推动高校大学生心理健康教育模式的创新。培育心理健康教育新常态是新时期大学生心理健康教育的崭新课题。在媒体融合下可以最大限度地发挥媒体在信息传播和沟通方面的巨大优势，更好地促进大学生心理健康教育工作的开展。

本书是新媒体与大学生心理健康教育融合发展的路径研究方向的著作，本书从新媒体概论和大学生心理健康介绍入手，针对新媒体的特征、技术、分类以及健康与心理健康、大学生心理健康的标准、大学生心理特征及常见的心理问题进行了分析研究；对大学生心理咨询与治疗、大学生心理健康教育课程建设做了一定的介绍；剖析了网络环境下大学生心理健康教育模式、大学生自我意识与情绪管理、大学生人际交往、从众心理与生命教育以及大学生心理健康教育的完善与对策等内容。旨在摸索出一条适合新媒体环境下大学生心理健康发展的科学道路，帮助大学生在应用中少走弯路，运用科学方法，提高效率，对新媒体与大学生心理健康教育融合发展的路径研究有一定的借鉴意义。

虽然本书作者已经尽心竭力、力求完善，但由于时间和学识水平有限，书中难免存在缺陷及错误之处，欢迎读者批评指正。

目　录

第一章 新媒体概论

第一节 新媒体的特征

广义的新媒体的概念更能反映出当前媒体生态的发展和变化格局，即新媒体是一个相对的且不断变化的概念，它在时间上具有相对性，并随着技术的革新而不断更新。强调从与传统媒体的比较优势出发来定义新媒体，如传播的高速度、高共享性、高互动性以及信息的多媒体化等。因此，新媒体概念包含三个层次：底层是互联网媒体技术；中间层次是新媒体应用和各种新媒体产品，即运用相关技术构建的特定应用软件，如新浪微博和腾讯微信等；最高层次是新媒体平台，即在某个产品中其用户和运营者所共同组成的媒体生态环境。

进入 21 世纪，我国对新媒体的研究持续升温。新媒体的形态层出不穷，媒体技术的发展也是日新月异。作为信息科技和媒体产品的统一体，新媒体在传播过程中所展现出来的特征也各有侧重。同新媒体的概念一样，人们对于新媒体的特征也有着不同的见解。

一、新媒体特征的多维论述

作为一种全新的传播媒介形态，新媒体与传统媒体相比有其革命性。这种革命性可总结为以下十一点：

第一，新媒体可以在最短的时间内获取海量信息；

第二，真实与虚拟之间的鸿沟正在模糊与淡化；

第三，新媒体是所有人对所有人的传播；

第四，新媒体是自媒体，受众可以广泛且深入参与；

第五，新媒体促成了多元、多角度、多观点并存；

第六，新媒体使受众对信息拥有自主选择权；

第七，新媒体传播是开放式的，不受审查制度的限制；

第八，新媒体包含的信息多、内容多且商机无限；

第九，新媒体使地域边界消失，使时空压缩；

第十，新媒体是双向传播的；

第十一，新媒体将少数人手中的媒介权力还给大众。

在这些总结中，其实已经涵盖许多新媒体的特征。类似这种从"新""旧"媒体的比较出发来概括新媒体特征的，在学界和业界内并不少见。

首先，传统媒体的信息虽然具有一定的质量优势和权威性，但线性传播的方式显然已经无法满足当代受众的需求。相比之下，新媒体所特有的信息自我繁殖与扩散能力，在相当程度上弥补了其内容上的不足。

其次，所谓分众定制，是指新媒体可以按受众兴趣或信息需求来提供个性化服务；而传统媒体的信息扩散方式遵循着一定的规律，将统一制作的信息传播给所有受众。进入信息时代之后，人们对信息的需求及获取方式有了改变，受众逐渐呈现出细分趋势，分众定制则能很好地迎合这一趋势。

最后，在互动即时性上，新媒体相对于传统媒体而言具有绝对的优势。作为提高媒体用户黏度和忠诚度的有效途径，传统媒体也正在逐步提高信息传播时的互动性与即时性。

随着信息产业的高速发展，以移动通信技术为载体的新媒体迅速崛起并成功融入了普通人的日常生活。当前新媒体的主要特征是数字化、分众化和互动性。在新媒体使用过程中，新媒体传播表现出载体综合性强、内容立体性强和传播范围极广的特点。互动性强的另一面，受众的广泛参与也会带来新媒体传播专业性的降低，比如越来越多的普通手机使用者可以拿起手机自主地进行摄影，遇到新闻现场，人们可以轻松地使用手机进行拍摄记录，然后进行新闻摄影传播，从而使新闻编辑以及新闻报道时间都大大缩短，但与此同时，其也带来了某种专业性的损失和降低。微信、微博等当前流行的新媒体是这些特征的真实写照。

还有研究者从传播质量的角度出发，提出在新媒体与传统广播电视的融合过程中，新媒体可以在对传统电视广播的传播方式进行继承的基础上对传统广播电视的传播速度进行提升。在对广播电视的传播范围进行拓展的同时，也可以让广播电视的传播效果得到有效的强化。比如，有线数字电视为观众提供天气、生活、新闻、政务和文化等多方面的信息，为政府的阳光政务体系的构建提供帮助，为市民查询道路交通和房产信息等生活资讯提供帮助等；移动数字电视则主要服务于地铁、城市公交和出租车等公共交通工具，为观众提供新闻资讯、体育赛事等服务。互联网、电信和广电的视听业务通过新媒体技术进行了有效的整合，从而更好地满足了不同受众群体的需求，最终提升了广播电视的传播效果。

二、新媒体的主要特征

尽管表述的方式和角度不同，但以上提到的这些特征在我们平时对新媒体的实际应用中都有所体现。因此，集百家之言，可以将新媒体的主要特征概括如下。

（一）数字化：新媒体的最显著特征

数字化传播是指将数据、光波和声波的物理性质转写为数字（0，1）——一种抽象的符号，这种数字编码可以立即通过算法来完成某种数学计算以达到不同的传播效果。媒体的发展历来遵循着技术发展的脚步，20 世纪 40 年代产生的数字技术可以说为媒体带来了历史上最大的一次变革。从技术特性来看，新媒体的信息载体是比特；从传播特性来看，新媒体使用的是数字语言；从发展角度来看，新媒体在本质上是计算机技术发展的产物。由此可以得出，新媒体首先是数字的，数字技术的发展催生了新媒体的诞生，因而数字化也就成了新媒体最显著的特征。

新媒体的数字化特征不仅表现在传输手段和接收终端的多样化上，还表现在表达形式上。新媒体在表达形式上打破了传统媒体的固定表达模式，实现了以多种方式呈现信息。不同于平面媒体（以文字、图像表达）、广播媒体（以声音表达）及电视媒体（运用影像、声音表达），新媒体几乎涵盖了这些传统媒体的所有表达方式，如文字、声音、图像和动画，甚至虚拟环境俱全。

数字技术不仅融合了媒介的表达形式，还打破了媒介之间的壁垒，使同一内容多介质的实现成为可能。具体来讲，新媒体的数字化将使报纸、杂志、广播、电视、互联网、手机、移动电视等媒介形式的未来变得难以区别且充满想象。新媒体文本从物理、化学和工程学等物质领域中释放出来，并转移到象征性的计算机领域，这种转移的根本性后果表现为媒介文本是"去物质化的"，数据可以被压缩在极小的空间里，被高速接入且被非线性访问。

（二）交互性是新媒体的本质特征

在新媒体传播中，没有绝对的权威和中心，可以说是"处处是边缘，无处是中心"，这主要归功于新媒体的交互性。交互指的是用户直接干预和改变他们所访问的图像和文本的能力。交互性，即相互作用与相互影响之意，也被称为互动性，它是新媒体区别于传统媒体的重要特征之一。在交互式多媒体文本中，有一种必要的意识是用户的积极干预，通过观看、阅读与行动以产生意义。

就传播模式而言，传统媒体以"点对面"进行单向线性传播，而以网络为平台的新媒体则采取交互式传播，其既能实现"点对面"的传播，也能实现"点对点"或是"面对面"的传播。网络的交互性表现在许多方面，如即时通信工具（QQ、微信、微博等）、BBS论坛/留言板、SNS网站（Facebook、Twitter等）等。通过这些新媒体，用户不仅可以随时保持沟通并浏览符合自己喜好的信息，更能轻松发布信息或评论，如此良好的交互性既得益于网络信息发布的低门槛，也得益于信息传播方式的灵活性，通过新媒体，以往"以传者为中心"的传播模式逐渐走向"以受众为中心"这一符合传媒发展规律的新型传播模式。

就信息形成的过程而言，交互性使得信息不再依赖于某一方发出，而是在双方的交流过程中形成。在信息传播的过程中，新媒体的交互性不断推进传受双方交流的增强，原本媒体与受众之间的失衡关系重新得到了平衡，网络上不再有信息传播控制者，取而代之的是信息传播参与者。由此，受众不仅能在极大范围内选择接收自己所需要的信息，而且能参与信息的发布与传播。新媒体的这种交互性使受众的主导性和自主性得到了空前的增强，我们时常可以在电视新闻中看到由观众提供的视频画面，许多突发事件也常常由受众在第一时间通过网络平台发布。

（三）"非线性传播"是新媒体的区别性特征

"非线性"本是数学中的一个概念，它指的是一个变量与相应的函数之间的关系不是用一元一次方程所能表达的，在直角坐标系上，它呈现为曲线而非直线。在传播学中，简单理解，线性是"死"的，而非线性是"活"的。

这里说的"死"是指线性传播的主要特点是无间断性和方向确定性，线性传播的关系好比两个固定的点之间的"一线牵"，即我们通常所说的传统媒体的由传向受的单向传播关系。同理，所谓的"活"是指非线性传播的特点在于交互而非单线、交叉而非径直、动态而非稳态，即新媒体时代的多向传播。

与传统媒体延续几十年甚至上百年的线性传播不同，新媒体的传播是非线性的，它强调受众的自主选择与反馈。新媒体将信息以数据库的形式引入，其流程是并置的、非线性的，同时借助于先进的网络技术和检索技术，在特定的信源与信宿系统所产生信息的聚合作用，实现比传统媒体更为定向及实时的传播，从而满足用户对媒体"开放性"的需求。

就本质而言，新媒体的非线性传播其实也是一种双向/互动的传播方式。在双向/多向互动的模式下，两个或多个参与者进行意见交换和协商，可以实现"所有人对所有人"的传播。其中，传者和受者的角色可以随时互换，同时，传受双方对信息的反馈又能及时调整传播的行为与方式，以有效地增强双方在意义上的一致性。此外，信息在非线性传播中的往返流动也有利于传受者共同创造和分享信息。

（四）即时性和共享性打破时空界限

一般而言，传统媒体有出版周期和播出周期，且对版面和时长都有严格的规定，因而其传播受到时间及空间的限制。相比之下，新媒体在传播的即时性和共享性上具有明显的优势，其能够彻底打破时空界限，真正实现了麦克卢汉的"地球村"设想。

以网络为代表的新媒体由于以光纤通信线路为载体，传播速度可达30万公里/秒，可以瞬间到达地球上的任何地方，因此，以新媒体为载体的信息其传播速度及更新速度也是以秒计算的。对于媒体而言，这种即时性体现在可以随时更新新闻信息、24小时不间断发稿以及对突发事件进行直播，从而使受众在第一时间获取第一手信息；对于受众而言，即时性不仅体现在可以通过网络和移动终端随时随地接收信息，还体现在受众能够作为传播者将所见所闻于第一时间发布出去，将信息与其他用户共享。

通过多点对一点的即时报道，人们可以通过社交媒体了解到世界上最新发生的事情。对于新闻来讲，这种原生态、即时、海量的信息，是挖掘新闻素材的巨大宝库。

互联网将全世界的计算机和计算机网络连接起来，形成了一个巨大无比的数据库，而超链接技术又将这些互联网上的信息融会贯通，在无限扩大传播空间的同时，也为网络用户提供了海量的信息。以数字技术和网络技术为基础的新媒体改变了传统媒体信息传播严格受控的限制：传播时间上的开放性实现了信息的即时传播；传播空间上的开放性则促使了传播地域上的全球覆盖以及信息的海量储存，它是实现信息共享的坚实基础。

（五）"个性化"服务实现"小众化"传播

总体来说，传统媒体属于大众传播，通过传播实现信息的大众化覆盖。受众面对传播内容大致相同的传统媒体，尽管可以选择看哪份报纸或哪个频道，但对信息几乎没有选择权，即使现在的传统媒体纷纷开辟分众市场，但就其本质而言，仍旧是在分众市场中的大众传播。相比之下，新媒体能为受众提供个性化服务，通常，新媒体的"个性化"显现在其细节设计中。当前，包括 Vlog、短视频、微博与微信在内的社交网络媒体都为用户提供了个性化的服务，从主页装饰、页面排版、好友管理到图片视频的分享等，人们可以以任何形式发布、转载与评论各种内容和信息。当然，这只是个性化的一个方面，它的另一个方面表现在新媒体改变了以往受众收听广播和收看电视必须同步的特点，实现了传播与接收的异步性，人们可以在任意时间接收信息，对有兴趣的信息甚至可以通过收藏、下载等方式反复浏览。

对于新媒体而言，人们对信息不仅有选择权，还有控制权，可以创造信息的内容并改变传播的形式。通过互联网中的各种检索引擎，人们可以在庞大的网络数据库中根据需要各取所需。另外，互联网技术的发展也使人们能够自由选择以何种方式、通过何种媒介来获取某种信息，或是根据自己的喜好在网络上与不同的人群讨论兴趣相投的话题，形成一个个"小圈子"。

这样的"小圈子"在新媒体时代十分常见，譬如 BBS、QQ 群、微信群等。互联网的交互性特点决定了人们在网络上以"群居"活动为主，志趣相投的人在网络平台上更容易形成一个特定的群体，这就自动为小众化传播提供了受众。而新媒体就是通过个性化服务来抓住这些群体的特定需求，并不断增强用户对媒体的黏度，从而实现针对性强的小众化传播，以取得良好传播效果。

（六）"智能化"与用户的深度关联

面对媒介融合的大趋势，新媒体传播对各种传播形式的"兼容并包"，不断丰富着信息的传播方式和表达方式，也反过来不断推动着媒介融合的进程。媒介融合最初的本意是各种媒介呈现出多功能一体化的趋势。但随着融合的进一步深入，新媒体逐渐成长为一种兼容文字、图片、声音、动画、影像的媒体类型或者平台。

在媒介融合的深度发展阶段，最引人注目的一个发展波峰就是智能化媒体的出现。新媒体将人类的感官系统及思维系统与新媒体进行连接，无须复杂的操作，便能按照日常生活的习惯来对新媒体发出指令。移动终端上的运动记录 App 和运动手环、智能音箱、智能家居等都是这一功能在当下的具体体现及应用。这些智能媒体是通过数据交互、社交互联和体感延伸来满足人类五感自然延伸的物质需求和精神需求的，是一种与人类个体、社交和工作密切相关的深度联系。

人工智能的使用日益普及，使得智能化的生活方式触手可及，同时这也在督促着新媒体行业走向智能化并提高其社会适用性。新媒体技术的改革和升级，能使新媒体技术更加适用于社会上的各行各业，将新媒体技术的优势充分融合到其他行业的发展之中，使社会的整体发展通过新媒体技术进行有效的整合。新媒体技术在发展的过程中，应该将社会的实际情况，社会大众的生活方式以及人们对信息的要求进行综合考虑，从而使新媒体技术的发展更加适应大众的需要。

由此可见，新媒体的诞生和发展不仅是人类传播历史上的一次飞跃，它的传播理念、传播方式、传播内容及表达形式也为我们所生活的社会带来了前所未有的影响。以网络为代表的新媒体不仅改变着我们所生活的世界，也不断改变着人们的生活方式及思维习惯。

第二节 新媒体技术

传播技术在人类社会发展中占据非常重要的地位，它作为新媒体发展过程中一个不可或缺的因素，与新媒体息息相关。从新媒体的概念及特征中，我们已经知道新媒体是在网络技术基础之上诞生并发展的。新媒体技术主要包含采集和生产技术、处理技术、传输技术、存储技术和播放显示技术，并且涵盖了围绕互联网和移动通信的输入、处理与输出全过程的各项技术。

一、驱动新媒体发展的技术类型

（一）数字技术

数字技术是一项与电子计算机相生相伴的科学技术，它是指借助一定的设备，将各种信息包括图片、文字、声音、影像等转化为电子计算机所能识别的二进制数字"0"和"1"后，进行运算、加工、存储、传送和还原的技术。数字技术是现代计算和通信综合处理文字、声音、图形、图像及其他信息的技术，使抽象的信息转化为可以感知、管理和互动的一种新兴科技。在数字化时代，比特流与信息流成为生活空间的一部分，人与人的交互以Internet为介质。人们的学习、生活、工作大量利用互联网，家电会被组织成家庭网络由电脑来管理，人们可以在任何地点与任何时间用任何设备来获得需要的信息。

数字技术在新媒体应用中彰显了独特魅力，它从信息传递延伸到人类生活的各个方面，给社会经济和社会生活带来了重要的影响。数字信号抗干扰性强、信号质量高且还原效果出色。比如，模拟信号的视频录影带通过以前的线性编辑系统多次反复翻录和编辑，录影带上的信息呈现质量就会大大降低，如出现马赛克画面或因磁迹掉落而丢失画面；而采用数字技术设备录制的资料，可以用非线性编辑系统重复编辑多次，且不会降低画面质量，利用率极高。同时，数字压缩编码技术极大地增加信息的储存容量和传输数量，而且不影响传输的速度和质量。数字技术可以与移动通信平台和互联网平台进行多个媒体平台之间的信息资源融合，使数字信息在多个平台互相渗透传播。基于流媒体技术的新媒体互联网络传输的数字传输和压缩技术被广泛应用，基于计算机图形和图像技术在数字娱乐产业中动画技术方面的广泛应用，以及基于人机交互技术、数字图形和显示技术广泛应用于娱乐、广播、显示屏和教育领域的虚拟现实技术，都是数字技术的常见类型。

以新媒体、网络技术与文化产业相融合而产生的新媒体产业正在世界各地快速成长。新媒体产业的迅猛发展得益于数字技术不断突破所产生的引领和支持作用，以PC客户端为主要传播载体的网络媒体日益受到以智能手机、平板电脑为主要载体的移动互联网终端的巨大冲击。从数字传播的发展趋势来看，移动化和智能化是未来数字传播的主要特征之一。无线通信技术和移动终端的发展将会带来一个传播无所不在的时代。

数字传播的发展与信息终端的发展密不可分，移动互联技术主要用于智能手机、平板电脑等终端。移动互联技术并不是移动和互联网技术的简单相加，而是在继承基础上的创新。与传统固定端口互联网技术相比，移动互联网技术充分利用了网民的碎片时间，满足了网民随时随地上网的需求，彻底解决了 PC 只能通过网线才能上网的问题。无线通信技术和移动终端是未来信息传播的重要特征之一，而无线通信技术和移动终端的发展也使得全民参与信息传播的深度和广度不断拓展，这给信息传播的方式带来了巨大的变革。

（二）通信技术

通信技术是指利用有线电路、无线电波、光和其低电磁系统，对文字、图像、声音等信息的传输、发射和接收。地下光缆、地面上的电话线以及空间中的通信卫星已经组成庞大的立体通信网络。使我们能自由地通过这一网络进行远距离通话并获取信息。

移动通信是当代通信领域内发展速度最快、发展潜力最大、市场前景最广的技术。5G，即五代移动通信技术。国际电联将 5G 应用场景划分为移动互联网和物联网两大类。5G 呈现出低时延、高可靠、低功耗的特点，其已经不再是一个单一的无线接入技术，而是多种新型无线接入技术和现有无线接入技术集成后的解决方案的总称。

（三）网络技术

计算机网络技术是把处理不同地理位置且具有独立功能的一台或者多台计算机设施以及计算机外部设备，借助相应的通信线路相互连接起来，在计算机网络操作系统当中，在网络通信协议与网络管理软件的相互协调与相互管理之下，实现信息传递以及资源共享的一种技术。换而言之，计算机网络技术是将通信技术和计算机技术所结合的一种技术，通过网络和资源共享，以达到全面提高计算机的处理能力与利用率。

计算机网络技术组成的三要素为通信介质和设备、计算机、网络协议。计算机网络的体系具体可以分为七层：物理层负责提供网络中具体的物理设备，向数据链路层提供服务；数据链路层在有差错的物理线路上提供无差错的数据传输；网络层、传输层、会话层、表示层和应用层均负责为用户的应用程序提供服务、管理和分配网络资源。

自 20 世纪 60 年代 ARPANET 投入运行以来，计算机网络技术迅速发展，各个国家的计算机网络彼此相连结，形成了全世界范围内的跨国计算机网络——国际互联网（Internet）。国际通用的两种最重要的体系结构是 TCPP 体系结构和国际标准化组织的 OSI 体系结构。

20 世纪 90 年代后，计算机网络技术逐渐向高速化和综合化的发展方向迈进。由于局域网技术发展成熟，出现了光纤，即高速网络技术、多媒体网络、智能网络，整个网络就像一个对用户透明的大的计算机系统。4G 网络的出现标志着互联网与通信网络的完美结合，这种传播载体的不断更新与升级不仅使网络媒体的覆盖范围不断扩大，而且使无线设备传递信息的方式开始变得常见。伴随着智能手机的出现，其独立的操作系统以及无线连接互联网等功能都构成了移动互联网技术，这种智能手机安装的客户端使其接近电脑功能，这种互联网媒体所传播的载体彰显了手机的移动互联网特点。互联网得到更加飞速的发展和广泛应用，使计算机网络呈现高速化、综合化、全球化、智能化的特征。

二、新媒体的技术发展趋势

（一）移动性和社交应用程序

1. 趋势描述

移动性是信息技术行业中四大主导趋势之一，其他三个分别是社交技术、大数据分析、云计算，它们合在一起被称作 SMAC 整合方案，它会影响未来十年信息技术行业的发展。随着人们对信息技术要求的增多，媒体组织需要应对移动革命的挑战。这种移动革命不仅仅是指用户能够用智能手机或平板设备获取信息，还意味着移动技术对各种业务流程的深度介入。因此移动设备的兴起便意味着移动将成为终端用户接入互联网基本设计点。

2. 移动设备和应用程序开发

作为移动技术浪潮的一部分，媒体公司除了继续在社交媒体上加大投资，还纷纷开发应用程序，力求在自有平台和第三方平台内容投放上形成平衡，对新媒体公司来说，"两微一端"已经成为抢占移动互联网市场的标配，不少公司正在加速开发第二个或第三个移动应用程序，移动解决方案从强调控制和安全，转向建设促进业务发展的平台，展示出了一种路径上的变化。大多数开发移动应用程序的公司都支持多种技术方案，越来越多的媒体机构选择使用网络应用架构来解决平台碎片化的问题，并允许利用既有开发者的资源。

尽管还没有一个普遍适用的方法来指导不同类型的移动应用程序开发，但通过国际数据公司的研究发现，大多数媒体选择了以下三种战略：

一是多渠道开发。尽管强调移动端优先，但并不意味着网站不再重要。媒体需要一个平台，并在此基础上开发到达终端用户的应用程序。

二是建设基于云计算的平台。大部分媒体没有足够的时间、资源或资金对应用程序进行开发和管理，集安全性、App 设计性和开发管理、内容管理、数据分析及数据报告于一体的简单且通用型移动架构的需求，鼓励了传媒公司缩短产品推向市场的时间和对基于与计算相关项目的利用。

三是整合多种数据来源。客户端的应用程序一定要与多种后端数据源相连接。

（二）云计算

1. 发展趋势

云计算是以公开的标准和服务为基础，以互联网为中心，从而提供安全、快速、便捷的数据存储和网络计算服务。换言之，在云计算模式下，用户需要的应用程序并不运行在其个人电脑上，而是运行在互联网大规模的服务器集群中；用户所处理的数据并不存储在本地，而是保存在互联网的数据中心里。提供云计算服务的企业负责管理和维护这些数据中心的正常运行，以保证足够强的计算能力。

云计算的主要优势在于降低了信息技术成本，增强了灵活性。云计算的主要类型：托管的公有云、托管的私有云与内部私有云。所谓私有云是指销售商使用专享资源向每一位客户提供服务，内部私有云是指媒体组织使用与托管的公有云系统/私有云系统相同或相似的结构建立自己的信息技术系统，但主要是在媒体内部提供共享的服务。速度快且成本低的特点吸引了不同规模的组织和公司使用公有云，但是由于不知道数据存储在什么地方，也不知道哪些人能使用到这些数据，很多人对公有云的安全性心存疑虑，且难以支付由此产生的流动成本，因而私有云开始崛起。私有云能够在专有或受防火墙保护的环境中运行，因此托管的私有云成为发展最快的一种模式；内部私有云见于那些已经具有闲置的数据中心容量或希望对基础设施的运行进行严密控制的组织。根据国际数据集团的预测，未来私有云的普及率最高。私有云主要搭建在基础设施层面，客户可以按照传统方式执行经过授权的应用，或自主开发的应用。

2. 云计算对新媒体技能的影响

当下传媒业正处于云计算使用的转折点上，原来试水的公司现在纷纷转换战略路径，将云计算作为未来信息技术的传送模式，这种转变对新媒体技能的发展产生了重要的影响。传媒组织开始思考更大规模地脱离既有环境，包括关键的传媒业务应用，从而更加重视云架构。云计算的普及更加强调整合。在采用云计算的初级阶段，整合不被重视，但随着为负责流程提供的信息技术走上云端，应用和数据管理之间的整合就变得重要了，大型组织意识到这一点并开始解决这些问题，于是混合云作为一种新的模式开始出现。

对于中国新媒体而言，云计算所带来的最大机会在于建立以人、数据和服务为中心的社会化网络平台，并推出涵盖搜索、广告、社交与商业的多元化应用。

（三）大数据

1. 趋势描述

大数据出现被誉为第四次工业革命（"工业4.0"），即智能化生产中的关键技术，并成为当下产业创新发展的核心驱动力。国务院公布的《促进大数据发展行动纲要》使大数据成为中长期国家战略，我国将大力培育大数据应用新产业，以推动经济和社会现代化。大数据当然不是指数额巨大的个体数据，它指的是数量巨大、结构复杂且由类型众多的数据构成的数据集合，无法在一定时间内用常规软件工具对其内容进行抓取、管理和处理。一般来说，大数据具有四个特征，简称为4V。

（1）Volume：数量巨大

大数据经常达到TB（1TB=1024 GB，一台电脑的容量一般是500 GB）、PB（1PB=1024 TB）乃至EB（1 EB=1024 PB）的数量级。

（2）Variety：多样化

数据类型多，不同的来源、不同的结构以及不同的层次的数据具有极大的差异。这就意味着处理大数据的手段非常烦琐和复杂，没有一定的技术手段是无法对大数据进行处理的。

（3）Velocity：速度快

在信息大爆炸时代，每时每刻都会产生海量数据，所以，数据一直在飞快地变化着，前一秒的数据已经不能拿来评估下一秒的决策。这就要求处理大数据的速度也要快，否则旧的大数据还未处理完，新的数据又产生了，这样就无法全面挖掘数据的真实价值。

（4）Value：价值密度低

大数据的价值密度低，每个单独的数据看起来没有什么价值。只有将它们整合在一起，才能凸显出巨大的价值。

综上所述，大数据是基于云计算的数据处理与应用模式，通过数据的整合共享和交叉复用形成的智力资源和知识服务能力，这也正是大数据的价值所在。

2. 大数据分析和运用

从技术角度来看，大数据由一整套原创的新技术（如高扩展性的数据库、高级数据可视化技术和高性能搜索引擎）以及更成熟的技术（如事件驱动处理、商业智能和数据挖掘）融合而成。通过数据集中整合、挖掘分析、展示应用，为客户提供智能化和个性化服务。通过挖掘分析，运用数量模型分析方法，发现数据背后的规律，发掘市场机遇和客户需求。大数据创新了商务智能，极大地提升了智能化服务水平。但是，大数据的普及和运用还存在不少障碍。

大数据的一个关键要素是采用最新的 Hadoop 技术，这种开源处理框架能将大的分析查询分解为多个平行运行的小的分析查询，然后将结果重组为一个数据集。因为当前这种技术的供应不足，大多数 Hadoop 项目都是实验性的，在国内还罕有真正的生产环境。其次是统计师技能的缺失，大数据的崛起让统计师对业务某种程度的理解等整合到企业中，并把自己打造成数据分析师。数据分析师的工作是将来自不同数据集的数据汇聚到一起，并从中发现规律、洞察趋势。

（四）虚拟现实

1. 趋势描述

虚拟现实（Virtual Reality，VR）是 20 世纪 80 年代初提出的一种可以创建和体验虚拟世界的计算机仿真系统。VR 是以采用计算机技术为核心的现代高新技术，以生成逼真的视、听、触觉一体化的一定范围的虚拟环境，用户可以借助必要的装备以自然的方式与虚拟环境中的物体进行交互作用并相互影响，从而获得身临其境的感受和体验。它利用计算机创建一种模拟环境，是一种多源信息融合的交互式三维动态实景和实体行为的系统仿真技术，可使用户沉浸在该环境中。

2. 技术采用及其影响

虚拟现实解决距离痛点。虚拟现实技术第一阶段是优化用户体验的过程，将"虚拟"变得更为"现实"，让用户身临其境，从视角、情节、交互方式上全方位构建内容；第二阶段是强化虚拟与现实之间的连接与互动，通过真正实现对现实世界的模拟，从而极大地缩短人与人之间的距离。

虚拟现实技术中存在两个基础性问题，分别是实物虚化和虚物实化。实物虚化主要包括基本模型构建、空间跟踪、声音定位、视觉跟踪和视点感应等关键技术，这些技术使真实感在虚拟世界的生成、虚拟环境对用户操作的检测和操作数据的获取成为可能。虚物实化则主要研究确保用户在虚拟环境中可以获取视觉、听觉、嗅觉和触觉等感官认知的关键技术。

增强现实技术（Augmented Reality，AR）是在虚拟现实技术的基础上所发展起来的新兴研究领域，综合了计算机图形、光电成像、融合显示、多传感器、图像处理、计算机视觉等多门学科，是一种利用计算机产生的附加信息对真实世界的景象增强或扩张的技术。增强现实系统也是虚拟现实系统的一种，亦被称作增强式虚拟现实系统，用户可以在看到周围真实环境的同时看到计算机所产生的增强信息，这种增强信息可以是在真实环境中与真实物体共存的虚拟物体，也可以是关于存在的真实物体的非几何信息。增强现实把原本在现实世界的一定时间、空间范围内很难体验到的实体信息，如视觉、信息、声音、味道、触觉等，通过科学技术仿真后再叠加到现实世界被人类的感官所感知，从而达到超越现实的感官体验。

就传媒行业而言，VR 被看作一个引发共鸣的途径。这个技术可以让用户与新闻或者影片中的事件或人物产生连接感，因为身临其境，所以它作为一种新的叙事工具受到了新媒体从业者的青睐。

第三节 新媒体分类

一、网络媒体

（一）门户网站

21世纪网络信息技术的迅猛发展，使得网络成为一种新兴的、普遍的传播媒介。所谓网络新媒体，主要是指依托于互联网技术并推动互联网成为独立的各类媒体，其传播过程具有传统媒体无法比拟的优势，体现了网络时代下传播多元化、个性化、交互性、快速性、广泛性、全球性、开放性等特点。这些特点使得网络媒体在短时间内便吸引了人们大量的注意力。

注意力是对于某条特定信息的精神集中。当各种信息进入我们的意识范围中，我们关注其中特定的一条，然后决定是否对其采取行动。控制注意力意味着控制经验，信息只有在我们注意到它时，才能进入我们的意识。注意力在外界事物和我们的经验之间起一种过滤器的作用。注意力是企业和个人的真正货币，而这种货币本身是带有宽限制性的。

现代社会是一个信息极为丰裕，甚至有些泛滥的社会。互联网更是加快了这一进程。在互联网领域中，信息不再稀缺，反而出现过剩。相对于过剩的信息，有一种资源却是稀缺的，那就是人们的注意力。

可以说，传媒经济就是以注意力为基础的经济，媒体是注意力的拥有者，同时也是注意力价值的交换者。在信息过剩的时代，吸引足够的用户注意力能够产生商业价值。在这一意义上，注意力本身便成为一种资源，传统的资金和信息不再是最重要的资源，大众的注意力才是最重要的资源。而吸引注意力最重要的手段是争夺视觉，因此注意力经济也被称为"眼球经济"。毫无疑问，门户网站是注意力经济的代表。

1.门户网站的定义

从广义角度来理解，门户网站是一种应用框架，可以把数据资源和网络资源及应用系统融为一体，并以信息管理平台的方式及统一用户界面的形式服务用户。从狭义角度来理解，门户网站是指提供综合性互联网信息资源和信息服务的应用系统，主流门户网站主要提供新闻、网络接入、聊天室、电子公告牌、免费邮箱、影音资讯、电子商务、网络社区、网络游戏、免费网页空间、博客服务等。

2.门户网站的类别

（1）综合类门户网站

这一类门户网站大多出现于互联网浪潮兴起初期，以信息资讯服务为主，定位于全国甚至是全球市场。从一开始，综合类门户网站就以大而全的形式出现，涉及人们生活的各个领域。因为互联网天然的"聚集效应"，大者恒大，一般一个区域只会剩下少数几家综合类的门户网站，如新浪、搜狐、网易等。

（2）地方生活门户网站

地方生活门户网站以本地资讯为主，它存在的价值在于更加贴近某一具体区域，并能够为当地民众提供最鲜活实用的资讯信息。在一定程度上，这与报业的发展历程有相通之处，也就是类似于地方性报纸和全国性大报并存的格局。地方生活门户网站通常提供本地资讯、同城购物、分类信息、生活社区等服务，其目标在于更好地服务当地民众日常生活，网站通常包括求职招聘、优惠券、打折信息等实用功能。比较有代表性的地方生活门户网站有首都之窗、上海热线、广州视窗等。

（3）垂直类门户网站

垂直类门户网站是指专注于某一行业或者某一领域的门户网站。一方面，垂直类门户网站的出现是社会化大分工的自然产物，人们相信专而精的东西是最好的，反映在互联网方面，垂直类门户网站很好地扮演了这一角色；另一方面，中国的垂直类门户网站的出现与某些行业或领域的空前繁荣有关，当一个行业或领域空前繁荣时，人们也就有了互通有无与相互交流的需要。可以说地方生活门户网站是以地域属性来区隔综合类门户网站的，而垂直类门户网站是以功能属性来区隔前两者。比较有代表性的垂直类门户网站有新华网、育儿网、IT网等。

3.门户网站的影响力

（1）强势资讯媒体

门户网站是最先出现的互联网媒体形态，其有不容忽视的影响力，而影响力的根源来自其强势媒体属性。互联网在本质上只存在两类网站模式：一种是渠道模式，提供产品销售服务，以获得相应的渠道收入；另一种是媒体模式，网站提供各种各样的信息和资讯，获得巨大的流量，然后换取广告收入。从新浪、搜狐与网易三大中国门户网站来看，媒体价值一直是它们的核心，并且在多年的发展历程中形成了各自的媒体特色。

门户网站的媒体影响力主要反映在聚合性、用户黏性和公信力三个方面。

聚合性是指门户网站对于眼球的集聚效应，内容决定媒体影响力，门户网站通过内容资源的建设，聚集了极高的人气，培养了大批忠诚用户，并产生了巨大的影响力，影响力资源经过转化，就可以成为重要的营销资源。

用户黏性反映的是网民对网站的忠诚度。互联网的转换成本极低，鼠标轻轻一点，网民就可以很轻松地离开某一网站。一家门户网站只有内容足够丰富、氛围足够统一，以及可使用的功能足够多时，才能够留住网民。反过来，如果一个网站对用户有很强的黏性，让用户形成一种不上该网站就好像缺了些什么的感觉，这就表明该网站有其独到之处。

公信力的价值在于它意味着门户网站在用户心里的认知定位。例如，新浪在当年的法国世界杯上以体育报道打下中文门户基础，此后一直坚持客观、公正、准确且全面的新闻原则，服务于高端互联网人群，在内容建设上一路领先，经过十年发展，逐步树立起主流网络媒体的品牌形象，新浪的新闻原则及版式成为业界默认的标准，而这一切都是公信力的表现。

（2）中国门户网站的未来走向

虽然门户网站作为媒体有极强的影响力，但正如互联网冲击传统媒体，其他的互联网形态乃至移动互联网方面的应用也在冲击着门户网站。对于越来越讲求个性化和互动性的网络需求来说，门户网站综合性信息内容的提供已经不能像从前一样满足网民们不断变化的信息需求，特别是现在年青一代已经由从门户网站获取信息转变为从微博、微信这样的平台来获取最新信息。在个人的门户网站里，除了具有如写作、上传图片、视频、音频及交友等展示自己的功能之外，更主要的是给用户提供"实用"和"使用"的功能，其中包括订阅、收藏、通信、交流等。

在互联网创新越来越快速的时代，门户网站要延续"门户时代"的辉煌，不让网民绕道而过就必须不断地为网民提供喜闻乐见的应用，只有这样，才能为网站带来持续增加的流量。与此同时，一些门户网站也在努力开辟其他的收入渠道，以避免网站过于依赖广告业务，如搜狐和网易就先后开发了自己的网络游戏产品，使收入结构变得多元化，也就降低了自身的市场风险。可以说，随着网站形态的演化，门户网站在未来还有可能发生彻底改变，变成更加综合的网络应用服务提供商。

（二）搜索引擎

搜索引擎是指根据一定的策略、运用特定计算机算法和程序搜集互联网信息，对信息进行组织和处理后将信息显示给用户，并为用户提供检索服务的系统。站在用户的角度来看，搜索引擎是一个包含搜索框的页面，用户在搜索框输入字词后，通过浏览器向搜索引擎发出搜索请求，搜索引擎会返回与用户输入的内容相关的信息列表。

搜索引擎兴起的背景是互联网信息极度丰裕并且毫无秩序，单纯依靠门户网站对信息进行分类已经无法满足用户精准的信息需求，其工作原理为"抓取网页、处理网页、提供检索服务"，即搜索引擎先通过网页抓取程序后连续抓取网页，然后对网页进行预处理（包括提取关键词、建立索引文件、去除重复网页、分析超链接、计算网页的相关度），再将匹配用户搜索关键词的网页呈现在用户面前。为了便于用户判断，除了网页标题之外，搜索结果一般还会提供一段来自网页的摘要及其他信息。

搜索引擎的影响力如下：

1.改变人们获取信息的方式

在搜索引擎出现以前，人们获取信息以被动接受为主。无论是报纸、广播和电视，还是门户网站，信息都是经"守门人"把关以后呈现的，人们接收的是守门人愿意让他们看见的内容。在搜索引擎出现以后，获取信息的主动权第一次交到了用户手中，人们可以在搜索框里输入关键词，寻找那些自己真正需要的信息，并且这一过程是快捷免费的。

2.改变了互联网生态

门户网站是一个信息的分类网站，页面呈现的内容有限；搜索引擎则是一个入口，背后的内容是无限的。因此，搜索引擎自然而然地成了互联网生活的中心，无论是谷歌还是百度都只是一个桥梁——连接用户和信息的桥梁——它们并不是要让用户停留在自身的页面上，而是要送用户到不同的页面中去，正因为这一近乎无私的举动，用户更加离不开搜索引擎了。在搜索引擎出现以后，互联网生态发生了重大改变，大多数信息的传播是以搜索引擎为核心进行的。

传统线下广告在固定的时间和画面内传递商品或服务信息，已经不能满足人们的需求，因而传统广告逐渐借助于网络让消费者不受时间和空间的限制去了解品牌和产品信息，并了解更多关心的内容。在线广告就成为传统广告的聚合点，而如何将线上丰富多彩的广告和产品信息传递给消费者，搜索引擎就成了至关重要的一环，进而促使线上广告围绕搜索引擎展开，并达到最佳传播效果，搜索引擎也就逐渐成为媒介的中心。

3. 促进了人类的交流与沟通

搜索引擎切实促进了人类的交流与沟通这一目标的实现。由于搜索引擎的一系列技术创新（多语言、跨国界、精准化），人们有可能在遥远地域找到那些自己所感兴趣的内容。一个能够很快被搜索引擎找到的网站，可能会在全球范围内迅速传播，这对信息的交流无疑是一个革命性的进步。

一个信息爆炸的时代，搜索引擎扮演了互联网上答疑专家的角色。搜索引擎已经成为互联网上覆盖用户最广的一个互联网应用，其扮演着非常重要的角色，中国平均每个网民每天至少会在搜索引擎上搜索两次。搜索内容也很多，除了资讯和新闻，还包括生活中的衣食住行、工作、学习需求，几乎所有信息都可以依靠搜索获得。例如，在市场营销中，搜索引擎可以完成用户从对产品的了解、感兴趣到采取行动的一个筛选过程。或许某一个搜索公司会没落，会消失，但搜索引擎并不会。就算依靠Facebook、Twitter，或者以后出现的其他新网络服务，但当用户要寻找信息时，一样要在搜索框中输入关键词，只不过搜索信息来源可能从搜索引擎收录的页面数据库变成Facebook、Twitter内部数据库，排名算法从页面相关性、链接变成会员、好友的推荐程度，但数据来源及算法的改变均不能改变用户对搜索的需要，也不会改变搜索的基本形式。

（三）网络视频

1. 网络视频的定义

网络视频是指在网上传播的视频资源，狭义的是指网络电影、电视剧、新闻、综艺节目、广告等视频节目；广义的还包括自拍DV短片、视频聊天、视频游戏等行为。视频内容来源主要包括用户上传原创内容、向专业影像生产机构和代理机构购买版权内容以及网络视频企业自制内容三种主要渠道，其涉及电影、电视剧、综艺节目、体育赛事等文化内容产品的生产、传播。传统网络视频领域逐渐形成以优酷视频、爱奇艺、腾讯视频为主的三足鼎立趋势，而新浪视频、芒果TV、搜狐视频等视频网站为赢得流量，也竞相推出各自主打的原创内容，来争夺热播影视剧独家播放权。

在一定的技术平台支持下，允许互联网用户在线发布、浏览、分享视频的网站，一般被称为视频网站或视频分享网站。视频网站一方面聚合了各类专业视频资源（主要来自电视台、影视公司及其他专业制作机构），另一方面吸引了大量用户上传、分享视频。此外，有的视频网站也会涉足网络视频作品的制作和加工。

2. 视频网站的影响力

（1）分流电视观众

视频网站的兴起，最大的影响是分流了部分电视观众，也可以说是削弱了电视媒体的控制力。由于视频网站的视频节目可以随时、无限制地、有选择地免费点播，所以越来越多的年轻用户开始将主要娱乐时间从电视转向了视频网站。在电视占据主导地位的时代，西方学者将那些整天窝在客厅沙发上看电视的民众称为"沙发土豆"，而在视频网站兴起的时代，喜欢在互联网上看视频的民众有了一个新称号——"视频控"。自然而然地，随着电视观众的分流，部分广告客户也随之分流到了视频网站，这也使视频网站有了足够的发展后劲。

（2）影响社会生活

视频网站对社会生活的深刻影响。视频网站不只是一个娱乐工具，它还是一个推动社会进步的工具。

（3）开启个人视频时代

随着便携式DV、便携式摄像机、视频剪辑软件和手机摄影的普及，使人们有了独立制作视频的机会。有些个人独立制作的视频，画面质量和精美程度并不输专业机构作品。视频网站的分享功能给了这些人充分展示自身才华的机会，由此带来了新闻业和影视业的变革。

新闻事件发生以后，很多普通人在第一时间上传了第一手的视频资料，这就是一个很好的例子，许多刚毕业的大学生可以制作精美的动画片并上传到视频网站，获得人们的追捧，这些都预示着个人视频时代的到来。

（四）网络游戏

1. 网络游戏的定义

网络游戏（Online Game），又称"在线游戏"，简称"网游"，指以互联网为传输媒介，以游戏运营商服务器和用户计算机或手机为处理终端，以游戏客户端软件为信息交互窗口，旨在实现娱乐、休闲、交流和取得虚拟成就的游戏。网络游戏区别于单机游戏而言，是指玩家必须通过互联网的连接来进行多人游戏，其一般是指由多名玩家通过网络在虚拟的环境下对人物角色及场景按照一定的规则进行操作，以达到娱乐和互动目的的游戏产品集合。

网络游戏的使用形式可以分为浏览器形式和客户端形式两种。基于浏览器的游戏，也就是通常所说的网页游戏，又称为 Web 游戏，不用下载客户端。其类型及题材也非常丰富，典型的有角色扮演、战争策略、社区养成等。基于客户端形式的游戏，是由公司所架设的服务器来提供游戏，而玩家们则是由公司所提供的客户端连上公司服务器以进行游戏，现在称为网络游戏的大都属于此类型。此类游戏的特征是大多数玩家都会有一个专属于自己的角色（虚拟身份），而一切存盘以及游戏资讯均记录在服务端中。

2. 网络游戏的影响力

当有线电视观众群逐渐下降、电影观赏率趋缓之际，网络游戏成为全世界成长最快的媒体，全球的游戏产业价值预计将超越电影及音乐产业的总和。电子游戏机正逐渐成为家庭多媒体中心里重要的一部分。电子游戏机可直接放置在电视、数字录像机、数字音乐播放器及计算机的旁边。

网络游戏给人们带来的最大影响是其虚拟现实的能力，借助网络游戏，人们可以角色扮演的形式体验不同的人生，这对青少年群体尤其具有吸引力。与此同时，因为青少年长期沉溺网络游戏，出现成瘾现象，对社会造成了一定的危害。而如何利用好网络游戏的娱乐功能，避免成瘾，便成为一个新的研究课题。

二、移动新媒体

移动新媒体，就是某一种移动设备，它是接收与交互信息的终端依托于移动通信媒体的一种主要形式，如手机、平板电脑、移动车载媒体、智能家居设备、无人机、传感器等。经过十多年的发展，我国以快速增长的用户规模、各式各样的业务形态、环环相扣的产业链的多元竞争，与世界上领先的移动新媒体取得了同步发展。

随着信息技术、数字技术和通信技术的发展，媒介形式也将不断丰富。由于手机媒体发展程度高、普及率广，我们将首先介绍手机媒体。互联网技术的发展推动了信息时代的来临，使固定通信的模式逐渐被打破，在经历了大型计算机、台式计算机、手机的不断更新迭代后，日渐成熟的移动互联网技术在信息时代扮演着越来越重要的角色。随着手机功能日益强大，它不再仅仅是一部移动的、无线的电话，人们还可以使用手机上网读新闻、看视频、发微博等，它正逐渐从某种通信工具向信息平台转型。

手机是一种"全媒体"，它像其他新媒体一样具有所有讨人喜欢的特性，比如非线性、使用友好、海量信息、超链接等，但是它相比于其他的新媒体，更为大部分人所拥有（普及性），受众对它的使用更专注（一对一的传播、信息传达的有效性），具备更多功能（传播形式的多元化）。

（一）移动互联网时代

移动互联网在近几年成为社会的热门话题，业界对其定义众说纷纭。广义的移动互联网是指用户可以使用手机、笔记本、iPad 等移动终端通过协议接入互联网，狭义的移动互联网则是指用户使用手机终端通过无线通信的方式访问采用 WAP 的网站。

移动互联网改变了人们的生活、工作和学习。移动互联网让人们的日常生活变得更便捷、高效，但同时让人们对移动设备更加依赖，减少了现实生活中人与人之间面对面的交流。

移动互联网的兴起给人们带来了很多变化，主要有以下几个方面：

1. 传播方式：从 PC 端向移动端转变

很多年前，人们使用电脑的时候还连着网线，按着鼠标和键盘，当时的手机除了能玩简单的游戏和阅读手机报等之外，主要功能还是通话和发短信。而现在，人们能摆脱网线的限制，随时随地通过手指操作来控制智能手机、平板电脑等移动设备来获取信息或满足娱乐需求，更多的个性化服务正在渗透到人们的日常生活中。另外，PC 时期主流的操作系统有 Windows、UNIX、LINUX 等。随着移动互联的更新换代和市场优胜劣汰的规律，Android 和 iOS 已经成为最主流的两大移动操作系统。

2. 传播对象：从泛众传播向精确转变

伴随着智能手机的普及和大数据技术的发展，内容的提供商不再盲目地向受众广撒网，他们会根据手机用户的个人信息和搜索偏好，计算出用户的服务需求，这有利于减少无效传播，大大提升了用户分众化时代下的传播效果。移动互联使个性化的需求被快速挖掘，比如在一些冷门的服务中也隐藏着大量的商机，大众化的修图软件推出了大量小众修图软件，积累一批忠实的"粉丝"，实现了小众化传播下的精准营销。移动互联下的传播模式在增强用户黏合度的同时也增强了广告输出的高效性，使得媒体"去中心化"和传播"多层次化"的特征日渐显现。在这样的形势下，今后的互联网行业对就业市场上的人才会提出更趋向专业化的需求。

3. 传播形态：媒介形态发生较大转变

随着网络的规模化发展和智能移动终端的普及，PC 用户正加速向移动互联网环境下的"智能移动终端 +App"的移动新媒体模式迁移，这种新媒体模式会给人们的政治、经济、社会生活等方方面面带来巨大的变化。

（二）移动新媒体的特性

媒介形态的变革是在科技、经济、社会制度等因素的影响下不断进行的，也深刻地影响了媒介产业的结构调整。移动新媒体是新媒体发展进程中的产物，其代表着个人媒体时代的来临和传统媒体的式微。作为一类相对独立的媒体形态，移动新媒体借助于互联网等各种新的技术手段，几乎可以同时拥有传统媒体的所有功能，进行文字、图片和视频的传播，已经并且持续对现有的媒介格局和网络环境产生重大影响。

1. 便携性

移动新媒体最大的特点是体积和质量小，方便携带。其中，便携性使手机新媒体被称为"未来最有前途的媒体"。从传播者的角度来看，传播者可以不受网线的限制，可以利用移动设备来记录所见所闻，并发布到网络上。在新闻采访中，以往记者采访时需要带上相机、录音笔、笔记本等设备，而手机新媒体减轻了媒体从业者的负担，如今手机拍照功能可以满足一般性的新闻图片拍摄要求，而手机直播软件的研发也为移动新闻直播提供了技术支持，从而提高了新闻传播的效率。从受传者的角度来看，移动新媒体能让人们更快、更好地获得所需要的服务。在一般情况下，移动媒体不受时间和空间的限制，人们可以随时随地通过移动端上网来获取所需的服务和信息，这极大地提升了用户体验。

2. 互动性

在 PC 时代出现了新闻网站、论坛、博客等网络媒体，那时候传播者和受众之间就存在着互动，但是现在的移动设备的天然便携性和无线通信的应用让这种互动性更加明显，这不仅表现为人们可以随心所欲地通过社交媒体进行群体间的传播，也表现为视听平台的传播双向性，比如人们一边发弹幕一边看视频，一边听音乐一边写评论。互动性还表现为传播主体的去中心化，传播者不再受限于专业的媒体机构，普通民众可以通过互联网发布消息。传播者可以根据用户对服务或者内容的反馈及时调整策略，逐渐形成以用户为主导的传播模式，议程设置的作用在移动新媒体时代被逐渐削弱。

3. 私密性

私密性是指个人或群体可以自由地支配自身的行为，以保护自身的隐私不被外界所知，也有权控制外界介入的一种特质。移动设备由于可以随身携带，适合单人使用，在使用上具有排他性，而且大多数移动设备的功能具备私密设置。就拿手机来说，其本身作为一种私有物品，再加上服务的个性化，携带方便，具有通话的功能，使其与个人电脑相比更具有私密性的特征。

4. 跨界性

移动新媒体对其他形态的媒体的涉足被称为跨界性，即凭借移动网络的支持跨越了网络、电视、报纸、广播等其他大众媒体的界限。传统媒体的边界是明晰的，报纸的版面和发行范围、广电的上星、转播与否以及覆盖面大小等都是某种"边界"，更不要说政策法规所带来的"边界"；移动新媒体的兴起，最突出的表现就是突破媒体原有的边界（版面、频道限制、媒体形态、传播地域等）。

5. 智能化

智能化是指新媒体在网络、大数据、物联网和人工智能等技术的支持下所具有的能动地满足人类各种需求的属性，在以前特指从环境中接收感知信息并执行的智能程序。它意味着新媒体通过某种计算技术与网络技术的应用，逐步具备类似人类的感知能力、记忆能力和思维能力、学习能力和决策能力。移动新媒体的智能化主要体现在以下三个方面：

第一，新媒体可以智能化地感知、采集信息并和人实现语音互动。比如智能手机、手表和其他可穿戴设备所记录的数据，包括用户个人运动和健康数据；摄入的热量、行走的步数以及里程数，使用者所在的地理信息；海拔高度、大气压变化等。传感器技术和射频技术的应用使外部事物具有了人感知和获取外部信息的能力，这些数据和事物通过全球定位系统与互联网连接，形成无所不在的物联网，进行信息交换和通信，实现了智能化识别、定位、跟踪、监控和管理。智能自动语音识别技术可以感知人的自然语言，也可以把人的语音转换为文字；可以让机器开口说话，朗读文字，最终实现人机语音通信。生物识别和图像识别技术可以感知和采集人与物体的信息，并广泛用于政府、军队、银行、社会福利保障、电子商务、安全防务等领域。

第二，移动新媒体被称为智能化的信息生产主体。随着技术感知、采集和存储技术的快速发展，人类各种活动会产生难以数清的数据，人类对它们进行处理显然是非常困难的。机器人新媒体可以应用先进的度量标准去整理和解释最有力的辅助工具，写稿机器人的出现就是其中最有力的论证。写稿机器人采用了以大数据为基础的人工智能技术，遵循"提取数据—套用模板—生成稿件—人工把关"模式化的生产流程，先将所得数据录入数据库中，再将这些数据按照语句出现的频率和新闻关键词加以整合，并制作出一个符合该媒体稿件风格的模板，随后带入新闻五要素（5W），用时几秒甚至几毫秒，即可生成一篇完整的新闻稿件。

第三，新媒体可以进行信息的智能搜索和分发。借助日益精密的机器算法，计算机可以根据用户的行为数据进行相关的职能推荐，极大地减少了人们获取信息的时间和人力成本。如今日头条、一点资讯、天天快报等新闻聚合平台，正是通过这种推荐和分发机制进行自动推送，实现了产品形态的智能化，从而获得了用户的青睐。这种深度开发和利用技术为用户提供的精准智能匹配服务还将会随着技术的发展而得到进一步的广泛运用。

（三）移动新媒体的类型

1. 手机媒体

手机媒体是以手机为视听终端、以手机上网为平台的个性化信息传播载体，是以分众和定向为传播目的、以即时为传播效果、以互动为传播应用的大众传播媒介，也叫移动网络媒体。手机媒体的应用形式主要包括移动互联网门户网站、手机报和手机杂志、手机电视、手机社会网络、手机微博、电子阅读、二维码等。

手机的普及性、信息传达的有效性以及丰富的表现手法使得手机具备了成为大众传媒的理想条件，手机继而成为报纸、广播、电视与网络之外的"第五媒体"。短信的出现使手机有了报纸的功能；彩信使手机有了广播的功能；手机电视的出现使手机有了电视的功能；WAP和宽带网络使手机有了互联网功能，同时手机在一定程度上与报纸、广播、电视、网络互相结合、渗透且融合，并成为一种"全媒体"。

作为新媒体的手机具有区别于传统媒体的综合特性。

第一，它体积小，分量轻，易于携带。它可能是除 MP3 之外，最小的大众媒体了，它非常适合在户外使用。

第二，它易于使用，不需要学习就能掌握它的操作方法。它的按键少，菜单设计明确，不需要看说明书，用户也可以靠自己摸索就能熟练运用。

第三，它像电脑一样具有应用的可延展性。普通手机如果具有 Java 功能，就可以安装简易的应用程序；智能手机则预安装了 iSO、Android、Windows Mobile、Symbian 中的一种操作系统，用户可以从网上下载适合自己手机操作平台的应用程序进行安装，应有尽有。

第四，它仍然在不断进步着，手机的各项技术还有很大的提升空间。2007 年兴起的触摸屏技术令人惊喜，以 iPhone 为代表的触屏手机解放了键盘占用的空间，放大了屏幕尺寸，使手机能更好地释放媒体属性的功能服务。而凭借手指热感控制手机操作也给了用户全新感受，依靠手指滑动完成的放大缩小、文件移动、菜单设置等是前所未有的媒体接触体验，而且重力感应技术使手机上的任何页面在无论手机被横置还是竖置时都处于适合用户观看的水平角度，它可能是最友好且用户最愿意把玩的大众媒体了。

第五，它的产品层次丰富，价格多样，每个人都可以拥有一部能消费得起的手机。而手机的无线通信功能也决定了它是一个人人必备的数码小家电，它不像报纸和电视一样对某些人来说可有可无。当然，具备上网功能和条件的智能手机更接近"全媒体"的新媒体形式，一部只能打电话收发短信（不包括彩信）的手机很难说是真正的大众媒体，但毕竟随着人民生活水平的提高，将手机同时作为通信和媒体工具的人越来越多了。

讨论手机作为新媒体的传播特性需要具体结合用户使用手机的哪项媒体功能，就像上文所说，手机是一种"全媒体"，它像其他新媒体一样具有很多讨人喜欢的特性，比如非线性、使用友好、海量信息、超链接等。但是它相比于其他新媒体，更为大部分人所拥有（普及性）、受众对它的使用更专注（一对一的传播、信息传达的有效性），以及它具备更多功能（传播形式的多元化）。

2. 平板媒体

平板电脑是笔记本电脑和智能手机的融合，也是一种小型的、方便携带的个人电脑，以触摸屏作为基本的输入设备。它拥有的触摸屏允许用户通过触控笔、数字笔或手指而不是传统的键盘来进行作业，用户可以通过内建的手写识别、屏幕上的软键盘、语音识别或者一个真正的键盘输入信息。

iPad 为纸媒的发展拓展了新的空间。相较于智能手机，iPad 更方便使用。此外，iPad 能够在一定程度上还原纸质阅读的乐趣，也能提供包括文字、图片、广告等一系列纸媒所提供的内容，加之 iPad 通过触摸屏的方式让用户享受熟悉的纸媒翻页体验，使其具备包括报纸、杂志、图书等一切纸媒所具备的版式和内容。同时，除了便捷与独特的阅读体验，其巨大的市场潜能和移动付费阅读的赢利模式在一定程度上激发并拓展了纸质媒体的发展空间。iPad 可以将内容呈现方式多样化、个性化及音视频播放立体化，以实现用户阅读方式的转变。一方面，iPad 通过增加大量视频、动画、声音等多媒体效果来增添用户的阅读乐趣，并融合多种媒体，打破它们之间的界限；另一方面，使用 iPad 文本满足分享喜好，实现互动性和个性化阅读。

3. 移动交通媒体

移动交通媒体是指使用数字传播技术且能在各种交通工具上同步接收广播和电视机构播放的节目的移动新媒体。现在的移动交通媒体通过先进的数字传输技术，将数字电视新型号通过地面数字电视网络传送到移动电视接收终端，方便受众观看。

由于移动电视装置是在不同地点之间快速移动，移动电视的接收条件还有待完善。在车辆行驶的过程中，刹车或加速都会对电视与视频画面造成影响，如出现马赛克、声画不对位等问题。在车辆加速、拐弯，或者通过隧道等封闭性地段时，信号接收不够稳定，会出现类似碟片卡碟的情况。因此，移动交通类媒体技术手段尚需进一步成熟。

在内容层面，移动交通类媒体在节目编排上没有很好地考虑受众分散性和短时间接收的特点，无法确保节目的时效性、实用性和互动性，且难以满足快节奏的都市人群对资讯和娱乐的需求，加之运营商对节目的策划、研发、创新等不够重视，在国内移动电视中还很难看到独具魅力又符合公交车载移动电视传播特点的节目形态和样式。

在各种交通工具中，除飞机外，工具内嘈杂混乱的环境不利于乘客接收信息，尤其是大量的广告信息，效果非常不理想。从视听接收效果来看，现在大多数车载移动电视终端都安装在驾驶员座位后方，但由于大部分的乘客都是站在车厢内的，电视屏幕被遮挡的现象十分普遍，这都会影响影像传播效果，使乘客只能通过声音接收信息。但移动电视自身音响设备的不完美、道路上车辆之间的干扰噪声、汽车的发动机噪声、开关门的声响、车上乘客交谈说话的声音以及车辆报站提示语音等都直接影响移动电视的传播效果。

4. 可穿戴移动媒体

可穿戴设备是由贴近身体的传感器和驱动器所组成的形态微小而功能强大的计算机与服装饰品组成的智能设备。它可以挂在眼镜上、装在口袋里、内置于鞋中，不断地监测用户的生命体征，从而对用户的健康状况及时地提出建议，也可以通过日程表等给用户某些提醒，或将信息展现在用户的眼前。可穿戴设备产品的形态主要体现为手表、手环、眼镜、头盔演示器、头箍、服装、手套、鞋子等。可穿戴设备不仅是一种硬件设备，更能够通过软件支持以及数据交互、云端交互来实现其强大的功能。可穿戴设备将会给我们的生活和感知带来很大的转变。

（四）移动新媒体的发展趋势：万物互联

万物互联定义为将人、流程数据和事物结合在一起使网络连接变得更加相关，更有价值。万物互联将信息转化为行动，给个人、企业和国家创造新的功能，并带来更加丰富的体验和前所未有的经济发展机遇。

万物互联的应用场景主要如下：

1. 增强型室内无线宽带覆盖

5G将应对为大量建筑物提供持续网络覆盖的挑战，甚至会借助于复杂且有时很昂贵的小型基站和无线局域网（WLAN）商用部署。其益处包括在各种规模的建筑物中改善蜂窝网络覆盖，并支持面向一系列终端和应用的无线宽带覆盖。在对产业的影响方面，其优势是深远的，这些益处并非只针对特定产业或应用。

2. 增强型户外无线宽带

其应用例如向汽车传输高清信息娱乐内容、提高户外活动和密集城市中心的容量，这包括改善公共交通系统的互联网接入，以支持更多用户在交通期间实现在线工作。其益处是提高人口密集城区的覆盖和容量等，通过鼓励市民使用公共交通将有可能减少交通拥堵，并可提高现场活动中的覆盖和容量。类似于室内无线宽带覆盖，其益处并非只针对特定产业或应用，预计它将对广泛产业产生积极的影响。

3. 增强现实和虚拟现实（AR/VR）

大规模支持动态AR内容就需要5G空口，低时延和每秒数千兆比特的速度将支持计算密集型的AR/VR用户交互。具体用例包括外场支援和远程医疗，该用例有两大明显益处。

第一，移动化的AR/VR可通过在任何环境或表面提供虚拟显示，而无须其他硬件或显示屏，使用户受益。

第二，这意味着降低外场支援工作者的成本，并能形成训练有素且经验丰富的核心人员团队，能集中组织核心人员为更大规模的外场支援团队提供帮助。从工业和制造业到建筑业和服务公司，甚至社会服务，许多产业都能够从中受益。

4. 海量物联网资产跟踪

其应用将包括人员跟踪和在途高价商品等，但（较）高连接成本限制了该市场的增长。5G将在深度覆盖、低功耗和低成本（规模经济）以及作为3GPP标准技术方面提供额外优势。5G提供的改进将包括在广泛产业中优化物流，以提升工人安全和提高资产定位与跟踪的效率，从而使成本最小化。它还将扩展能力以实现动态跟踪更广泛的在途商品，随着在线购物增多，资产跟踪将变得更加重要。

5. 智慧城市

这是一个移动蜂窝运营商越来越感兴趣的领域，智慧城市将为许多不同类型的应用和潜在的全新商业模式提供机会。智慧城市是一个含义非常广泛的术语，其部分关键技术应用包括照明、安全、能源、公用事业、物理基础设施、环境监控和交通运输／出行。引入 5G 的主要益处是降低成本、提高服务质量与可靠性，并为市场建立标准。其关键原因之一是智慧城市应用将能够利用现有运营商的基础设施，这三点与通过更多资本性支出投入来部署专门的专用网络截然不同，通过利用网络切片技术，可为更重要的应用（如路灯）提供有保证的服务质量。例如，动态交通管理和控制就是利用许多 5G 关键业务型服务特性的智慧城市应用（与交通紧密相关）。类似地，作为城市安全解决方案的一部分，使用安防无人机和固定摄像头将需要 5G 增强型移动宽带。即使到了 2035 年，智慧城市仍将处于初级的发展阶段。随着该市场在 2035 年之后逐渐成熟，移动技术和 5G 预计将发挥更重要的作用。

6. 智能家居

5G 能够彻底改变智能家居终端的部署与服务方式，它将解决一些消费者投诉的主要问题，如终端设置困难、设备不可靠等。随着智能家居市场更多地转向 DIY 模式，消费者开箱即能拥有非常轻松的设置与配置体验将变得更加重要。消费者不需要再学习如何正确配置家庭无线局域网和防火墙这样的知识，且通过 5G 来利用蜂窝连接将带来更流畅的用户体验和更安全的终端。

第二章 大学生心理健康

第一节 健康与心理健康

一、科学的健康观

健康是人快乐、幸福和成功的前提和基础，这是人人皆知的道理。必须让每个人都认识到，健康并不代表一切，但失去了健康，便失去了一切。理论研究与实践都证明，人不仅是一个生物体，而且是有复杂的心理活动且生活在一定的社会环境中的完整的人，是生理、心理和社会层面的统一体。因此，关于健康内涵的认识随着社会的发展以及人类自身认识的深化，正在发生巨大的变化，那种认为只要身体没有疾病且生理机能正常就是健康的观念被"立体健康观"所替代，即健康应由心理尺度、医学尺度和社会尺度来评价，健康的概念从传统的生物医学模式走向生物—心理—社会模式。

（一）健康的十条标准

20 世纪 40 年代，世界卫生组织（WHO）成立时，在其宪章中开宗明义地指出：健康不仅是没有疾病，而且是身体上、心理上和社会适应方面的完好状态或完全安宁。与此同时，此组织提出了健康的 10 条标准：

（1）有充沛的精力，能从容不迫地应付日常生活和工作压力而不感到过分紧张。

（2）态度积极，乐于承担责任，不论事情大小都不挑剔。

（3）善于休息，睡眠良好。

（4）能适应外界环境的各种变化，应变能力强。

（5）能够抵抗一般性的感冒和传染病。

（6）体重得当，身体均匀，站立时头、肩、臂的位置协调。

（7）反应敏锐，眼睛明亮，眼睑不发炎。

（8）牙齿清洁无空洞，无痛感，无出血现象，牙龈颜色正常。

（9）头发有光泽，无头屑。

（10）肌肉和皮肤富有弹性，走路轻松匀称。

由此标准可以看出，健康包括身体和心理两个方面，两者相互影响，相辅相成，缺一不可。当生理出现疾病时，心理也必然受到影响，会产生情绪低落、烦躁不安、容易发怒等情况，从而导致心理不适。世界卫生组织又将健康重新定义为：健康不仅仅是没有疾病，还包括心理健康、社会适应良好和道德健康。

（二）"五快"和"三良好"

20世纪90年代末，世界卫生组织又提出身心健康的新标准，即"五快"的身体健康标准和"三良好"的精神健康标准。

1. 身体健康"五快"

吃得快：指胃口好、不挑食、吃得迅速，表明内脏功能正常。注意："吃得迅速"不是指狼吞虎咽，是指胃口好，吃什么都香，不感到难以下咽，但是吃东西一定要细嚼慢咽。

便得快：指上厕所时能很快排通大小便，表明肠胃功能良好。

睡得快：指上床即能熟睡、深睡，醒来时精神饱满、头脑清晰，表明中枢神经系统的兴奋和抑制功能协调，且内脏不受任何病理信息的干扰。

说得快：指语言的表达准确、清晰流利，表明思维清楚而敏捷，反应良好，心肺功能正常。

走得快：指行动自如且转动敏捷，因为人的疾病和衰老往往是从下肢开始的。

2. 精神健康"三良好"

良好的个性：指性格温和、意志坚强、感情丰富、胸怀坦荡、心境达观，不为烦恼、痛苦、伤感所左右，对生活充满热爱。

良好的处世能力：指沉浮自如，客观观察问题，具有自我控制能力，故而能适应复杂的社会环境，对事物的变迁保持良好的情绪，常有知足感。

良好的人际关系：指待人接物宽和，不过分计较小事，能助人为乐、与人为善，并对人际关系充满热情。

二、心理健康的内涵与标准

（一）心理健康的内涵

一个人事业上的成功只有 15% 是靠他们的学识和专业技术，而 85% 是靠良好的心理素质和善于处理人际关系的能力。重视心理健康已成为当今世界的大趋势，心理健康（mental health）的概念是由心理卫生（mental hygiene）的概念延伸出来的。心理健康通常是指一种积极的心理状态，心理卫生则是指一切维护心理健康的活动及研究心理健康的学问。一个人的心理达到什么样的标准才算是健康的呢？这是一个复杂的问题，不同学者从不同的角度有不同的论述。

一般而言，心理健康是相对于生理健康而言的，它有广义和狭义之分。从广义上讲，心理健康是指一种高效而满意的持续的心理状态，在这种状态下，人能够对客观环境作出良好的适应，并且充分发挥其身心潜能；从狭义上讲，心理健康是指人的基本心理活动的过程内容完整、协调一致，即知、情、意、行与人格完整协调，能适应社会。

（二）心理健康的标准

综合来看，本书认为心理健康的标准主要包括以下六个方面：

（1）智力正常。智力是人的一切心理活动的最基本的心理前提，心理健康的人能在工作中保持好奇心和求知欲，并能充分发挥自己的智慧学习知识、掌握技能、解决问题、获得成就。

（2）了解自我、接纳自我，能体现自我存在的价值。能对自己的优缺点进行恰当的评价，不苛求自己，生活的目标和理想切合实际，对自己基本感到满意，很少自责、自怨、自卑、自我否定，心理相对平衡。

（3）能协调、控制情绪，心境良好。心理健康，其愉快、乐观、开朗、满意等情绪状态总是占优势的，虽然也免不了因挫折和不幸而产生悲、忧、愁、怒等消极情绪体验，但不会长期处于消极情绪状态中，并善于适度地表达、调节和控制自己的情绪。在社会交往中，既不妄自尊大，也不退缩畏惧，争取在社会规范允许的范围内满足自己的各种需求，心境积极乐观。

（4）能与他人建立和谐的人际关系。乐意与人交往，与人为善，对他人充满理解、同情、尊重、关心和帮助，有良好而稳定的人际关系，并能在其中分享快乐、分担痛苦，社会支持系统强而有力。

（5）独立、自主、有责任心。对周围的人与事均有独立自主的见解，不盲从，热爱并专注于自己的工作、学习、事业和有强烈的责任心，并能在负责的工作中体验生活的充实和自己存在的价值。

（6）有良好的环境适应能力。能正确地认识环境和处理个人与环境的关系，能保持与环境的良好接触，并善于将自己融入不同的环境中，使自己的心理需要与社会协调统一，从而最大限度地满足自己的需要，实现自己的人生理想。

三、心理的亚健康状态

（一）心理亚健康的含义

健康心理学根据心理测验统计结果、症状分析、个人内心体验等方面来评价人的心理健康水平，即用健康与不健康来表达人的心理健康状态。事实上，在健康与不健康之间有一个很大的空间，既非健康又非疾病，没有心理障碍与疾病，但又感觉心理不健康，这就是心理亚健康，也称为第三心理状态。

（二）心理亚健康的特点

处于心理亚健康状态的人虽然各项体检指标均为正常，也无法证明有某种器质性疾病，但与健康人相比却又显得生活质量差、工作效率低且极易疲劳，许多人常有食欲不振、睡眠不佳、腰酸腿痛、疲劳乏力等不适等状况。从心理健康的角度来看，处于心理亚健康状态的人虽然没有明显的精神疾病和心理障碍，但会出现情绪低落、反应迟缓、失眠多梦、白天困倦、注意力不集中、记忆力减退、烦躁、焦虑等情况。

现代人陷入心理亚健康状态有七大信号：①焦虑感——烦恼不堪，焦躁不安，在生机的外表下充满无助；②罪恶感——自我冲突，有一种无能、无用感；③疲倦感——精疲力竭、颓废不振、厌倦、无聊；④烦乱感——感觉失序、一团糟；⑤无聊感——空虚，不知该做什么、不满足但不思动；⑥无助感——孤立无援，人际关系如履薄冰；⑦无用感——缺乏自信，觉得自己毫无价值、自卑内疚。心理亚健康已成为现代社会十分突出的问题，它严重影响人的心理生活质量，将人的精力引向非建设性的渠道，从而降低人际吸引，毁坏人的自我感受，降低人的自我满足感，束缚人的创造性。因此，只有帮助个体正确认知心理亚健康状态，掌握有效的调适方法，才能摆脱心理亚健康，并形成健康的心理。

第二节 大学生心理健康的标准

在校大学生年龄一般为 18 ~ 24 岁。这个年龄段正是心理各要素逐渐成熟的重要时期，自我意识、独立人格和价值体系日趋完善。同时，大学生的整体心理机能尚未完全成熟，自我控制和自我调节能力还不强，所以面临现实困境，诸如学习、考试、交友、爱情等问题时，往往会茫然、不知所措，情绪波动很大，心理容易失衡。这种不良状态若不能及时得到改善，就会引起心理体验的不适应、焦虑和紧张，长久积累容易导致心理疾病及生理病症。

一、大学生心理健康状况

要维护和促进大学生的心理健康，就必须了解大学生心理健康的状况；而要了解大学生心理健康的状况，则既要研究大多数正常学生心理健康的状况，也要考虑少数不正常学生存在的问题。

（一）大学生心理健康现状

随着社会生活节奏的加快和竞争的加剧，大学生的心理负荷日益加重，在学习、生活、人际交往、自我意识和升学就业等问题上遇到的挫折越来越多，苦闷、孤独、焦虑、冷漠、抑郁等对大学生的困扰越来越大。

（二）大学生心理健康的特点

1.大学生心理健康水平符合正态分布的规律，多数人是健康的

大学生心理健康水平随着年级上升而提高，特别是生活态度与学习动机两项，年级越高，得分越多。只有人际关系一项在各个年级之间波动较大，这说明我国大多数大学生心理的发展是健康的。

2.大学生心理健康的主要问题是成长和发展中的矛盾

大学时期是个人成长过程中又一次面临新的心理矛盾发生和转化而趋向成熟的时期。这个时期产生的心理矛盾，有环境适应问题，有学习问题，有人际关系问题，有自我观念问题，有恋爱和性的问题，还有进一步升学和就业的问题，这些问题是每一个大学生都会面临的。

大学生从入学开始就面临对环境的适应。他们离开家庭，离开中学时熟悉的教师和同学，进入大学这个陌生的环境中。新的学校生活、新的学习

秩序、新的教师和同学关系都使大一新生感到生疏而一时无所适从，尤其是新的人际关系使他们感到难以适应。

入学后的另一个难题是原有的自我观念面临新的挑战。在中学时，他们都是各自学校的拔尖学生，受到家庭的宠爱、学校的重视和同学们的尊重，渡过了高考难关，他们的自尊心和自信心得到加强，自感是"天之骄子"而自豪不已。然而，进入大学以后，身处强手如林的集体中，许多学生的优势不复存在，原来是班级的尖子，现在不是了；原来是中学的学生干部，现在也不是了，落差很大，产生了失落感。有的学生感到自卑，开始同别人和集体疏远；有的学生为了博得新的成功和荣誉而重新努力自我完善，加入了新的竞争行列。大学生又开始了自我观念重新调整的过程，这时正是需要心理辅导的时候。

上大学以后，在学习问题上又产生了新的心理矛盾：有的学生对所报考的学校或专业不满意，有的学生则不适应大学教与学的方法，有的学生对自己的专业成绩感到不满意等。到了大学三、四年级，恋爱问题、择业问题等成为引起困惑和焦虑的问题。这些都影响着大学生的思想和情绪，但又是大学生成长过程中正常的心理问题，不属于不正常的心理障碍或心理疾病。

3. 大学生是心理障碍的高发群体

心理障碍是心理与行为失常的总称，通常所说的精神疾病、心理异常和变态异常行为都属于心理障碍。大学生常见的心理障碍包括神经症、精神病及人格障碍等类型，这几种类型又可以细分为各种不同的心理疾病。

大学生是心理障碍的高发群体。大学生心理健康的总体水平低于同年龄青年和正常成年人。

二、大学生心理健康的准则

心理是否健康一般采用量表测量，其标准不是固定不变的。心理健康标准随着时代变迁与文化背景变化而变化。大学生的年龄一般在 18 ~ 24 岁，从心理学的观点来看，这正处于青年中期。大学生的心理具有青年中期的许多特点，但作为一个特殊群体，大学生又不能完全等同于社会上的青年。根据我国大学生的实际情况，评判大学生的心理健康水平应从以下几个标准给予着重考虑。

（一）智力正常

智力是人的观察力、注意力、记忆力、想象力、思维力、创造力及实践活动能力等的综合体现，包括在经验中学习或理解的能力、获得和保持知识的能力、迅速而成功地对新情境作出反应的能力、运用推理有效地解决问题的能力等。这是大学生学习、生活与工作的基本心理条件，也是适应周围环境变化时所必需的心理保证。因此，衡量大学生的智力是否正常，关键在于是否能正常地、充分地发挥自我效能，即强烈的求知欲，能乐于学习，积极参与学习活动。

（二）情绪健康

情绪健康的标志是情绪稳定和心情愉快，包括愉快情绪多于负性情绪、乐观开朗、富有朝气，对生活充满希望；情绪较稳定，善于控制与调节自己的情绪，既能克制又能合理宣泄自己的情绪，情绪的表达既要符合社会的要求，又要符合自身的需要，在不同的时间和场合有恰如其分的情绪表达；情绪反应与环境相适应，反应的强度与引起这种情绪的情境相符合。

（三）意志健全

意志是人在完成一种有目的的活动时进行的选择、决定与执行的心理过程。意志健全者在行动的自觉性、果断性、顽强性和自制力等方面都表现出较高的水平。意志健全的人在各种活动中都有自觉的目的性，能适时地作出决定并运用切实有准备的方式去解决所遇到的问题，在困难和挫折面前，其能采取合理的反应方式，能在行动中控制情绪和言而有信，而不是盲目行动、畏惧困难、顽固执拗。

（四）人格完整

人格是个体比较稳定的心理特征的总和。心理健康的人，其人格是健全统一的，具有相对稳定性，即个人的所想、所说、所做是协调一致的。人格完整包括人格结构的各要素完整统一；具有正确的自我意识，不产生自我同一性混乱；以积极进取的人生观作为人格的核心，并以此为中心把自己的需要、目标和行动统一起来。

（五）自我评价正确

正确的自我评价是心理健康的重要条件。大学生在进行自我观察、自我认定、自我判断和自我评价时，能做到自知且恰如其分地认识自己，摆正自己的位置，既不以自己在某些方面高于别人而自傲，也不因某些方面低于别人而自卑。面对挫折与困境时，能够自我悦纳、喜欢自己、接受自己，自尊、自强、自制、自爱适度，正视现实，积极进取。

（六）人际关系和谐

良好而深厚的人际关系是事业成功与生活幸福的前提。表现为乐于与人交往，既有广泛而深厚的人际关系，又有知心朋友；在交往中保持独立而完整的人格，有自知之明，不卑不亢；能客观评价别人和自己，善取人之长补己之短；宽以待人，乐于助人；有积极的交往态度，交往动机端正。

（七）社会适应正常

个体应与客观现实环境保持良好接触。既要进行客观观察，以取得正确认识，以有效的办法应付环境中的各种困难，不退缩，又要根据环境的特点和自我意识的情况努力进行协调，或改变环境适应个体需要，或改造自我适应环境。

（八）心理行为符合大学生的年龄特征

因为正处于特定年龄阶段，因此大学生具有与年龄和角色相适应的心理行为特征。心理健康的大学生精力充沛、思维敏捷、情感活跃，与之相适应的是，行为上应该表现为朝气蓬勃、热情洋溢、生龙活虎、反应敏捷、勇于探索、勤学好问。

心理健康的标准是一种理想尺度，它既为人们提供了衡量心理是否健康的标准，也为人们指出了提高心理健康水平的努力方向。如果每个人在自己现有基础上能够做不同程度的努力，并追求自身心理发展的更高层次，就能不断发挥自身的潜能。大学生心理健康的基本标准是能够进行有效的学习和生活，如果正常的学习和生活都难以维持，就应该及时进行心理调整。

第三节　大学生心理特征及常见的心理问题

从心理发展的观点来看，大学生的心理具有青年中期的许多特点，但作为一个特殊群体，大学生又不能完全等同于其他青年群体。每个人都有自己长期形成的稳定的个性心理，一个人的个性在没有明显的、剧烈的外部因素影响下是不会轻易发生变化的。

一、大学生心理特征

因为所处的人生阶段具有特殊性，大学生的心理发展一般具有过渡性、可塑性、冲突性和差异性的特点。

（一）过渡性

青年期是青少年向成年人转变的过渡时期，也是青少年心理向成人心理过渡的关键时期。在心理发展上，多数大学生的心理处于迅速走向成熟但又没有完全成熟的水平；在个性发展上，性格、能力等特征达到相对稳定和渐趋成熟的水平；理想、信念、自我意识等个性意识经过大学阶段的发展逐渐接近成人水平。

（二）可塑性

大学阶段是大学生心理品质全面发展且性格不断完善的时期，也是心理急剧变化的时期。在这一时期，大学生的许多个性品质虽已基本形成，但受外界的影响也较大，呈现出可塑性强的特点。

（三）冲突性

在我国，经过小学、初中和高中，之后进入大学继续接受学校教育，大学生长期与社会脱节，缺乏社会生活经验，心理发展大多滞后于生理发育。大学生进入大学后心理发展加速，但经济不独立，再加上现代价值多元化的影响，致使心理发展既具有积极面，又存在消极面，就会面临各种冲突，主要有以下几种类型：

（1）心理闭锁与寻求理解的冲突。

（2）理想性与现实性的冲突。

（3）独立性与依赖性的冲突。

（4）性成熟与性心理发展滞后的冲突。

（5）理性与感性的冲突。

（6）自尊与自卑的冲突。

（四）差异性

大学生的生活经历、家庭环境、年龄、个人追求、价值观等方面的不同，将导致其个性心理的发展存在差异性。

二、大学生心理的发展阶段及特点

（一）大学生心理的发展阶段

大学生正处于青年阶段中期，随着年龄的增长，心理会随着生理的发育而发生变化。一般可以把大学生心理的发展分为三个阶段：适应阶段、成长阶段和成熟阶段。

1. 适应阶段

适应阶段相当于大学生活的一年级时期，进入大学是人生的一次重要转折。大学新生大多是初次离开父母，独立面对大学校园的全新环境，必然会出现种种不适应，如学习不适应、生活不适应、心理不适应、人际关系不适应、价值观不适应等。其中，心理不适应最为关键，能否顺利通过"心理关"，对新生在大学阶段的发展至关重要。大学新生适应过程实质上是一个社会化的过程，既关系个体发展，又关系社会发展。

2. 成长阶段

成长阶段相当于大学生活的二年级时期，这一阶段的主要特征是积极追求精神上的丰富和多方面发展自己的能力，也是大学生活全面展开和深化的关键时期。在这一阶段，大学生心理倾向有如下特点：

（1）努力在精神上充实自己，多方面发展自己的能力。

（2）求知欲旺盛，进取心强，但个别差异很大。

（3）不满足于课堂学习，注意在课余扩展自己的知识面，如参加学生科研、社团活动等。

（4）世界观和自我意识日趋稳定。

（5）少数学生由于受多种消极因素影响，学习积极性较差，并产生"混大学"的念头和行动。

3. 成熟阶段

进入高年级后，学生面临继续深造和择业两大问题，他们经过几年来的教育和培养，心理显得成熟多了。在成熟阶段，大学生心理发展趋势的特点主要有以下几个：

（1）专业心理进一步趋向稳定，他们对未来的事业和生活充满着美好的憧憬。

（2）愿意与资历较深的专业教师进行交流，争取老教师的指导。

（3）关心本专业的发展前途，询问本专业历届毕业生的就业去向和近况。

（4）自我意识进一步发展，能较准确地评价自己的优缺点。

（5）到处收集有关分配就业的信息，甚至有些学生为此放松课堂学习。

（二）大学生心理发展的特点

1.认知心理发展迅速

在中学阶段，学校主要培养学生的一般能力（智力），进入大学后，专业知识（特殊能力）成为学习的主要内容。经过学习，学生对所学专业的认识水平达到一定高度。具体来说，大学生在认知心理方面有以下优点：

（1）形成抽象的逻辑思维。

（2）思维的独立性有所提高，对事物有自己的见解。

（3）敢于提出问题，开始用批评的眼光看待周围事物。

（4）思想活跃，喜欢怀疑、争论和辩论。

2.感情丰富但稳定性不足

在情感心理方面，大学生的特点是情感丰富，但情感的稳定性不足，主要表现如下：

（1）荣誉感、集体感、道德感、正义感、美感、同情感、友谊等高级情感有了很大发展。

（2）容易兴奋、激动、热情，也易发怒与怄气，感情用事表现较为突出。

（3）情感与心理需要、愿望和动机联系密切。

（4）情感在人际交往中得到较好形成和发展，但隐蔽性较强。

3.意志的目的性和持久性突出

在意志心理方面，大学生的特点如下：

（1）学习目的和动机明确。

（2）有个人的理想愿望。

（3）对实现自己的目标充满信心，具有较顽强的毅力。

4.自我意识得到进一步发展

大学生的自我意识比中学生有了迅速的发展，主要表现如下：

（1）有较强的自我意识（包括自我感觉、自我观察、自我分析和自我评价），但带有片面性。

（2）能较好地进行自我调节和自我控制。

（3）注意力开始从外部世界的认识转变为对自己内心世界的认识。

5.个性基本形成

大学生的个性基本形成主要表现如下：

（1）懂得如何发挥自己气质的长处，避开短处。

（2）能力发展较迅速且有一定水平。

（3）兴趣广泛，追求时尚。

三、大学生常见心理问题及对策

目前，心理健康问题已成为影响大学生健康成才以及高校稳定的突出因素，大学生心理素质教育和心理健康教育工作亟待引起社会各界的高度重视。正如我国心理学会理事长张侃教授呼吁的那样：在社会如此文明、科技如此发达的今天，不能再让"灰色的青春蒙住孩子的笑脸"。心理健康不仅关系大学生个人的成长，也关系民族素质的提高，更关系一代新人的培养，这也是社会主义精神文明建设的一个重要方面。

影响心理健康的因素是各种各样的，既有个体自身因素的影响，也有外界环境因素的影响。就当前大学生的具体现状而言，影响心理健康的因素主要体现在以下几个方面。

（一）与学习有关的心理问题

学习内驱力不足、学习焦虑、考试焦虑、学习效率低、注意力不能集中、成绩波动大、学习缺乏目标、专业不满意以及学习负担过重等是这方面的主要问题。一项关于学习的调查发现，由于专业学习和竞争压力越来越大而引发的心理障碍越来越多。主要表现在以下四个方面。

1.学习目的不明确

不少学生进入大学校门之后无法找到自己学习的目的，很多学生为了完成学业不得不参加考试。例如，在中学时代，各方面表现都很出色，进入大学后，沿着中学的惯性学习，尽管成绩还算理想，却常常感到心力交瘁，学而无所获，更多的学生是"懒得精益求精，但求蒙混过关"。面对人才市场的巨大压力，很多学生也感到危机，但真正要努力学习，却提不起精神来。

2.学习内驱动力不足

在大学生生活事件量表中，列在第一位的是学习压力较大。一些学生以前为学习而学习，但在学习时始终不能进入状态，总感到是在巨大的考试压力下被动地学习，没有兴趣，静下来想学时，又会感到很苦恼和为将来担心。这些原因主要是考入大学后，暂时丧失了前进的方向，有松口气的想法，造成学习内驱动力不足。

3.学习努力但成绩不理想

学习困难的学生虽然在大学生群体中占的比例不是很大，但他们的负面情绪对学生的成长是不利的。有的学生上课注意力无法集中，有的学生不适应大学生活，虽然学习上很尽力，但成绩总是不理想，因而感到很自卑，心里十分压抑。

4.学习动机功利化

市场经济的利益杠杆直接影响着学生的学习，对于学习，学生表现出功利意识。"考证热"正是学习功利化的直接表现，学生充分了解市场对各种证书的青睐，因而放弃专业课的学习去追逐各种证书。

（二）与人际关系有关的心理问题

沟通不良、人际关系失调、人际冲突、孤独无援、缺乏社交基本态度及技能、代沟等这类问题的主要表现。如在交往方面，因自负而不屑交往，因恐惧而不能交往，从而陷入孤寂封闭的境地；有的学生虽然主动交往，但在对他人的认识上常有偏见、误解和过分苛求，对他人的情感上缺乏同情、理解和尊重，对他人的行为挑剔、被动和矜持，所以人际关系不协调，难以被他人接受。具体表现如下。

1.人际交往不适

进入大学，远离了原来熟悉的生活与学习环境，面对新的人际群体，学生多少有些不适。一方面部分学生对大学的师生关系、同学关系以及异性之间的关系感到紧张，另一方面又希望得到别人的认可。"有心里话不知道对谁说"成为大学生普遍的困惑。

2.自卑心理

有些大学生来到一个新环境容易产生自卑感，缺乏自信，办事无胆量、畏首畏尾、随声附和，没有自己的主见。这种心理若不克服，会磨损人的独特个性。

3. 社交恐惧

大学的生活在一定程度上给学生创造了一个小社会环境，使其可以充分地展示自我，展示自己的风采。但部分学生缺乏在公众场合表达自己思想的能力与勇气，对各种各样的活动虽然充满了兴趣，却又担心失败，只是羡慕而不愿积极参与，久而久之，开始回避参与，感叹"外面的世界很精彩，外面的世界很无奈"，直接影响自己潜在能力的充分发挥。

4. 猜疑心理

有些大学生在社交中过于敏感，或是托同学、朋友办事时，往往爱用不信任的目光审视对方，无端猜疑、捕风捉影、说三道四，结果破坏了同学、朋友之间的关系。

5. 心灵闭锁

部分学生缺乏人际交往经验，在人际交往中的不自信也不利于展示自身的人际魅力，妨碍了良好的人际交往圈的形成；在与他人主动交往方面，很大一部分学生更希望自己成为交流的对象，而不是交流的直接发起者。与此同时，由于个体间正常的沟通交往不够，又易引发猜疑、妒忌等，使个别学生会把自己包裹起来或者回避他人。

（三）与情绪方面有关的心理问题

凡是能够满足人的需要或符合人的愿望的事物，就会使人产生肯定的态度，并引起积极的情绪体验；凡是不符合人的需要或与人的愿望相违背的事物，则会产生否定的态度，并引起消极的情绪体验。有时，即使是同一事物，但由于人的需求不一样，也可能会引起不同的内心感受。

稳定的情绪、积极良好的情绪反应，是学生成才很重要的因素，也是学生心理健康中值得重视的问题。

1. 情绪失衡

大学生的社会情感丰富而强烈，具有一定的不稳定性与内隐性，表现为情绪波动大，感情容易冲动，喜怒无常，会因一点小小的胜利而沾沾自喜，也容易为一次考试失败、情感受挫而一蹶不振，甚至无法控制自己的情绪。特别是负面情绪的控制相对较弱，个体负性情绪表现为情绪不稳定、易怒，难以驾驭自己的情感，并且不能保持一种常态的情绪，如考试失败，有的学生很难从失利的阴影中走出；群体负性情绪又是校园事端的直接制造者，起因多数为生活中小的摩擦，学生的群体情绪一旦激发，就很难受到理性与校纪校规的约束，而当情绪稳定下来时，又后悔莫及。

2. 抑郁

抑郁是一种持续时间较长的低落消沉的情绪体验，处于抑郁状态中的大学生，看到的一切事物仿佛笼罩着一层暗淡的灰色，对什么事都提不起兴趣，且常常感到精力不足、注意力难集中、思维迟钝、心情压抑、沮丧、无精打采，什么活动都懒于参加，逃避参与。同时还会伴有痛苦、羞愧、自怨自责、悲伤、身体不适、睡眠不足，自我评价偏低，对前途悲观失望。

（四）与情感方面有关的心理问题

异性交往困难、陷入多角关系不能自拔、单相思、失恋的痛苦都是这方面问题的表现。有的学生因看到周围人纷纷交友结伴而自惭形秽，有些大学生的恋爱动机并不是出于爱情本身，而是为了弥补内心空虚和自我孤独等。

（五）与性认识方面有关的心理问题

除了恋爱问题导致的心理困惑外，更沉重的心理负担则是性心理方面的问题。有的学生因为对性知识的匮乏，会产生对性冲动的不良心理反应。

（六）与求职择业方面有关的心理问题

这方面的心理问题表现为缺乏选择的主动性，不了解与自己个性能力相匹配的职业领域，对面试缺乏自信，过于追求功利，缺乏走上社会的心理准备等。随着高校毕业分配制度的改革，不少毕业生在求职择业方面的不适应对其造成了种种困惑和苦恼。例如，有的学生面对人才市场五花八门的招聘单位与条件而不知所措，难以抉择；有的学生不懂面试礼仪及技巧，不知怎样才是适当的自我推荐；有的学生对社会种种现实不能正确分析，产生逃避社会的心理或过于担忧的心理。

（七）其他心理问题

如家庭关系、经济问题、余暇生活、人格发展、人生态度等方面出现的困惑或苦恼。可以看出，任何心理问题，包括那些较严重的心理危机，都不是"一朝突变"的结果，而是在渐进、累积基础上有层次地形成的，都是由量变到质变的"趋进"过程。所以，大学生的心理健康要从积极的、预防的角度加以保护和促进，并消除一切不健康的心理倾向，充分发挥身心潜能。促使个体与社会环境相适应的状态，并不断发展健全的人格。

四、影响大学生心理健康的因素

影响大学生心理健康的因素，比较普遍且影响力较大的有如下几种。

（一）学习压力

学习压力是最重要也是最普遍的一种影响因素。每门考试合格的压力，争取第一的压力，发挥特长的压力，这些都使学生在每天三点一线的模式中紧张度过，学生之间的竞争使个别学生不能忍受而走上自杀之路，而更多的学生则是默默地承受，只是在忍无可忍的时候发泄一下，以缓解心中的郁闷。有调查表明，有自杀倾向的大学生中有超过7%的人都是学习压力大引起的。

（二）恋爱失败

恋爱失败也是一种显著影响心理健康的因素。处于青春期的青年情绪本来就不稳定，易喜易怒，当情绪爆发时很难控制，很难扭转。同时恋爱又是大学阶段最重要的事件之一，所以恋爱问题不能轻视。大学期间由于恋爱失败而引起的自杀、伤害他人的事件时有发生，现已在各高校中引起了高度重视。恋爱本身成功与否就是喜忧参半的，但对于极少数学生来讲，却无法接受失恋的挫折，这种极端的、以自我为中心的个性，不仅会伤害自己，也会破坏良好的异性关系，给对方造成重大的心理压力，如忧郁、紧张、敏感、恐惧、压抑。这些都会造成恋爱双方出现心理障碍。

（三）家庭

一方面是家庭教育的影响。父母以怎样的心态对待他人和社会，父母的人生观、价值观是什么，父母的性格如何，家庭气氛如何，父母的养育态度如何，这些都直接或间接地影响着子女的性格、为人处世的方式以及对社会的态度。比如一位父亲性格倔强，在单位上班与同事意见不一致时，就认为是同事不对，是同事故意和他唱反调。他的儿女对他非常敬畏，从他身上学到的也是一样的处世方法，而且会得到父亲的认同，结果就是儿女无法与同学友好地相处，对同学和教师总是充满敌对情绪，无法在宿舍住下去，甚至想退学回家。

另一方面是家庭经济水平的影响。经济水平的高低往往会在潜移默化中影响子女的性格、价值观等。高收入家庭子女的优越感、唯我独尊和低收入或贫困家庭子女的自卑感及经济压力，都会在两个极端上影响对他人的态度以及对自己的态度。

（四）性格不足

性格中的某些不足也是影响心理健康的因素。很多研究表明，性格中的不足，如自卑、固执、依赖、忧郁、自控能力差等都是现在大学生心理障碍所产生的因素。现在的大学生大多数是独生子女，父母对子女是比较溺爱的，并迫切地希望子女出人头地，再加上应试教育对家长和子女双方的压力，让很多家长都忽视了应将子女的性格塑造放在首要位置，十几年的光阴使子女的性格出现偏差，比如自我中心、依赖、责任心差、合作能力差、不能承受挫折等，这些方面都使学生适应新环境、维护良好生存环境有困难。

五、大学生健康心理培养方法

心理健康教育包括良好心理健康素质培养及心理疾病防治教育。在大学生中开展心理健康教育，不仅关系到高等教育能否培养出身心健康、全面发展的新型人才，还关系到全民族素质的提高。一个人各方面的良好发展，是社会影响和个人选择、社会制约力和主体调控能力整合之后发挥作用的结果。大学生健康心理的形成和维护，更多地取决于个人的努力和调控。健康心理的培养方法主要有以下几种。

（一）掌握必要的心理健康知识

健康心理的形成和维护是一个科学的过程，与人们的生活、学习和工作密切相关，有属于它的和与它关联的科学体系。这样的体系中包含知识、方法、技术等多个系统。所以，要想达到社会认可、个人满意的心理健康程度，就应当去主动掌握一些体系中的内容。因为这个体系中的各方面内容都建立在一定知识基础之上，就绝大多数大学生而言，学习掌握这方面的知识，其目标并不是要成为专业工作者，而是自我的心理健康，大学生要形成健康心理、维护心理健康，就需要主动学习掌握心理健康和与此相关的知识。

（二）预防与消除亚健康状态

大学生应做好以下几个方面。

1. 适度运动

生命在于运动，大学生应坚持适宜的活动内容和活动方式，或者选择参加各项能延缓人体各器官的衰退老化的健身运动，如游泳等。

2. 全面、均衡、适量的营养

人体对各种物质的需求量都有一个度，过量摄入会适得其反，高糖、高盐及高脂肪食物的长期过量摄入，尤其是饱和脂肪酸摄入过量会导致亚健康状态。因此，均衡适量的营养是维护健康的基本手段之一。

3. 保持心理健康

长期的精神刺激和压力以及长期的压抑愤怒等负面情绪也是导致亚健康的一方面因素。保持良好的心态、乐观豁达、奋发进取的精神是防治亚健康的精神基础。大学生可适当培养业余爱好，如读书、听音乐、练字画等有益于身心健康的活动。

4. 提高自我保健意识

日常生活中戒除不良习惯和嗜好，如吸烟、酗酒、偏食等，做到饮食有节，起居有常，不过度劳累，提高自我保健意识，自觉构筑控制亚健康发生的第一道防线。克服不良生活方式是防治亚健康状态的身体基础。

5. 适时干预

如采取药物预防、保健品调理以及体育锻炼相结合的干预措施。对失眠多梦、口腔溃疡、消化不良和躯体疼痛等症状，可适当用药或理疗或心理治疗等，使机体能转归健康。

（三）培养良好人格品质

对于学生自身来讲，保持心理健康的一个重要途径是注意培养自己良好的人格品质，因为在整个环境中，致病因素大量存在，预防心理疾病的关键是增强自身的"免疫"能力。以往教育注重知识技能和身体素质的培养而忽视对心理素质的培养，许多学生的人格缺陷未被及时发现和改善，成为形成心理障碍的内在因素。对于进入青年期的大学生来说，发挥自己的主观能动性，自觉主动地优化自己的人格品质不仅必要，而且可行。

1. 树立正确的人生观与世界观

人之所以为万物之灵，是因为人所独有的极其复杂且丰富的主观内心世界的核心就是一个人的人生观和价值观。人生的自我价值是指人对自身需要的一定满足，包括自我的生存保护、调节整合、操作控制、索取满足、发展完善等。如果有了正确的人生观和价值观，就能对社会、对人生持正确的认识并采取适当的态度和行为反应，就能使人站得高、看得远，并正确分析客观事物，做到冷静而稳妥地处理事情，胸怀开阔，保持积极乐观的生活态度。

2. 正确认识自我，积极悦纳自我

人格的核心是自我意识。心理学研究表明，对自己的认识和评价与本人的实际情况越接近，表现自我防御行为就越少，社会适应能力就越强；相反，自卑感过重的人或自我过于夸大的人，常会感到紧张焦虑而导致心理问题。大学生应该深入了解自己，正确评价自己，要对自己充满自信，不苛求自己，不追求十全十美的形象，不为自己存在的缺点和不足而沮丧，学会扬长避短，制定的目标要尽可能符合自己的实际情况，并通过努力可以达到。因此，能客观地自我评价，积极悦纳自我的态度对促进心理健康至关重要。

3. 提高对挫折的承受能力

人生逆境，十有八九。无论是谁，在人生的道路上都会遇到大大小小的挫折。挫折就像一块石头，对于害怕它的人是一块绊脚石，对于健康的人是一块垫脚石，让人看得更高、更远，不为眼前的困难所吓倒。大学生活和学习上的困难、与同学之间的摩擦、爱情上的失意等都可能带来挫折感。有了对挫折的心理准备，就可能在挫折面前应付自如，保持心理平衡。挫折承受能力的高低与一个人的思想境界、对挫折的主观判断、过去的挫折体验、有无支持系统等因素有关。培养挫折承受能力就应该努力提高自己的思想境界，凡事从大局出发，建立和谐的人际关系，并保持良好的社会支持系统。

4. 自觉地调控情绪

情绪对人的心理健康影响很大，几乎每一种心理疾病都有其情绪上的表现。情绪可分为积极的情绪与不良的情绪。要保持积极的、健康的情绪，必须学会疏导不良情绪。情绪调节的方法有多种，如合理宣泄、转移、升华等。大学生应该做情绪的主人，能够根据不同的情境采取不同的调节方法疏导、宣泄和克服不良情绪，使消极的情绪对身心的伤害减到最低限度。

5. 培养健康的生活方式

现代教育对教育对象提出了学会做人、学会认知、学会做事、学会生活的目标。生活方式对心理健康的影响已经越来越为人们所关注。只顾学习或者生活没有规律、随心所欲都不是健康的生活方式。大学生应该自觉地养成良好的生活习惯，做到：①有积极乐观的态度，生活有规律，劳逸结合，科学用脑，坚持体育锻炼，注意营养，少饮酒、不吸烟；②兴趣广泛，生活有情趣；③学会用自娱自乐来缓解压力，保持健康的心态。

6.积极参加课外社团活动

目前，越来越多的高等学校成立了心理素质或心理健康的学生社团和兴趣小组，如"认知评价小组""智力开发小组"等社团活动，这些活动有助于大学生学习人际交往的技巧，有助于进行积极的认知评价和智力开发，有助于提高挫折承受力，以达到丰富业余生活、锻炼能力及提高心理素质的目的。

（四）主动接受心理辅导与咨询

大学生能否主动接受心理辅导是衡量当代大学生素质的标志之一，也是社会文明进步以及人民文化素质提高的一种表现。如果是轻度的心理问题或不适，可以通过一些自我心理调控技术来恢复正常；如果感到自己难以解决或不能自行解除自己的心理问题或心理障碍时，主动到心理咨询门诊或医院的精神科去寻求帮助才是明智的选择。

因此，良好心理素质的形成与发展必须有良好的环境熏陶和有效的教育引导。人的心理素质是在先天素质的基础上，经过后天的教育与环境的影响而形成的。年龄的增长、实践活动的增加、知识经验的积累，加上个人自身主观的努力以及有目的、有计划的教育，能够使大学生正确认识自我，学会心理调适的方法，并掌握自我塑造的基本途径，帮助他们在健康心理与人生追求上作深入的思考，让他们在人生的道路上走得更好、更稳、更健康。

第三章 大学生心理咨询与治疗

第一节 心理咨询的过程

心理咨询的过程是心理咨询员与来访者接触，进而对来访者实施辅导与咨询，以解决来访者心理问题的过程。它涉及对来访者的心理诊断过程，涉及运用教育心理学、心理辅导与咨询的理论，并设计良好的心理环境和心理矫正措施对来访者实施心理干预，以期来访者的认知、情感和行为发生变化的过程。作为学生心理保健医生的教师或家长应该依据心理学的理论与方法进行辅导与咨询，这样才能保证咨询的科学性。

一、心理咨询

在大学进行心理咨询是促进学生心理健康发展的一项重要措施。大学生在学习、生活、情感和人际交往中会遇到许多小问题，个别人还患有心理障碍，帮助大学生解决这些问题是作为心理咨询员的教师应尽的职责。要达到这种目的，教师必须具备心理咨询的技能，必须在心理咨询中坚持正确的指导原则，只有这样，教师才能充当起学生心理的保健医生。因成长阶段的不同，对大学生的心理咨询尤为重要，因此应重点讨论学生的心理咨询。

（一）大学开展心理咨询的意义

大学生的学习活动、生活内容和范围均发生了明显的变化，这些变化与身心的变化一起把大学生推向人生的十字路口。他们面临着许多选择和适应的问题，这些成长所带来的问题集中体现在大学生的一般心理特点上，表明了他们处于人生发展的关键期，在这种客观条件下，心理问题比较多，加之进入新环境心理上的闭锁性，决定了他们不轻易与人敞开心扉，倾吐郁闷。这些极易使他们出现心理问题，若不能得到及时解决，则会产生心理困难，导致心理障碍。学校开展心理咨询，对大学生的心理问题予以咨询，解除其心理上的困难，促使其心理健康地发展。大学开展心理咨询的意义主要表现在以下几个方面。

1. 改善学生的成长环境

影响学生成长的环境因素主要有家庭、学校与社会。大学生的健康成长也离不开这三者的协调一致。协调一致的结果为大学生营造了良好的成长环境，也为发挥教育的合力作用创造了条件。开展心理辅导与咨询，争取社会上有关机构的支持，对学生心理的健康发展是有利的。

学校向学生宣传心理卫生知识，有助于学生对社会的影响有正确判断与取舍，从而增强学生心理的免疫力。

开展心理辅导与咨询活动，可为教师提供新视野，有利于教师纠正自身违反心理卫生原则的错误认识与做法，并改进管理方法，提高教育效果。

此外，改善学生之间的关系与心理气氛，为学生的健康成长提供有利的人际交往条件；向家长宣传介绍心理健康知识，有利于融洽与子女的关系，协调家庭气氛，提高家长的文化心理素质。

2. 促进学生形成健康的心理

向学生普及心理健康知识，使他们有心理自我保健的意识，学会正确的自我评价、掌握自我调节的方法，就会使他们处事不烦、遇险不惊，在人际交往中能从个体需要和身心特征出发与人进行信息交流和情感沟通，同时又能从团体气氛中和社会文化传统方面谋求改善环境。这样也就可以为减少人际交往障碍奠定基础。

3. 预防出现严重心理偏差

当一个人能生活得充实，有良好的人际关系，掌握自我保健的技术，那就能够有效地预防心理出现偏差；如果感到自身有无法解决的心理矛盾时，有人能及时给予帮助，那么心理偏差的可能性就很小。即使少数学生出现心理偏差，通过有效的心理辅导与咨询活动，这种心理偏差就可以得到纠正。

此外，学习和掌握自我调适的技术、提高心理耐受力、塑造良好的心理素质也很重要。

（二）心理咨询员的素质和条件

学校心理辅导与咨询是一项技术性较强的工作，也是一项复杂、艰巨的活动，对咨询人员的职业道德、知识结构和心理品质有着较高的要求。结合国内外的材料，从事心理辅导和咨询的人员应该具备以下条件。

1. 高尚的职业道德

高尚的职业道德是做好本职工作必备的条件。对于心理咨询人员来讲，首先要求咨询员要热爱心理咨询事业，其必须对咨询与咨询工作有高度责任感和事业心，必须了解咨询工作的重大意义，认真且慎重地处置来访者所提出的每个问题。咨询员要对来访者满腔热情，用真诚和爱心与来访者建立良好的咨询关系。其次，心理咨询过程必须尊重来访者的人格，满足他们的合理要求，还必须保护他们的利益，替他们保守秘密，以平等的态度对待他们，切不可以说教者自居。

2. 丰富的专业知识

要对学生进行心理辅导与咨询应具备哲学、教育学、社会心理学、学生心理学、教育心理学等方面的知识，还需要掌握心理辅导与心理咨询的理论。研究指出，大学生心理咨询人员必须具备下列专业知识：大学生心理学、学习心理学、教育心理学、群体心理学、教育学、心理辅导与咨询的理论与方法等。

3. 较强的能力与技能

作为咨询员必须具有的基本能力，如观察能力、人际交往能力、言语表达能力与解决问题的能力。此外，从咨询的角度来看，咨询员必须掌握与人交往的技能、指导的技能和矫正的技能。

4. 完善的个性

在从事心理辅导与咨询的时候，咨询员必须有耐心、细致、不厌其烦的心理品质。要有自知之明，尤其是在知道自己不能解决学生的心理问题时，能够及时建议其去找更为合适的专家，还需要有与人合作的精神，对学生进行心理咨询，需要学校与社会的有关人员参加，能与他们合作将会有助于咨询效果的提高。

总之，心理辅导与咨询人员必须事业心强、心理素质好、专业过硬，必须经过专门的培训后才能从事学校的心理辅导与咨询工作。

（三）心理咨询的原则

学校心理辅导与咨询的原则是对心理咨询工作的基本要求，它是学校心理辅导与咨询工作的规律概括和经验总结，也是保证心理辅导与咨询成功的前提和条件，因而对于学校心理咨询工作具有一定的指导意义。结合学生实际和有关专家的意见，我们认为在咨询过程中一般要遵循以下四项原则。

1. 坚持正面指导，促进发展的原则

帮助学生度过心理危机，促进他们更好地发展是心理咨询所需遵循的第一要旨。学生心理还不够成熟，他们的心理处于急剧动荡的状态，也处于急速发展的过程中，咨询员既要理解学生，又要指出存在的问题，使学生感到你能帮助他度过发展过程中的危机。对于学生存在的错误，咨询员不要随便附和，而应当实事求是地对问题进行分析，明辨是非，帮助他们改变看问题的角度，调整看问题的方法，建设新的思维模式。当然，这种工作绝不是板起面孔训人，更不是随便扣帽子，而是循循善诱，解开他们的思想疙瘩，找出问题的症结所在。对于一时难以改变的观念和坏的习惯，也不必操之过急，可以逐步地加以开导和训练。

2. 重点与整体相结合的原则

每个学生存在的问题是不一样的，在指导与帮助他们时应有所侧重，区别对待。但是，还必须考虑其他心理因素的影响，因此，在帮助学生解决学习问题时，既要分析问题的根源，进行有针对性的帮助，又要把智力因素与非智力因素结合起来考虑，进行全面的指导。例如，患有社会交往恐惧症的人往往伴有自卑的性格，所以除了解决社交恐惧的症状之外，还要帮助他们克服自卑的心理。

3. 从具体到一般的原则

大学生遇到的问题往往是很具体的，有时是很小的问题，在指导时切忌就事论事，而要从帮助他们解决问题入手，逐渐使他们学会把握问题的重点，进而培养他们解决问题和自我调节的能力。例如，在学习上，学生提问的内容会是做不出高数题而苦恼，如果只帮助他们解题，那么就无法达到心理咨询的目的。正确的做法是：在指导过程中要透过学生在解题中存在的困难，窥视他们在学习上存在问题的根源，以便从学习方法与学习策略的高度来进行指导，从而达到提高学生学习能力的目的。

4. 保密原则

保密原则是指保守被咨询或咨询员所谈内容的秘密，不得对外公开被咨询员的姓名。学生来咨询的问题有些涉及个人的隐私和生理上的缺陷，不让外人知道将有助于学生自尊的维持和尊严的保护，也有助于他今后在班级、学校乃至社会中的名誉和前途。如学生的性障碍、性偏差等，这些内心的隐秘一旦被泄露，就很可能激化矛盾并引起事端，甚至有可能造成来访者的绝望和轻生，对此，心理咨询员不可掉以轻心。因此，保密原则是心理辅导或咨询的职业道德，做好保密工作是教师应尽的职责。同时，做好保密工作将会增加当事人对咨询员的信任感。

（四）心理咨询的内容

1. 人际交往咨询

良好的人际关系能消除人的孤独感，缓解心理压力；培养自尊心与自信心，提高社会价值感，增加社会适应力。

学生要学会处理好与家长、教师的关系。应该学会在尊重家长和教师的前提下与师长进行平等交换意见的能力，切不可以简单粗暴的反抗来争取"独立"。

学生还面临着如何与同伴相处的任务。大部分学生有获得友谊的愿望，希望扩大交往圈子、广交朋友，在交往中相互学习、相互帮助，因此他们在意自己是否被人喜欢，是否被朋友接纳。为此，学生要注意增加与人交往、扩大活动的范围，寻找可以倾心交谈的伙伴，但必须慎重选择朋友。

2. 耐受挫折的咨询

学生的理想与现实之间往往会产生一定的矛盾。学会正视这些矛盾，妥善处理这些矛盾，是促进心理健康的保障。为此学生应做到以下四个方面：

（1）养成豁达乐观的性格。面对困难与矛盾不唉声叹气，而是勇敢地面对它们，找出解决问题的办法，并相信车到山前必有路。这样的人在困难和矛盾面前就不会惊慌失措。

（2）正确认识自己与社会，设置合理的目标。矛盾与失败的产生常常是自己对社会不能正确地认识造成的，为了减少矛盾、避免失败，必须通过实践和反省来增强自我认识。通过与社会的接触及阅读有关资料来认识社会，并在此基础上设置合理的目标期待，这样就可减少欲求不达产生的挫折感。

（3）提高自身能力，培养自己坚强的意志。在同样的困难面前，能力强且意志坚强的学生往往能较好地克服，反之则容易导致失败。为此，要丰富自己的知识与方法。例如，面对学习压力时，如果掌握了正确的学习方法，那么学习的效果就会好，压力自然就不会觉得那么大。另外，从实践中获得解决问题的能力，在克服困难中锻炼自己的意志力，这是克服理想与现实矛盾最根本而有效的方法。

（4）学会自我调节，减少失败对自己心理的冲击。人的一生总要经历许多的失败与挫折，学会正确对待失败与挫折是保持心理健康的重要内容。

综上所述，制定合理目标、提高能力、增加意志力及学会自我调节，是提高挫折耐受力的重要措施。有意识地利用上述措施去面对失败和挫折，就能使学生避免过多地体验失败与挫折所带来的痛苦情绪，而不至于使自己消沉与沮丧。此外，学会转移，积极地利用自我暗示等方法也是积极应对挫折、保持心理健康的重要手段。

3. 自我心理调适的咨询

形成积极的自我形象，特别是树立自信心，充分看到自我的长处与力量，这是心理健康的重要源泉。当感到对自我、对生活不满意时，能调整不现实的生活目标，脚踏实地地提高自身的能力，并改变自身的弱点。同时，学会并掌握积极的自我暗示技术，修正消极的自我评价的技术，这是促进心理健康的重要保证。

4. 学习活动的咨询

学生的主要活动是学习，学习成绩的提高离不开学习动机的激发、学习方法的咨询以及自学能力的培养。

（1）学习动机的激发

学习动机是学习过程的核心，适合大学生激发学习动机的方法有创设问题情境法，期待效应；归因的激励作用；奖励与惩戒的激励作用；目的的激励作用。学习动机的激发就会驱动大学生克服困难，努力学习，养成学习的自觉性和主动性。

（2）学习方法的咨询

大学生的学习方法偏重于自学，学习方法是保障学习效率提高的重要条件，一些学生因学习方法不正确而事倍功半，结果对学习产生厌倦感。学习方法的咨询包括课堂学习指导、维持注意力的方法、完备学习用具等。

（3）自学能力的培养

能力的培养与智力的开发是衡量中学教育的重要依据，也是学生学习的最终目的。大学生学习能力的提高主要在于学习策略的掌握，大学生学习策略的提高依赖于认知的发展和自学能力的培养。

5.青春期生活咨询

性成熟和性道德法制观念薄弱的矛盾，思想不成熟、是非判断能力差与自我控制力差的矛盾，造成了学生特有的"青春期心理问题"。这些问题影响着学生的身心发展，并有可能从个人问题演变成家庭问题和社会问题，因此已受到社会的广泛重视，对此加强了教育力度。但对于个体来讲，咨询是一种更为行之有效的方法。

二、心理咨询过程内容

心理咨询是运用教育心理学、心理卫生学以及心理咨询的理论，设计良好的心理环境对来访者实施心理认知干预，以期来访者的认知、情感和行为发生变化的过程。作为学生心理保健医生的教师或家长应该依据心理理论与方法进行咨询，这样才能保证咨询的科学性。

心理咨询过程主要表现在以下四个方面。

（一）建立关系

辅导或咨询人员与来访者之间建立一种相互信任、相互尊重和心理互动的特殊人际关系，它既是这一阶段的任务，也是心理辅导与咨询过程的开始，使咨询人员与来访者开始进入不同角色之中。

心理辅导与咨询主要依赖于咨询员与来访者之间能否建立起互相依赖、合作无间的关系，这种关系的建立有助于来访者愿意说出自己的隐秘之处、相信能改变自我的愿望及坚决配合的决心。因而在心理辅导与咨询过程中，关系的建立是非常重要的。心理咨询或心理治疗是一种人际关系的体现，而这种亲密的关系，从第一次见面时就开始培养。咨询员真正地去体会来访者的处境，使来访者初次与陌生人见面，就无所顾忌地倾诉自己内心的烦恼与隐私。咨询员应帮助有问题的学生，使其真切地感到鼓励与支持，愿与咨询员接近、交谈且申诉其心理问题，并使他觉得有希望改善他的心理问题，从而对心理辅导与咨询甚至治疗产生兴趣。要建立这种特殊关系，对心理咨询员来说，必须做到以下四个方面：

第一，对学生谈的内心问题，不管是常规问题或新问题，都表现出极大的热情。咨询员要不厌其烦地、耐心地倾听问题的陈述，并把它当作新颖的、独特的问题来处理。要知道，每个学生生活的背景不同、思想水平不同以及个性的心理特征不同，这些不同都会使表面貌似相同的问题以独特的方式存在。心理咨询员若用先入为主的态度去对待来访者，以常规的思维模式去期待来访者的谈话内容或不由自主地说"我就不说了""怎么越谈我越觉得和你的看法不一致，唉！你还是无法理解我的问题"。前一种心态可导致过早下结论，使来访者停止内心的自我探索，不利于真正病因的暴露；后一种情况会使来访者内心有一种受挫感，对心理辅导和咨询失去成功的期望和信任。

第二，辅导与咨询关系的保密增加了访谈的安全感。咨询人员与来访者之间特殊的人际关系不是建立在社会交往的立场上，而是建立在一种特定的时间内，具有隐蔽性和保密性。但这种关系的密切程度和深度超过了一般的社会友谊关系，因为这种关系是在没有任何威胁的情况下小心地建立起来的，辅导与咨询的进程使来访谈的学生具有一种安全感，从而保证其自我探索的进行。

第三，尊重和理解来访者。在心理咨询过程中，心理咨询员应该始终保持客观中立的立场，来访者谈的任何问题都与目前的辅导与咨询相关，一些看似无关的材料，如果放在一种问题的背景下，就会显示出其独特的价值，这正是心理问题不容易被发现的原因所在。心理辅导与咨询员怀着这样的想法，表现出对每位来访者所谈问题的重视，只有这样，才能对来访者的情况有正确的了解和客观的分析，才可能找到最佳的处理办法。同时，心理咨询员以其真诚的态度对待来访者，尊重来访者，会使他感到温暖可信，有利于心理咨询过程的深入发展。这是因为心理咨询员与来访者之间没有偏见和利害冲突，使得咨询员站在来访者的立场，进行心理位置互换，这有助于理解来访者不为常人所理解的感受，并表现出对来访者人格的尊重，这将有益于咨询员与来访者的关系正常有效地发展，并使双方都能将注意力集中在来访者最基本的问题上，从而利于来访者自我探索、自我领悟。

第四，注意时间的限制。时间的限制是保证咨询或咨询成效的有效制约。心理咨询中一次会谈时间通常为40分钟左右，咨询员应使来访者明白咨询时间是有时限的，这样能促使来访者可能不喜欢这种时间的限定，但最终却必须接受这一点。实际上，简短会谈中所含的必要而适当的信息量是有助于来访者学习和咨询员的咨询的；而长时间的会谈和超量的信息反而会使其收获下降。

总之，心理辅导与咨询员对学生亲切、信赖和同情的态度，以及合适的言语行为，对建立关系有着十分重要的意义。

（二）收集信息

通过耐心的交谈和倾听来获取来访者大量的信息，为诊断分析提供基础。这一步骤的主要任务是深入收集与来访者及其问题有关的资料，认清"主要问题"。一般来说，咨询员收集的资料越多，对下一阶段进行心理诊断就越有利。信息的收集包括以下三个维度：

一是时间维度，即注意来访者过去、现在、将来的有关信息。对于来访者过去经历的了解可以得知其目前的概况，对于来访者现时状况的了解，有助于获得其对自己和自身问题理解的有关信息，而对于来访者对未来的看法和打算的了解，则可以更进一步认清其对自己、对他人、对周围世界的看法，以及他所面对的使之产生烦恼与困惑的现有问题。三者综合有助于了解对方是一个什么样的人和为何前来求助。从哲学的意义来看，咨询员从发展的角度和互相联系的角度易把握问题的实质。

二是思维与情绪的维度，即注意来访者对于自身、他人及有关事件的看法，并注意由此而引发的情绪活动，对思维与情绪的认识有助于了解思维与情绪之间的交互作用，以及理智与思维不协调甚至对立的情况。

三是思维与行为维度，即注意来访者对现实的理解与看法，注意其怎样处世待人，怎样处理自身所遭遇的各种事情，注意其出现冲突时采取什么心理防御措施，以及他对自身处理这些事情的看法，这有助于了解来访者是怎样一个人，也有助于了解其思维与行为之间的关系，并可预测其今后在某事上的反应。

所谓"主要问题"，就是来访者最关心、最觉困扰和需要改善的问题。来进行心理咨询的学生绝大多数是带着自身的问题而来的，往往非常敏感，也就更易受到伤害。虽然在第一次会谈时来访者会说明最困扰他的问题是什么，但有时却需经过好几次会谈，慢慢摸索和探讨，才能真正了解困扰他的问题。这是因为来访者往往羞于开门见山地诉说他的主要问题，加之有时来访者也不一定真正知道自己的主要问题是什么，而需要在不断交谈中渐渐道出其问题的核心。

在收集信息的阶段，咨询员一方面应注意引导对方的思路，另一方面应注意倾听对方的谈话，不是在特殊情况下不应随意打断来访者的谈话，扰乱对方的思路。在提问时，也不应连珠炮式发问，以免造成对方过重的心理压力，并切忌在收集信息资料阶段就对来访者的问题妄下断语，这会造成误诊和更严重的心理伤害。

（三）诊断分析提出辅导与咨询的目标

这一步的主要任务是对来访者的心理问题及造成此问题的原因进行分析和确认，是否适宜心理辅导和咨询，要予以明确的答复，在此基础上提出咨询目标，以制订咨询计划。

1. 心理诊断

对来访者问题的确认和分析诊断的过程是一个由此及彼、由表及里的过程。要从大量的表面上似乎杂乱无联系的信息中理出头绪，要强调对深层次问题的注意和挖掘，这就需要咨询员不为表面现象所迷惑，并具有透过现象看本质的能力，能够把问题具体化、清晰化、结构化，也就是咨询员应注意事物的特殊性与确定性。实际上，收集与问题有关的信息，可通过两个方面整理信息，即一方面分清楚直接信息与间接信息，另一方面确定信息的区分性、一贯性和一致性，找出与主要问题相关的核心信息，并在此基础上进行综合分析与判断，确认出心理问题的因果联系，然后，据此决定心理咨询应采用的理论与方法。

由此可知，心理诊断过程是一个处理信息的过程，也是一个由部分（收集信息）到整体（综合分析、对问题的确认）再到部分（在抓到主要问题的前提下各个击破）的工作过程。一位著名心理咨询专家在谈到心理诊断时建议：第一，不要把不同的东西分开来想，这样做会使你变成盲人而什么都看不见；第二，对放置着各种不同东西的场景，要集中注意力去观察它的构造；第三，抓不准的情况和完全不懂的情况，即成为问题所在的部分，要放到更大的背景和构造之中重新观察；第四，综合分析，试追究各部分事实在整体构造中发挥着什么样的功用，并在此基础上作出初步诊断。

心理诊断是一项复杂的工作，它是正确咨询和治疗的前提，目前已形成较为科学的测量法，这些方法包括个案法、智力测量法、投射法等。各种方法的综合使用，极大地提高了对学生心理问题诊断的科学性，相关问题在下一章将详细论述。

2. 提出心理咨询的目标

在进行心理咨询时，咨询员要在完成心理诊断的基础上与来访者共同制定咨询目标，并设计咨询计划。这个过程使来访者明确：通过咨询，希望解决什么问题、应有什么改变、达到什么程度等。为了保证心理诊断顺利导向咨询目标，也为心理干预的实施提供基础，心理咨询目标的提出应注意以下几点。

（1）具体

目标只有具体才能明确，具有可操作性，来访者才容易做出积极且准确的应答活动，表现出对心理咨询充满信心。例如，一个学生因考试不及格对学习失去信心，从而怀疑自己的能力差时，其咨询目标就是消除他的自卑感，增强他的自信心。这种目标就是非常具体的目标，而且具有可测性，因为来访者向这一目标走的每一步都是可见的。

（2）适度

心理咨询目标应是现实的、切实可行的，经过来访者的努力能够达到的，这体现出目标的适度性。这就要求根据来访者的个性特点、潜力水平以及他所受周围环境的限制来确定咨询目标，据此制定的咨询目标才能切实可行，符合适度的要求。否则，超越现实可能性的目标不但不能使咨询成功，反而会加重来访者心理上的难度。

（3）心理的目标

咨询的目标应是心理方面的，而不是生理或物理方面的目标，如使来访者变得更为自信、不再自卑、减少焦虑等，这些目标则应是有利于来访者心理或人格健康发展的目标，有时来访者伴有躯体症状，如这些症状是与其心理状态有关的，其咨询目标也应是怎样改变引发这些躯体症状的心理因素，而不是消除和减轻其生理症状。

（4）有轻重缓急

有些来访者只有一个咨询目标，而有的来访者可能会有多个咨询目标，如一位来访者具有自杀的意向，还伴有焦虑不安、社交恐惧、性格内向等心理问题，在面对如此多个咨询目标时，咨询员应分清轻重缓急，先消除自杀意念，继而解决焦虑，然后解决社交恐惧，最后弥补性格缺陷。当然，在咨询过程中，随着咨询员对来访者的深入了解，咨询目标可能会重新排序，也可能引申出其他的咨询目标，假如此时新出现的目标相对于其他目标更为重要，便应毅然将其定为咨询的首要目标。

（5）反馈评价

咨询目标并非一旦定出就可以将其固定不变，还需要经常检查和评价。一般来说，由于目标定得具体、现实、可测，经过咨询，来访者一般都会显示某种进步。此时回顾和检查目标的完成情况，对于来访者来说会成为一种积极的强化，有助于激发他自己的动机，增强他对咨询的信心。如咨询进行得不顺利，检查和评价也有助于调整咨询方向和选择更适当的咨询方法，使咨询得以向纵深发展，并取得良好的咨询效果。

（四）实施心理干预

这是心理咨询的关键性阶段，其表现为来访者的心理问题得到解决，心理障碍得到矫治，咨询过程准备结束。它包括接受咨询与准备结束两个阶段。

1.接受咨询

心理咨询员针对来访者所面临的问题，利用相关的咨询理论及方法对来访者发生作用，使来访者产生所期望的变化。不同的心理问题需采取不同的咨询理论与方法，由于相应章节将详细阐述，这里不再重复。这里仅强调在咨询过程中帮助来访者改变其认知或行为时有关的普遍性问题。

（1）明确咨询员的任务

心理咨询的一个重要假设是要来访者自己回答出他是怎样一个人、他的问题是什么、他是否想解决这一问题、他是否想做出自己的努力等问题。咨询员的角色是提供一种对来访者有利的外在环境和良好的人际关系，并运用相关的心理咨询理论与方法，对来访者提出某些说明、解释、意见和建议，促使其领悟和学习，以达到自我的改变和增长。另外，帮助来访者成为自己的咨询员是心理咨询的最终目标，因为咨询员提供的一切外因都只是变化的条件，而来访者内心的改变等内因才是变化的根据。

（2）领悟

咨询员往往可以帮助来访者重新审视自己的内心与问题有关的"情结"，并帮助对方达到某种程度的领悟。这种领悟的作用，一是可以使其问题的严重程度降低，并能建立使对方心理真正强健起来的心理平衡，此时，许多来访者的问题尽管依然存在，但他已经开始有所改变；二是帮助来访者进行内心的探索，使之得到某种领悟，可以为他改变其外显行为提供咨询的理论依据，产生强大的彻底解决自己问题的动机。例如，某来访者总感到自己只要一看书，一动脑子，身体的某个部位就会产生一种难受的感觉，这种感觉刺激影响着他，以致不能看书学习了。在咨询过程中，咨询员应帮助他先达到一种认知，即让他相信他所作过的许多医学方面的检查，证明其怀疑自己有病是无根据的，从而使其相信这种情况可能是由心理因素引起的生理反应。

来访者也会达到这样一种领悟，即自己看书时，在潜意识中，就开始怕这种难受的感觉出现，就在等待着这种感觉的出现。意念集中在此，结果一出现微小的生理反应就会引起自己的过分关注，形成条件反射并固定下来，来访者自己如果进一步认识到在生活无规律的情况下这种问题更易出现，这样，咨询员的咨询理论就会使来访者获得自我领悟。这种认知的重建为来访者改变自己的外显行为提供了理论的指导和信心的保证。接下来咨询员与来访者一起讨论有关外显行为的改变问题，以后，这位来访者就会将前面的领悟扩展到对其他方面问题的认知，从而在其心理健康的轨道上又向前迈进了一大步。

此时，他便进入了咨询的发展阶段，并且逐步成了自己问题的咨询员。在这样的情况下，他的心理问题解决了，自我心理调适的能力增强了，就会告别过去，走向健康和发展的正确之路。

（3）支持

咨询员通过给来访者以"正强化"，以及通过给对方指明在某一事件或情境中应抱有的积极和有益的方式，通过真诚地针对对方良好行为作出表扬、鼓励和支持等方式来减轻对方的焦虑，促进对方积极行为方式的增长。支持在咨询过程中的作用极大，必须慎重对待。首先，当咨询员对来访者作保证或鼓励时，其基本出发点应当是立足于现实的，而不能仅开一张空头支票；其次，"正强化"同样必须慎重使用。咨询员一定要注意自己奖励对方时是奖励对方的什么事情、哪个方面以及奖励后会出现什么情况、不奖励又会出现什么情况、何种方式的奖励才能取得最佳效果等。既要注意"正强化"的方向，即不鼓励对咨询起副作用的行为，又要注意避免"正强化"使来访者为了赢得咨询员的表扬而表现出的迎合行为的消极影响，因为这样反而刺激了对方的依恋心理，使咨询过程难以结束。在咨询过程中，来访者最理想的进步是自己奖励自己，从而减少对咨询员奖励的需求和依赖，但来访者在咨询初期尚不具备自己奖励自己的能力，那么此时，咨询员的支持奖励便是必不可少的了。在大多数情况下，"正强化"的采用应适度，应以不定的间隔为好，以针对性强为好，在来访者某一新行为已稳定出现时，应不再重复对其进行表扬。

（4）解释

解释是为来访者提供关于现实世界的另一种看法，它应该被认为是咨询员在咨询过程中最常用且最有力的"武器"了。值得强调的是，在咨询中，咨询员的解释应注意所依据理论的针对性、局限性以及各理论的优越之处，切忌生搬硬套、牵强附会。如心理分析学派偏重于分析被压抑的潜在无意识，认知学派则注重理性地、现实地帮助来访者认识世界，等等。但无论如何，在进行解释时，咨询员首先应知道向对方解释的内容是什么，其次要注意何时应用解释，以及怎样应用解释来面对来访者。因为只有适当地应用解释，才能收到良好的效果。

帮助和改变阶段是心理咨询中最重要的阶段，既是咨询员任务最重的阶段，又是咨询员最能发挥其创造性的阶段。在此阶段，咨询员可以开动脑筋，采用一切可能的方式，针对性地创造出一些新的技术来促使来访者产生某些改变，以达到咨询的目标。因此，对于咨询员来说，这是最富于挑战性的阶段。

2. 准备结束

心理咨询实施一段时间，取得满意的咨询效果后，随即应进入结尾阶段，以便结束其咨询。咨询阶段的长短不同，结尾阶段的开始也有所不同。预先设定10次会谈之后结束咨询，那么最后两次会谈就应将重点转移到结束期的工作；假如是持续一年之久的咨询，则在最后一两个月即应逐步开始准备结束，在结尾阶段应注意如下几点：

（1）综合所有资料，作出结论性的解释

在整个心理咨询过程的逐步进行中，咨询员应随时从来访者那里获取心理资料，据此掌握来访者的心理反应模型，并不断给予来访者解释和说明，使其了解自己的行为方式，帮助其自我领悟，促使其学习新的反应方式。到了咨询结束之前，咨询员与来访者要做一次全面性的研究和讨论，综合所得资料，作出结论性解释是相当必要的。因为这种综合性的评语和建议，容易使来访者铭记在心，并作为一生的座右铭，可以诱导他掌握待人处世的心理方向，帮助他不断成熟。

（2）帮助来访者举一反三，学习应用咨询经验

心理咨询的最终目的，不仅希望来访者能把在咨询过程中所学习到的新知识、领会与经验应用于日常生活中，而且更为重要的是，希望来访者以后不经咨询员的指点、引导与帮助，自己也能帮助自己继续学习与发展，走向成熟，这才是咨询的最终目标。因此，在结束阶段，咨询员要向来访者指出他在咨询中已达到的成熟，并向其指出还有哪些应注意的问题；还应帮助来访者重新回顾咨询的目标、领悟的认知过程以及解释的要点，帮助检查咨询目标的实现情况，进一步巩固咨询所取得的成果。在结束阶段，咨询员宜渐渐退出咨询员的角色，采取比较被动的角色，让来访者自己扮演独立、自主、积极的角色来改善自己的心理状况。

（3）准备结束，接受离别

有的来访者经过长期心理咨询或矫治以后，可能会形成依赖咨询员的心理，或产生喜欢咨询员的情感，舍不得结束离别，咨询员应让来访者了解凡事都有终结，鼓励其尽力而为，在真实的世界里独立自主。有的来访者依赖性很强，咨询员应采取渐次结束的办法来终止咨询。

总之，心理辅导和咨询分为四个相互联系的阶段：一是建立关系的阶段；二是收集信息的阶段；三是诊断分析的阶段；四是实施干预的阶段。其中，前两个阶段为第三阶段提供前提和条件，第四阶段是前三个阶段的结果。四个阶段的具体任务不同，彼此间是有机联系的整体，任何一个阶段的削弱都会影响心理辅导与咨询的效果。

三、心理咨询基本技巧

咨询员必须掌握一定的咨询技巧，这是更好地完成心理辅导与咨询任

务所必备的条件。如果不能有效地适时地运用一定的技巧，就不能使来访者与你真诚合作，向你倾吐隐秘，当然，也不能实现咨询员助人的目的，所以心理咨询技巧是保证心理咨询顺利进行的必要条件。为此，这里将介绍国内专家从许多心理辅导与咨询实践中概括出来的比较通用的、基本的技巧——会谈技巧。

（一）会谈的一般问题

心理咨询表现为咨询员与来访者的接触，从会谈开始到咨询结束，心理咨询中的会谈既有一般谈话的共同特征，又有其独特之处。作为咨询工作者，应该对咨询中的会谈的性质和作用以及会谈中的信息交流形式有所认识。

会谈是两个或两个以上的人之间的信息交流。心理咨询过程中的会谈基本上是通过咨询双方的信息交流来对彼此的认知、情感和行为产生影响的。一般来说，会谈中涉及的信息内容大致可分为两种：一是认知性信息；二是情感性信息。认知性信息是来访者所表达的事实内容，主要包括来访者经历过什么事情、有什么行为、他的看法和评价、后果等；情感性信息主要是指来访者所表现的情感、感受、态度等这一类的内容。

在会谈中，信息交流主要是依靠语言的和非语言的两种传递形式。语言信息是通过双方的语言活动来获得的信息；非语言信息是透过来访者的身段、面部及语调来获得的信息。作为心理咨询员，在会谈中需要做两个方面的事情：一是接收与理解来访者的语言信息和非语言信息；二是作出反应，即发出语言信息和非语言信息。所谓学会会谈技巧，就是要学会语言技巧和非语言技巧，及时、准确地获取有关信息，并适时作出反应，以保证咨询的顺利进行。

（二）会谈技巧

1. 语言技巧

语言技巧是心理咨询过程中咨询工作者促使来访者与自己之间有较多语言交流的一种方式方法，包括语言回答、适当的音质以及语言跟踪。成功地运用这些技巧能够使来访者愉快地为咨询员提供有关的信息，从而使咨询员顺利地探究问题的实质。

（1）语言的音质要适当

声音是表达对来访者感情的重要工具之一。音高、音量、音速和音调都有助于我们表达对来访者的关注。一般认为中度语调、低沉的音量、有节制的音速以及中等音高有利于来访者舒心地进入咨询过程。当然，应视来访者的反应和他所提出的问题随时调整自己的声音，如果来访者很痛苦，咨询工作者通常要放慢音速，采用较低的音调和较小的音量与来访者交流。

（2）语言跟踪

来访者在谈论各种问题或一个问题的不同方面时，有时会不断地变更话题，致使咨询工作者困惑不解。为此，咨询人员就需要耐心倾听，跟踪来访者的谈话并挑出重要的内容。

（3）语言回答

这是会谈技巧的核心技巧。各种不同的语言回答技巧可概括为意义反映、情感反映、阐释、概述、澄清思想、提出封闭性问题和开放性的问题。

第一，意义反应。这是指用自己的话来复述来访者的主要谈话内容和主要思想。由此向来访者表明咨询人员在认真倾听他的谈话，这样来访者会感到被人关注、同情，并愿意更深入地谈论自己的问题。在意义反映的过程中，咨询人员要认真听取来访者的诉说，并对其核心内容作出简洁的反馈。

为保证意义反应的准确性。首先，可这样开始，"我听你说""你似乎在说""听上去似乎是……"，这样一来，咨询人员就可以根据来访者的反应来确定其所抓住的内容是否属核心内容；其次，复述时除注意来访者所用的关键词语外，还应尽量避免使用来访者用过的词语，使用新鲜的、确切的词语不仅可让来访者感到咨询人员在倾听其谈话，而且有助于来访者进一步澄清和了解自己的思想和感情；最后，注意选择意义反应的时机也是至关重要的，在短暂的停顿时，作出反映效果较佳。另外，值得注意的是，意义反应不能过于频繁，否则会干扰交谈。

第二，情感反应。这是指把注意力集中于来访者的情感状态而不是谈话内容，它是交流情感和理解来访者情感的一种方式。为了能够准确地作出情感反应，咨询人员应准确地认识和理解来访者可表达的情感。具体做法是：除了语言，咨询人员必须注意来访者的面部表情、音质和各种形式的体态语言；设身处地地体会来访者的情感，并使用恰当的表达感情的语言（词汇）。

第三，阐释。阐释指的是咨询人员对来访者所谈的思想情感和行为，从自己的观点加以说明和描绘，让他们能够从不同的角度来认识自己和自己的问题。一般来说，来访者在某种程度上存在着自卑和软弱的心理，对此，咨询人员对他们的问题要作出积极的解释，如"我认为你不能解决自己的问题并不意味着你软弱。相反，你能来我这儿向我诉说你的问题这本身就是勇敢者的表现，因为你和我并不熟悉……"。换言之，来访者所需要的是支持鼓励和对他们困境的正确理解，咨询人员的阐释与来访者的想法和要求是一致的，就会让其接受，从而促进了解。反之，可能造成来访者焦虑与紧张。

第四，概述。概述就是把来访者所讲述的事实、情感、行为、原因等进行分析综合，以整理过的形式向来访者表达出来。概述可以看成一个谈话的段落和一次会谈的总的看法。概述的主要功能在于给来访者一种运动感，使其感到在探索思想、情感以及问题原因等方面正取得进展。同时，概述也让咨询人员与来访者双方对一段会谈的内容有一个重新审视的机会，来访者通过审视也许能更好地认识自己，或者以补充材料、或给予及时的反馈以确定咨询人员是正确理解了自己。概述可以说是结束一个会谈的过程，开始另一个会谈过程的有关形式。

为了准确地进行概述与总结，咨询人员必须注意来访者的重要观点和关注的问题，而不应只注意细节问题。对于一个咨询工作中的新手来说，逐条地写出总结的要点是大有好处的。

第五，澄清思想。在交谈过程中，咨询人员对来访者谈话的内容和情感必定会困惑和不解，特别是来访者说得太快太多，且在前后不连贯、不紧凑时更是如此。有时，来访者也可能对其言谈与思考常常不够清楚。这时，咨询人员就要采用澄清的技巧，将来访者模糊且隐含的而未能明白表达的想法与感觉说出来。澄清观点和思想不仅有助于更好地理解来访者谈话的内容和情感，而且能帮助来访者更深入地探讨自己的问题。

为了能够准确地澄清来访者自己的观点和情感，咨询人员首先可以察言观色，对来访者的表达要有足够的敏感；其次，要真正理解来访者话中的言外之意；最后，应使用有弹性的语气，使来访者有肯定或否定的余地。

2. 提问技巧

恰当提问的技巧是心理咨询过程中至关重要的一种技巧，它能促进咨询人员和来访者不断地交流思想，使来访者更多地谈论他的问题和他自己。如果提问不恰当，不仅无助于来访者澄清问题，而且会因信息匮乏而使双方陷入困境。为此，咨询人员在谈话过程中通常采用开放式的提问和封闭式的提问。

（1）开放式的提问

开放式的提问是多数咨询人员认为较适用的一种提问方式。开放式的提问是指运用"什么""如何""为什么""能不能""你对……感觉如何"等词在内的语句发问。"什么"一词有助于引出更多的相关事实，从而收集更多的信息；"如何"一词常与情感活动和情感发展有关；"为什么"这一类问题是集中探讨原因和思想活动，即能引出原因和说明；而"能不能"之类的问题可使来访者进行自我分析与自我探究。例如，"能不能告诉我这事为什么使您感到那么气愤？那么以后又发生了什么事情？"一般来说，咨询人员要尽量避免"为什么"之类的问题，因为这样容易使来访者谈起许多过去的经历。

使用开放式的提问应当注意：要保持良好的双方关系；提问要自然、委婉，注意语气语调的运用，以免显得过于咄咄逼人；提出的问题应有利于探究内容的深入。

（2）封闭式的提问

封闭式的提问是涉及对事情判断的一种提问方式，可以用"是"或"不是"，"有"或"没有"，"对"或"不对"等几个字或一句话来回答的问题，例如"你的意思是说，你一见到他就感到心慌，是吗？""他当时没有表示同意？"等。通过这种提问方式，可以进一步澄清来访者的意思，使来访者集中注意力来具体探讨某些实际问题，同时也可阻止来访者漫无边际的谈话。

值得注意的是，对封闭式提问的采用要适当，否则将妨碍谈话的顺利进行。这两种提问方式都能帮助来访者自我袒露，开放式的提问能为来访者提供很大的余地，使其更自由、更开放；封闭式的提问对帮助不善言谈的来访者开口畅谈是很适合的。在心理咨询中，这两种提问方式的协调对整个咨询过程的顺利进行是很重要的。

总之，一个心理咨询员包括会谈技巧在内的咨询技能的提高不是一件简单的事，它需要咨询员在从事心理咨询的实践中不断地反思自己的咨询过程，及时地总结自己的咨询经验，经常这样做的话，咨询员的咨询策略就会由少增多、由简单到复杂，最终形成一整套的心理咨询的策略体系。在这些理论和方法的指导下，咨询员所进行的心理咨询工作就会一次比一次得到改进，日趋科学完善。

第二节 心理咨询的理论

一、焦虑理论

（一）焦虑的概念

焦虑是一种身心的紧张和不安，也是人们因为对身心构成潜在威胁的未来情境所产生的一种担忧和害怕的反应。

（二）大学生焦虑的咨询

1.过度焦虑对学生身心的影响

当今世界，社会发展日新月异，从事信息和脑力劳动者的数量激增，致使人们不得不处在越来越快的生活节奏之中。学生在接受学校教育的同时，也处在竞争加剧的紧张状态之中，会对人体的生理状况产生影响。

持续过久的紧张情绪会给学生的身心健康带来无法估量的损害，这是因为紧张总是伴随着某种强烈的情绪反应。持续过久的紧张情绪会大大增加体内儿茶酚胺释放的速度和数量，它的分泌会引起躯体一系列的生理和生化物质的变化，如血压升高、呼吸加速、脉搏加快、血糖增加、肌肉紧张等。过分紧张还会降低人体免疫系统的抗病能力，以致引起各种严重的疾病。

2.大学生焦虑的测量与咨询

大学生对于自身的紧张程度，不妨对照以下条目，如其中有四条相符，便是轻度紧张；有八条相符，为中度紧张；如十二条都相符，则为过分紧张。具体为：常发现有无缘无故的心烦意乱、坐立不安；晚上思考各种问题，难以入睡，夜间常为噩梦所惊醒；早晨起床就觉得头昏脑涨，浑身无力，喜静怕动，情绪低落；食欲不振；回家就感到诸事不如己意，心里烦躁；处理问题时容易激动，态度粗暴；身处拥挤的环境时，容易发生思想混乱、行为失序；听到左邻右舍的噪声，感到焦躁发慌、心悸出汗；注意力难以集中，读一篇文章时往往抓不住中心；容易与人争吵，时常感到胸闷不适；常将其他人的疾病与自己对比，疑心自己患有同样的疾病；长期自觉情绪紧张，常有头晕、头痛、心跳过速与血压偏高。

大学生要克服过分紧张情绪，有以下几种方法：

第一，做情绪的主人。从来不紧张的人是不存在的，要学会用适当的方法来转移和调整自己的情绪。首先，安排好自己的活动时间表，要有弹性，以便一旦发生意外，不至于手足无措，焦灼不安；其次，产生紧张急躁情绪时，要及时进行心理上的自我放松。

第二，生命在于运动。那些适当的运动可以缓解身心的紧张，使大脑得到积极的休息，促使情绪稳定乐观，有益于身心健康。

第三，学会自我轻松，陶冶情操。练习书法、作画、听优美的乐曲，都能使青少年学生心旷神怡，在得到美好的精神享受的同时消除紧张和疲劳。

第四，协调好人际关系。人际关系和谐是消除紧张、促进身心健康的重要条件。在和谐的人际关系中，青少年学生在学习和生活上互相配合、互相关心，使亲密无间交往的双方在心理活动上处于最佳状态。

第五，笑口常开。笑能消除精神紧张，放松肌肉；笑能调整大学生的心理活动，减轻烦恼，达到"乐以忘忧"的境界。发自内心的笑往往是一种人生态度，它能使人包容一切人生的艰难困苦，期待或坚信未来是美好的。

二、意向冲突理论

（一）动机冲突

动机冲突是人常见的一种心理冲突，是指人们在活动中具有两个或多个起作用的动机，而又不能同时满足时在心理上呈现出紧张不安和彷徨不定的状态。可以将动机冲突划分为以下三种：

1. 接近—接近冲突

亦称为"双趋冲突"，即个体有两个具有同样吸引力的目标，必须选择其一，而同时放弃另一目标时所引起的冲突。按冲突程度不同可分为简单与复杂两种情况，当两个客体都满足一种需要，只是略有差异时属于简单冲突，这种冲突不引发需要内部的矛盾，冲突程度较轻；当两个面临选择的客体分别满足两种不同需要时，就会诱导两种需要之间的对抗产生，这属于复杂冲突，冲突强度激烈，解决这种冲突的方法是放弃一个目标或同时放弃这两个目标而追求另一种比较折中的目标。

2. 回避—回避冲突

个体必须在两个都违背自己的需要且具有同样强度威力性的目标中，选择其一时所产生的冲突。这种动机冲突实际上是由两样东西都不想要，但又必须选择其一的心理矛盾造成的，在"双避冲突"情境中无论作出哪种选择和牺牲，其挫折感都要尤为明显和强烈。解决这种冲突的办法是要么选择其一，要么躲避其二。

3. 多重接近—回避冲突

亦称为"多重趋避冲突"，即当个体面临两个或两个以上的趋避性选择的冲突情境。对于青年人来说，在毕业求职过程中有几个单位和去向可供选择，但每一个工作机会都意味着一种独特的生活方式和发展取向，每个选择都有优有劣，且难割舍，此时，对于个体来说，就陷入了"多重趋避冲突"的境地。青少年在升学、择业的时候，都会面临抉择，动机的冲突是不可避免的。冲突的程度不同相伴而生的紧张不安也不同，持续下去的焦虑对心理健康极为不利。

（二）认知失调论

认知失调论（cognitive dissonance theory）是 20 世纪 50 年代发展起来的关于人们在相互作用中其认知因素由失调到协调，从而引起态度或行为变化的研究领域。

人出现了认知失调，就会不由自主地去减少这种矛盾，力求获得认知因素之间的相对平衡和一致。它通常采取以下几种途径：

一是改变或否定两个认知因素中的一个，将"吸烟危及我的健康"改为"如果停止吸烟将会使我增加体重"，即一种对吸烟的看法与态度的改变。

二是对两个认知因素重新评价，减弱其中一个或同时改变两者的重要性或强度（如决心"要少抽点烟"），由于强度的减弱，不协调的程度相应变低。

三是在不改变两个认知因素的情况下，增加一个或几个新认知或理由，以这种方式减少不协调。有些理由常以歪曲事实为代价，所以往往有害，不利于心理健康。

三、挫折理论

（一）挫折概述

挫折就是当个体从事有目的的活动时，在环境中遇到障碍或干扰，从而使其动机不能实现需要或无法获得满足时的情绪状态，是一种对客观事物或环境的主观感受。所以，即使需要本身合理，但缺乏实现目标的条件，或需要不合理，无法如愿以偿都会使个体产生挫折。

心理反应的强度与挫折本身的严重程度及超出预期的程度成正比。产生挫折的原因大致有以下两大类。

1. 客观外界原因

外界环境包括自然环境与社会环境。自然环境是指个人能力无法克服的自然因素，如地震、台风、衰老、疾病、死亡等；社会环境包括所有个人在社会生活中遭到人为因素的限制，或发生的不幸事件，如学生考试临场发挥不利导致自己失去上重点高中或大学的机会等。因此，社会环境因素对个体动机所产生的阻碍要比自然环境因素所产生的更多，影响也更深远。

2. 主观内部原因

主观内部原因包括生理与心理两个方面。生理原因的挫折是指个体本身因生理条件，如容貌、身材、体质等方面的缺陷或疾病所带来的限制，导致个体活动的失败，无法实现预期目标；心理条件是指由于个体所具有的智力、性格、气质、情感、意志等心理素质的欠缺与不足，影响动机和目标的实现，从而诱发挫折，而本身的冲突也会使个体产生挫折感。例如，能力差、意志薄弱、反应迟钝等，都会阻碍个体在生活、学习、工作及人际交往方面获得成功体验。

在现实世界中，挫折的出现往往是由几种因素共同起作用的，但在一般情况下，挫折感的形成须具备以下几个条件：首先，必须具有必要的需要、动机和目标，这是产生挫折的前提；其次，必须具有满足需要与实现动机目标的途径与手段；再次，要有发生挫折的情境，即难以克服的行为阻碍或干扰；最后，须具有需要不能满足、动机不能实现以及目标不能达到的主观感受及相应的情绪体验。

（二）大学生挫折的咨询

1.学生易受挫折

大学生的上述心理特点，容易造成以下四个方面的挫折。

（1）学习方面

学习成绩达不到目标；没考上理想的大学；专业不理想；无机会显示自己的才能和兴趣；求知欲望未得到满足。

（2）人际关系方面

不受教师喜爱，经常遭到教师的批评，经常受到同学的排斥和讽刺；没有能讲知心话的朋友；父母教育方法不当与不良的亲子关系。

（3）兴趣和愿望方面

个人的兴趣和爱好得不到成人的支持，而受到过多的限制和责备；或因生理条件的限制，不能达到自己的愿望。

（4）自我尊重方面

得不到教师和同学的信任，常受到轻视；自认为表现好而没被评上"三好学生"；自认为能干而没被选为班干部。

2.帮助学生掌握处置挫折的自卫方法

首先，逐步建立和培养正确的人生观，勇于面对挫折，冷静地分析挫折的成因，积极地寻找解决的方法；其次，创设条件，改变情境，转移注意力，消除可能产生的消极情绪，待心情冷静后再理智对待失败或打击；再次，采用精神发泄法，使紧张和焦虑的情绪得到发泄，心理获得平衡，之后再以积极健康的方式应对挫折，同时，进行心理咨询，通过咨询员的支持、倾听、共感、辅导等来摆脱心理的困境；最后，对学生进行心理健康教育，提高其耐受挫折的能力。

（1）正确认识挫折的两重性

挫折会使人产生痛苦与烦恼，甚至会引起悲观厌世，但它又可以给人以教益和磨炼，使人们增强解决问题的能力，使人变得更聪明、坚强，成熟得更快。思想上有这种认识，心理对挫折有所准备，遇到挫折才不会惊慌失措，导致心理失常。

（2）努力提高能力，不断完善个性

一个人如果有较强的能力，就能完成更困难的任务。因为能力的强弱与任务的难易成反比，在同样一项任务面前，能力强的人就会认为难度较小，相反则会感到困难重重，这样就容易产生失败。提高自身的能力就会减少遇到的困难，减少挫折的产生。

能否善待挫折，还与人的性格有关。一个乐观且意志坚强的人面对挫折时会振奋精神，积极寻找解决问题的途径，以摆脱挫折的消极影响；而一个消极悲观且意志薄弱的人，遇到挫折时往往会产生巨大的精神压力，甚至会退缩，自暴自弃，依赖他人的拯救，幻想出现奇迹。

为了提高学生对挫折的心理承受力，就必须做到以下几点：

①树立坚定的目标和坚强的信念，这样就能从逆境中奋发；

②加强磨炼，增强意志力；

③培养正确认识和分析挫折的能力，以积极的态度在挫折中吸取经验教训；

④不断学习，提高自身的心理素质，学习那些能在"困境"中奋起的人；

⑤学会运用积极的心理防御机制，如补偿作用、升华作用等，以提高对挫折的承受力和调节能力。

（3）保持适当的期望，不断调整目标

大学生对未来充满了许多幻想，对自己往往怀有较高的期望，这有利于自身的发展，因为高期望往往会产生强大的动力，但他们经验较少，对困难往往估计不足；对自己的能力与特长也缺乏全面的认识，所以容易产生失败感和挫折感。人们常说：期望越高，失望越大，指的是目标定得远大，由于能力所限无法实现，这时产生的挫折感就越重。因此，在正确认识自己的前提下，设置适合自己条件的目标，经过自己的努力能够实现，既能促进自己的发展，又能减少挫折的压力。

另外，学会调整自己的目标或行为也是减少挫折压力的有效措施。当一种目标经过一再尝试也不能成功时，就要考虑是目标太高，还是条件不具备。如果是目标太高，应适当降低目标，如想考名牌大学，但经过努力考不上，这时应考虑其他目标学校，名牌大学考不上，可考普通高校，可以通过大学努力学习考取研究生来满足求学的愿望；如果条件还不具备，应努力创造条件或等待时机。

在人生的道路上，不是人人都一帆风顺、事事成功的，尤其是对于大学生来讲，挫折和失败是在所难免的，但也会有更多的机会不期而遇，大学生身心变化的过渡性决定了这一点。首先，不断增长的需要与满足之间的矛盾客观上对大学生构成一种压力；其次，大学生认识上的片面偏激，思维上的过渡性，表明还不能抽象地辩证地看待问题，抓住实质，预测未来；最后，精力充沛，情感上却不稳定加上情绪波动，行为冲动控制力差等，这些极易成为助长挫折和消极行为反应的催化剂。对于挫折不同的防卫方式与心理健康关系极为密切。

四、应激理论

（一）应激

应激（stress）原义是指困苦和逆境，但后来这个词被引入了物理科学，指施加于物体上的外界压力或物体的内部动力。

（二）大学生应激的咨询

在学习和生活中，每个学生都会遇到应激。不同的应激对心理健康的影响不同。适度的应激能促进心理的健康，过度的应激易造成不健康的心理。

1. 适度应激是促进心理健康的一种因子

（1）维持人的正常心理活动

应激唤醒了大脑皮层使之保持一定的觉醒水平，有助于注意力的集中、思维的活跃、恰当地判断、果断地抉择，以及富有成效地进行意志活动。研究表明，人的心理活动是在一定的大脑觉醒状态下进行的，有目的、有计划的行动需要身心维持一定的紧张度。从心理卫生的角度来讲，适度应激有益于心理健康。脑发展的第二个"加速期"是 13 ~ 14 岁，它与大学生交往范围的扩大、活动方式的改变以及学习任务的加重有关。因为环境条件复杂化，不断地给大脑皮层提出新的问题和要求，使大脑在新的机能结构与水平上开始处理大量信息，从而进一步发展。

在人们正常的学习、工作和生活中，每时每刻面临着需要处理的问题，社会越发展，外界环境变化越快，这些都会使人们处于一种身心紧张的状态，处理或解决这些问题，又使人身心维持着一定的紧张。人们的活动和应激是密切相关的。

适度的应激是人顺利地进行或完成活动所必需的，有助于推动人的社会化进程，促进心理的发展，适度的应激有益于个体的身心健康。

（2）适当的应激有助于个体社会化的进程，从而促进其心理健康发展

大学生社会化的动力是要适应社会，并成为社会公认的或接纳的社会成员，从而在与社会的互动过程中实现自我的人生价值。社会化过程顺利的人会表现出良好的社会适应，它是心理健康的一个标志。

大学生的应激状态来源于社会环境的新要求与学生原有心理水平的差距，即现实角色的模式与社会期待和要求的社会角色模式的差距。它施加于学生很强的"角色意识"问题，驱使大学生理解社会期待和群体的社会角色。为了解除紧张不安的状态，重新修改现实角色，而构建主观角色即将角色定位与社会角色统一协调起来，结果是现实角色悦纳社会角色、现实角色表演社会角色以及学生积极进行角色调整的过程，同时也是进行社会化的过程。这个过程的完成，个体就表现出良好的社会适应，如由不良行为转变为良好行为，现实角色转变为社会角色。社会学习论者认为，环境的变化引起人的特殊行为，这里环境变化对个体造成了应激，环境要求的角色与个体现实的角色产生差距。个体通过观察模仿学习改变了行为方式，表现出要求的角色模式，差距缩小、紧张解除。总之，随着社会环境的变化给人造成了一种压力，人们为了应对环境的压力企图降低这种痛苦，就会逐渐发展较强的应对能力。但在孤儿院的孩子，由于缺乏必要的心理社会刺激，社会适应能力不如前者。在这里，应对能力和适应能力可以理解为多种标准角色模式的掌握和及时调遣。

2. 过度应激是产生心理问题的原因之一

应激维持着人心理的觉醒水平，以保证人心理活动的正常进行。但是应激所造成的紧张状态对个体会产生不同的影响，从而决定其性质的不同，这就是应激过度的问题。

（1）持续的过度应激是心理的致病因素

当个体对紧张体验不能解除时，此时的应激被确定为过度应激或负向应激，它影响个体正常心理活动的进行。外界刺激唤醒大脑皮层，使之维持一定的觉醒水平，有助于心理活动的进行，但是过度的唤醒使个体因无力摆脱威胁，心理遂产生担忧的反应，这就是焦虑。焦虑可诱发消极的情绪体验。面对紧张的持续，个体不能对外界作出适应，当威胁依然存在，个体急于采取对策而又无合适的方法时，就会产生烦躁。轻微的烦躁无法被解除，累积

加重会发展成为愤怒，借其他人或物发泄自己的情感。虽然这会暂时平息心里不安或心头之火，但终因慑于力量对比而被迫服从，注意力由外界转向内心。首先，在认识结构上发生着变化，恐惧和憎恨与之建立关系，由于威胁已成现实，而又缺乏对策，使个体处于失望和无助的焦虑状态；其次，虽然多次努力尝试而又多次受挫，始终无法摆脱威胁时，遂产生"习得性无助"，大有无可奈何之状；最后，郁郁寡欢，久而久之发展为自卑，遇到情况不采取主动而是听天由命。这就是抑郁。

（2）过度应激不利于认识活动

焦虑程度与学习效率之间的关系颇像"倒U形曲线"。中等程度的焦虑对学习起促进作用，过度的焦虑则起阻碍作用。过度的应激使个体身心处于充分动员的状态，控制自己的能力减弱，使个体的心理活动能力降低，因此，也使个体对客观事物的感知不充分、判断不准确，逻辑推理的能力也有所下降。精神的过度紧张兴奋会导致神经系统兴奋和抑制交互转换失调，或者产生超限抑制，从而降低神经活动的兴奋性及思维活动的积极性。过度应激使人的注意范围缩小，常常顾此失彼，手忙脚乱，其原因在于思维混乱。

（3）过度应激可诱发身心疾病

应激的生理机制是大脑皮层接受刺激后，把信息传至下丘脑，下丘脑遂分泌一种物质叫促肾上腺释放因子（CRF），以激发脑垂体分泌促肾上腺皮质激素。过度应激会促使肾上腺皮质激素分泌的加强，使身体处于充分动员的状态。人若长期处于过度应激状态，则对健康不利，甚至招致危险。应激状态的持续能破坏一个人的生物化学保护机制，从而使人降低抵抗力，易受疾病的侵袭。

一般认为，过度应激对健康的消极影响主要表现为两个方面：一是降低或破坏人的抵抗力而加重已有的疾病；二是通过某些器官的脆弱性（即疾病的易感性）而诱发疾病。

大学生处于人生身心巨变的第三个时期，所面临的社会化课题比较多，加之认识水平有限，客观上决定了应激的多发性是这一时期的特点。据调查，我国大学生不同程度地存在心理问题，为减少过度应激对大学生的致病影响，提高他们的心理健康水平，心理健康教育的任务显得日益迫切。为此，大学生应该进行提高自己的心理承受力的训练，应该加强认识能力的磨炼。

此外，还应掌握一些心理学的知识，以最大限度地降低或解除紧张，来增进心理健康，推动心理的发展。

第三节　心理咨询与心理治疗的方法

一、心理咨询与心理治疗的基础

人的生理与心理是辩证统一的，它们是相互联系和相互影响的，这是心理咨询与心理治疗的理论基础，也是心理因素在疾病的产生、发展和治疗中都有一定作用的原因所在。

心理咨询与心理治疗就是应用心理因素对病理活动的影响，以及心理和生理、机体和环境统一的原则，以达到改善病人的精神状态，消除其躯体症状。对心理障碍的咨询与治疗采用不同的方法，其效果是不同的。

（一）生理和心理的互相联系

生理是心理的物质基础，心理又对生理功能产生重大的影响，在一定条件下，心理能改变生理的活动。心理治疗之所以有效，主要是由于不同的情绪对人的生理机能产生重要影响，消极情绪的持续往往是致病的重要因素。在客观环境因素的刺激下，个体可产生不同的情绪体验，而各种情绪状态可对躯体功能产生不同的影响。愉快、喜悦、乐观、开朗等，可促进新陈代谢和改善器官的功能；而焦虑、忧郁、恐惧、愤怒等，则可抑制消化功能，即所谓情绪性积食，并可使血压上升、代谢受压抑等。所以，其可分为有利于健康的积极情绪和不利于机体功能的消极情绪。焦虑、苦闷、忧郁等情绪往往是致病的重要因素，积极乐观的情绪则是心理治疗所追求的主要目标。由此可见，只有健全稳定的情绪状态才能提高机体的忍受力和抗病能力。

（二）联结论

条件反射研究证明，只要把无关因素与条件反射结合在一起，就可使无关刺激物富于意义，变为条件刺激物，并建立条件刺激与反应活动的暂时联系。研究表明，即使有刺痛感的刺激和食物耦合，对动物进行刺激，结果也会使有刺痛感的刺激变成食物的条件信号。

斯金纳的操作条件反射强调刺激和反射建立联结时的强化作用，据此，应用条件反射和原理，可以改变或消除个体不良的习惯和病状。

学习理论把个体的行为看成是从社会环境中学习得来的反应形式。人类的行为像动物一样是自动学习的结果，只是一种外表现象，并不是真实的。在个体成长发展过程中，每个人的行为都是为了获取某种心理上的满足，结果当外界环境能满足这些欲望时，行为便会停止，而提供满足的环境便成为行为的动机，行为障碍的形成也是受同样的学习原则所致。神经症是错误的儿童教养方式和不健康的社会压力的结果，还可能来自环境中的奖惩所引起的矛盾冲突等。综上所述，既然疾病的症状是通过学习而形成的，那么也可运用学习的方法来加以消除。行为治疗就是帮助病人学习新的、有效地适应反应，以驱除旧的、失败的适应反应。

（三）语言的信号作用

人们在整个生活历程中所形成的条件联系既受到外界环境中各种现实信号的影响，称为第一信号系统，又受到语言和文字的影响，称为第二信号系统。在一定条件下，语言刺激可以替代甚至超越各种客观物质刺激，而直接产生相类似的反应。语言可以唤起相应的表象，在传递思想的同时，指导或控制人的情绪和行为，"望梅止渴""谈虎色变"的历史传说故事就是实例。所以，适当运用语言解释，也可消除躯体的不适感，并缓解内心的紧张。

实际上，许多有心理障碍的人都有不正确的观念，这是他们心理患病的重要原因。研究指出，患强迫症的当事人都有不合理的信念和假设，他们似乎无意中相信，他们反复地思考某一个想法或演示某一仪式性行为，将有助于避免那种在想象中的某个角落里引出的灾祸；恐怖症当事人也为自己规定了不是从实际出发的规则（例如，"我进入电梯，也许会被绊倒并憋死"）。

另外，焦虑症当事人容易以消极的眼光来考虑问题。有焦虑倾向的人总以为自己会被陌生人甚至被朋友排斥、侮辱或反对，经常有被危害的感觉，其时常处于紧张状态。

对有障碍学生的治疗，纠正不合理的认知是关键的一步。其中，语言的信号作用以及准确传达思想感情的作用是不言而喻的，具体概括为以下两种：一是认知重构法。应使当事人认识到，他们脱离现实的思想是产生不良行为的原因。帮助当事人探索自己不合理的想法，使他们以合理且现实的方式来看待生活，使当事人明白，他们非理性的思维是如何影响其情绪和行为的。认知疗法帮助当事人建立更具适应性的思维模式。二是思想停止法，即某种分散注意力的刺激（如令人不快的噪声）可中止强迫性思维。当事人不断地想着他原来经常出现的强迫性观念，治疗师高喊一声"停止"，接着当事人数次重复这一过程，适时默念"停止"即可。这一技术提供了一种驱除强迫观念的有效的自我控制术。

解决焦虑症问题同样须结合当事人的具体情况，并采取各种方法，使他投入改变自己有效的行动中。

二、心理诊断方法

心理诊断（Psychological diagnosis）含有评定的意义，即用心理学的方法来评定病人的心理障碍，确定其性质和程度，它是心理咨询和治疗的前提。由于心理障碍十分复杂，异常心理与正常心理常常交织在一起，难以区分。因此，心理治疗人员应以科学的态度，采用有效的客观方法，广泛收集诊断所需资料，详加分析，才能作出符合实际的判断。

心理诊断常用的主要方法有个案法、会谈法、观察法、测验法、投射技术和人格调查等方法。

（一）个案法

1. 个案法的定义

个案法（case study）是最基本的心理诊断方法，它主要是依靠收集病人有关的个案资料，综合系统地进行分析，对心理障碍作出判断。其优点就在于对病人的心理障碍能作出比较全面深入的考察和分析。

个案要求广泛详尽地收集资料，包括病人提供的，以及与他有关的家属、邻居、亲戚、朋友、教师、同学、领导、同事等提供的，也可以通过病人的作业、作品、日记、书信等有关资料获得。

2. 个案资料

个案法一般采用两种方式：追踪分析和横断分析，或者两种方式结合应用。为了便于对心理患者进行准确的分析，填写或记录个案资料是非常重要的，通常包括以下几个方面：

（1）病人的身份：姓名、年龄、性别、职业、籍贯、文化程度、经济状况、社会地位等。

（2）求诊的原因：主要是使病人就诊或家属送病人求诊的因素，简单地描述，例如，"紧张、失眠、头晕已一月余。自语、无故发笑、生活懒散，约半年"等。

（3）病人的现状：是指病人目前心理异常的表现、出现心理异常的可能诱因、产生心理异常的初期情况及后来发展变化的情况，以及表现的特征及性质、程度、发生的环境和背景情况等。

（4）病人的既往史：系病人出生前后至病前的各种资料。例如，出生前母体的状况、出生后的情形、发育情况、教养条件、健康状况、学习及工作、劳动的态度、责任心、特长、婚姻恋爱及性方面的知识等。

（5）病人生病前的人格特征：包括智能、脾气、爱好、兴趣、习惯、嗜好及待人接物的态度等。

（6）病人的家族状况：包括家庭结构、家庭成员的年龄、性别、就业情况、家庭气氛、家庭成员之间的关系、家庭成员对病人的态度、家庭成员的健康状况等。了解家庭背景，对掌握病人心理异常的发生及分析其因素是十分重要的。

总之，个案记录要求描写细致、叙述准确、重点突出、符合事实逻辑且以传记方式记述，避免使用专业术语。然后，根据病理心理学观点，综合分析，得出简要的结论。

（二）会谈法

1.会谈法的定义

会谈法（interview method）是治疗师或临床心理学家通过与病人谈话的过程，了解病人心理异常的情况及性质、产生的原因，以达到诊断评定的目的，又称为诊断会谈（diagnostic interview）。

会谈一般有三种方式：标准化会谈（standardized interview）、非标准化会谈（non-standardized interview）和半标准化会谈（se-standardized interview）。

标准化会谈又称结构式会谈（structured interview），是按临床诊断要求，编制会谈或问题表，向病人依次提出问题。这种方式能够比较全面地收集所需要的资料，这种方法的优点是重点突出、方法固定、检查病人比较省时，其不足之处是较刻板，"是"或"否"的简单回答以及步步紧逼式会谈有时会引起病人反感，无法取得全面而深入的详细资料。

非标准化会谈又称非结构式会谈（unstructured interview）。此方法是使病人在自由谈话中毫无戒心地倾吐自己的思想和情感。其优点是比较灵活，能随机调节会谈的技术和方法，但这种方式需要的时间比较多，容易顾此失彼。

半标准化的会谈方式是把上述两种方式交叉结合应用，既按照预先准备的问题，又不拘泥于固定的顺序或某种提问的方式。

总的来说，会谈时应当根据病人的性格、疾病种类及病情程度灵活选用上述方式，这样才能获得有益于评定当事人心理障碍性质的丰富资料。

2. 会谈关系的建立

会谈能否达到目的，取决于心理医师与病人之间建立起来的关系如何。要建立良好的关系，需要心理医师采用恰当的方法。特别重要的是，要树立一切为了病人的思想观念，会谈时态度要严肃认真、热情和蔼，具有忍耐心和同情心，关心体贴病人，能得到病人真实的情况和内心的切实感受。

为了获得真实的材料，在诊断性会谈中应注意以下几个方面：

（1）前后联系。病人的异常心理，总有其产生发展过程，会谈中就要注意病人现在的情况与过去有什么关系，有什么不同，如何演变过来的。

（2）表里兼顾。有时病人谈吐与内心感受是一致的，有时并不完全一致，会谈时应从病人表面的谈吐与表现去体验病人内心的动机、欲望以及他的真实情感，既要察言观色，又要心理移位。

（3）主观和客观的关系。病人的异常心理变化多端，不能只从主观方面去体会病人的语言，还要用客观的态度去观察分析，了解其确切意义。

（4）特殊情况的处理。会谈中常常会碰到某些特殊的情况，必须注意这些情况的恰当处理，否则会影响会谈的顺利进行。例如，在会谈中，有时病人会出现"阻抗（resistance）现象"，不愿让别人了解他的私事，这时可向病人讲述会谈的目的，打消他的种种顾虑；又如，有的病人文化水平低，会谈时就应当用通俗易懂的语言与他交谈，引导他倾诉心理方面的矛盾。

许多会谈内容是病人讲述的内容和会谈中引起注意的问题，诊断者对会谈内容要尽可能详细记录。为了避免当事人对此产生误解，诊断者需要对当事人做详细的解释。最后，根据会谈内容，参照有关资料，对病人的心理状态进行评定分析，并提供诊断依据。

（三）观察法

1.观察及其种类

观察法（observation method）是心理学最常用的方法之一。它是有目的、有计划地观察病人的心理行为表现，如动作、姿态、表情、言语、内心体验、睡眠等，并根据观察结果作出评定和判断。根据观察的侧重点不同，观察法可分为一般观察和重点观察。

一般观察，即对病人在某一段时期的整个心理行为表现作全面的观察和了解。一般而言，观察方法涉及项目较多，观察所需的时间也较长。

重点观察，即对病人在某一段时期内的某种或某些心理行为的表现作重点的观察和了解，如智力活动、动作姿态、睡眠等的特殊观察。

观察是一种有计划、有目的、长时间的知觉过程，又是一门技术。为了获得翔实的材料，观察必须有明确的目的和计划，必须客观和精确，也要反复多次，不能轻易根据某些偶然现象就作出结论。必要时，也可辅助照相、录像、录音等现代化工具。

由于自然的心理状态不同于控制条件上的心理状态，不能做精确的重复观察，同时观察者的主观经验不一样，因而评定的结果经常会出现分歧，所以观察法的运用具有一定的局限性。

2.观察评定量表

为了提高观察的客观性和可靠性，要取得比较确切的观察资料，编制出各种临床心理状态评定量表（ratingscale）。临床心理状态评定量表在临床诊断和科学研究，特别是判断某种药物或某种治疗的效果方面是很有用处的。

三、心理咨询与治疗的方法

心理咨询与治疗是相互联系的。在心理咨询时，往往包含着治疗。咨询侧重于认知的重构，治疗偏重于行为的矫治。在前面章节中，我们对咨询做了阐述，这里的方法侧重于治疗。常用的心理治疗根据对象不同，通常可分为个别心理治疗和团体心理治疗两种。这里先介绍贯穿于个别心理治疗和团体心理治疗的一般性技巧，然后介绍个别心理治疗和团体心理治疗的具体操作过程。

（一）一般性心理治疗技巧概述

1.一般性心理治疗技巧的含义

一般性心理治疗技巧具有支持和加强病人防御机能的特点，能使病人增强安全感，减少焦虑和不安。为了使个别和团体治疗效果能达到预期目的，治疗前必须作好以下准备：

（1）建立医生和病人的良好联系。这不仅是心理治疗，也是治疗的基础，只有建立了这种良好的联系，才能够争取病人的积极配合，使治疗取得很好的效果。

（2）调查收集病史，全面了解其发病的社会心理背景，分清症状的主次和研究存在的各种矛盾。

（3）做好周围人的工作，争取配合。

（4）注意一定程度的保密。

2.一般性心理治疗技巧的策略

一般性心理治疗技巧的策略很多，最常用的有解释、鼓励、安慰、保证和暗示等。解释是其中最主要的一种。

（1）解释就是向病人讲明道理，帮助病人解除顾虑、树立信心、加强配合，为继续治疗创造良好的条件，它是一般性心理治疗的最基本的疗法。为了做好解释工作，必须根据科学的原理，运用通俗易懂的语言，把疾病的性质和规律讲清楚，不要使病人发生曲解和误解。凡是有疑问的地方，必须耐心地反复说明，在病人不能接受医生意见时，暂时换个主题或不作结论，不要操之过急，要允许病人的思想有反复。

（2）鼓励和安慰。在病人情绪低落、悲观失望和缺乏自信时给予同情和支持，帮助病人振作精神，建立信心，然后鼓足勇气，克服暂时性的情感障碍。

（3）保证。病人对自己的疾病经常疑神疑鬼，出现焦虑紧张的情绪，特别是对自己的健康和学习等提心吊胆。这时应及时地以充分的事实作为依据，用充满信心的态度和坚定的语调向病人作出鼓励，以消除病人的紧张与焦虑情绪。在进行保证治疗以前，必须做好检查、检验和核实工作，确定排除了器质性病变的情况下方可实行。

（4）暗示是通过某种方式，间接影响心理疾病患者，使其改变某种观点的过程。从性质来划分，有积极暗示与消极暗示两种；按形式不同，有一般暗示与自我暗示两种。积极暗示就是不管别人的意见正确与否，都是无条件、无分析和无批判地全盘接受；消极暗示就是不管别人的意见正确与否，都是无条件、无分析和无批判地拒绝；一般暗示是指暗示发生时有较强烈的外界诱发因素；自我暗示是指暗示来源于病人自身。

病人受暗示的程度是各不相同的，其原因是多方面的，主要和产生暗示的客观条件及病人的先天素质有关。其中，病人的情感是极其重要的，如果对治疗与治疗人员比较信任、感情良好，就容易无条件地接受暗示。在催眠状态下，最易接受暗示。

暗示的应用范围很广，主要通过语言、药物和理疗来进行暗示。其中，语言暗示为最主要和最常见。在解释、鼓励、安慰和保证时，包含强烈的暗示作用。单纯依靠语言暗示对许多病人来讲是不够的，如果能同药物或理疗相结合，将会取得更好的疗效。

（二）心理治疗的方法

心理治疗的分类方法有很多，根据对象的不同一般把心理治疗分为个别治疗和团体治疗。这两种方法对治疗心理疾病患者具有不同的特点和要求，在治疗心理疾病时发挥着各自独特的优势和作用。

1.个别治疗

（1）个别治疗的概念

个别心理治疗是由医生有计划、有步骤地通过会谈方式和病人单独进行的一种心理治疗。个别心理治疗要采取启发诱导的方法，帮助病人弄清其发病原因和发病机制，鼓励病人建立信心，加强自我锻炼，克服病态症状，提高适应能力，最后达到痊愈的目的。

这种治疗要求医生经过专门训练，具有较高的业务技术水平和一定的分析能力，并且要有耐心，能够和病人进行沟通。这种方法主要适用于某些神经官能症、心因性疾病和性格障碍基础上的精神疾患，他们都需要进行较为系统的心理治疗。

（2）个别治疗的过程

个别心理治疗，具体步骤一般可分为以下三个阶段。

第一阶段，耐心地倾听病人的诉述。只有耐心地倾听病人诉述，才可达到两个目的：核查病人所提供的病史材料；建立良好的医患关系，为做好心理治疗创造有利条件。

病人的病史是否正确可靠，关系到对病人的诊断能否正确，由于种种原因，病人往往不一定在开始时就提出其真正的问题所在，需要循循善诱，尽可能收集有关病人的全部资料，还必须向本人核实有关方面提供的材料是否与事实相符合。心理治疗就是帮助病人认识自己的精神活动，进而加强自我战胜疾病的能力，以达到治越疾病的目的。虽然精神病患者的精神活动都是杂乱无章的，所提供的材料经常互相矛盾，但其实有其一定的真实含义。只要将收集到的材料进行客观分析，还是可以找出病人发病的原因和这些原因的内在联系的。

由于患者内心苦闷，情绪时常发生变化，而这种情绪上的矛盾如果长期郁闷在心中，就会影响脑的功能，让其发泄一番，把它说出来，心情就会感到舒畅，也会起到一定的安定作用，病情就能得到很大改善。

这种疏泄郁闷情绪的方法不仅能对病情起到暂时性的抑制作用，而且对以后的治疗也有很大的帮助。

第二阶段，帮助病人提高对疾病的认识。如果说第一阶段是建立医患关系，让病人发泄心中郁积的情感，那么第二阶段就是个别心理治疗最后的阶段。心理治疗的目的是调动患者的积极性，帮助他正确认识病情，以达到自我治疗的目的。所以这一阶段的工作内容是同病人一起分析病史材料，根据材料提出病因和发病机制的初步意见，帮助病人提高对疾病的认识。

这一阶段经常会出现"阻抗"，即病人对待心理治疗往往存在一种矛盾心理。具体表现为他愿意接受治疗，希望早日恢复健康；又害怕医生认真地研究他生活的情况和精神活动，而暴露他的弱点，因为患者大多数具有较强烈的自卑感和不安全感，害怕受到轻视、歧视和批评。所以针对这一阶段，克服来自病人的这些阻力通常是决定治疗结果好坏的一个重要方面。

帮助病人减少阻力的发生是第二阶段的重要任务。为此，医生应注意以下几个方面：

第一，先向病人说明治疗的目的。在正式治疗前，把心理治疗的意义、目的、要求、方法、需要的时间以及在治疗过程中可能发生什么副作用等问题，先向病人作详细的介绍与说明。还应该向病人指出，治疗是一项艰巨的任务，要求病人建立信心，持之以恒，同心理医生一起配合完成这个任务。

第二，保护其自尊心。有时病人会暴露一些错误思想和错误的话，必须向病人及时指出，这些现象是病态的正常表现，随着治疗的进程，症状会渐渐消除的。

第三，鼓励病人参与分析。对病史材料进行具体分析时，要鼓励病人把自己的问题看作别人的问题，把自己看成帮助者而不是被帮助者。这种方式可调动病人参加治疗的积极性，避免阻抗的产生。

第四，诱导病人自我探索。对病人比较敏感的问题要善于启发诱导，就是多让病人进行自我解释，让他们自己发现其中的矛盾，千万不能粗暴地批评，不要勉强病人接受他们所不能同意的意见。对于病人的正确意见应立即给予肯定的，对他们的错误意见可以采取保留态度，或者根本不表示态度。

第五，熟练掌控治疗过程。在治疗过程中，病人的阻抗情绪没有减弱反而有增加时，应立即停止其治疗，待反抗情绪改善时，再继续进行治疗，否则将出现更坏的效果。

第六，帮助病人对已有材料进行认真分析的目的是提高病人的认识，把医生较正确的意见变成病人的意见，使其能够针对自己的具体情况制定具体的措施，然后有计划地和有步骤地进行自我锻炼，以取得良好疗效。

综上所述，在一般情况下，一般性心理治疗只能起到鼓舞和安慰病人的作用，取得的疗效是短暂的，只有施用较深入的个别心理治疗时，获得的疗效才是比较巩固的。

第三阶段，巩固成绩、提高疗效、预防复发。个别心理治疗第三阶段的主要内容是鼓励病人在医生的指导下，主动积极地进行自我锻炼，巩固成绩、提高疗效、预防复发，在这个阶段应注意以下两个方面：

一是个性脾气方面。有些疾病的发生同病人的个性脾气存在一定的联系，并随着病人个性脾气进一步发展。一般而言，精神分裂症患者的个性脾气大多是多疑型，性情孤僻；躁狂症患者大多性情急躁，富有斗争性和同情性；忧虑症患者大多胆小怕事，斗争性较差，在困难面前容易消极悲观；歇斯底里症患者的情感容易波动；精神衰弱症患者经常犹豫不决、优柔寡断。在进行自我锻炼时，结合病情应客观地分析脾气的利弊，要鼓励病人尽最大可能发扬其有利的一面，纠正其不利的一面。更为重要的是，鼓励病人要学会掌握自己的个性脾气，变不利为有利。

二是劳逸结合。大脑适宜于有节律性的活动，假如能适当地把体育锻炼和文化活动相结合，不仅能增强体质，有助于消除疲劳，还可以提高工作效率，这对于工作与健康都能起积极作用；反之，大脑的活动就会失调，既不利于工作，也不利于健康。

另外，在病人进行自我锻炼的过程中，有关方面的配合和家属的支持也是必要的。

总之，在具体的治疗工作中，以上三个阶段并不是各自孤立的，而是密切联系、相互依赖和相互渗透的。

2. 团体治疗

（1）团体治疗的概念

团体治疗主要是通过发挥集体在人际关系中的积极影响作用，通过病人相互之间的交流和帮助，能起到医务人员所不能起到的良好作用。团体治疗的特点之一是增加病人参加社交活动的机会，有利于提高其社会适应能力。

参加团体活动治疗的对象一般以病情相类似且文化水平较为接近的神经官能症患者较适宜。每次人数一般在 10 ~ 15 名，每周活动 2 ~ 3 次，每次 2 小时左右，以 5 ~ 8 次为一个疗程，在治疗前，必须事先了解参加团体治疗患者的有关致病原因和症状特点。治疗过程大体分为以下三个阶段：

第一阶段，以讲座为主，要求患者对疾病有一个正确认识。

第二阶段，要求患者能结合自身的情况进行分析，有条件的患者最好能写成书面材料，在团体讨论会上互相交流。

第三阶段，以帮助患者增加社会适应能力为主，制定预防复发的措施，合理安排好工作、学习、生活和休息。在必要时，还要配合个别心理治疗。

（2）团体治疗的优缺点

团体咨询与治疗具有个别咨询与治疗所不具备的许多优越性，特别适用于学校的咨询与治疗。

其一，团体治疗更为节省时间。国外典型的学校咨询与治疗模式要求每 800 名学生配备一名专职治疗师，并按照每周 22 个小时的咨询与治疗时间计算，每个学生每年只能得到一次接待机会。尽管有不少学生并不需要到治疗室来，但需要来咨询与治疗的人却绝不是一两次便能解决问题的。如果将指导与治疗加在一起，治疗师的任务便更加繁重，而团体治疗每次可接待6 ~ 20人，可大大缓解这一矛盾。

其二，团体治疗提供了更为典型的社会现实环境。它导致了两个重要的结果：第一，使团体的领导者（治疗师）能够更好地研究当事人的社会相互作用模式；第二，有助于当事人的社会化过程。心理医师无法在个别咨询与治疗中直接观察到当事人是如何进行社会交往的。有机会观察某人在社会环境中的表现，对于洞察其人格的社会性方面是极为有利的，特别是对那些有一部分问题出自社交困难的当事人而言更为重要。团体治疗使每一个参与者都有机会改善和提高自己的社交技能，从而有助于他们的社会化过程。

其三，提供了多角度的分析、观察及情感的反应。在团体治疗中，当事人与其他成员平等交流，不仅能获得关于心理问题的各种知识，而且获得了真实的平等感，这对于他建立改善自信起着重要作用。所以，在个别治疗中，只有心理医师能给出应答，在团体治疗中，当事人却具有广泛的可选择性。团体治疗的信息多样性以及体验的真实性、平等性是个别治疗无法比拟的。

其四，对于学校来说，它更为接近于班级的环境。由于当事人往往更为习惯于过团体生活，让他单独在心理医师的办公室里接受咨询或治疗，他反而会不习惯，而团体治疗则保持了体验上的连续性，这种体验正是健康而有益的。

当然，团体治疗自然也有它的不足之处，某些当事人有时只愿意私下咨询或接受治疗。但是，对于大部分当事人来说，团体治疗仍然是学校心理医师应采用的最佳咨询与治疗方式，以便省下时间更好地帮助少数只能采取个别咨询与治疗方式的学生。

第四章 大学生心理健康教育课程建设

第一节 大学生心理健康教育课程特点

大学生心理健康教育课程不同于其他课程，这门课程的教学设计灵活多样，教师可以根据对学生的心理发展特点的认识，自主地确定教学重点，并采取灵活多样的教学形式，如课堂讲授、案例分析、情景模拟、角色扮演等；教学过程具有开放性和实践性，强调学生在课堂教学及日常生活中的主动性和参与性；教学效果强调个人的体验和成长。通过教学活动，学生得到了新的领悟，掌握心理调适技能，获得进一步成长。

一、心理健康教育课的体验性

（一）体验是学生心理素质形成和发展的核心

体验是指外界事物和情景所引起的自己的内心感受、体味或亲身的经历。通过亲身经历学习做人做事的道理，并转化为自身的行为习惯。体验是学生心理素质形成和发展的核心，体验这种心理活动是由感受、情感、理解、联想、领悟等诸多心理要素构成的。体验具有以下特征：其一，情感性，即对某物有体验，必伴随对之产生某种情感。情感是体验的核心，没有情感，活动主体就不会对活动产生积极的态度，也不会全身心地投入到活动中去，也不可能产生"主客融合"的效果。其二，意义性，即主体对某物有深刻的体验，必然理解它在主体心目中的独特意义，或者形成某种联想与领悟。体验是一种产生情感且生成意义的活动。其三，主体性，即亲历性，是指体验者亲身参与活动，并用自己已有的经历和心理结构去理解、去感受、去建构，从而生成自己对事物的独特的情感感受、领悟和意义。

体验性是学校心理健康教育课程的基本特征。心理健康教育课程能否取得实效以及取得多大实效，在很大程度上取决于主体是否产生真切的体验以及体验的程度。体验是情境陶冶与内心感悟的有机融合，也是基于经验和直觉的内在提升。体验不是获取答案的手段，体验过程本身就蕴含答案。心理健康教育课程将体验作为心理建构的桥梁，关键是因为它能激发学生心理的内化机制，并促成心灵的成长。体验指向的不是活动结果，而是活动过程，据此，心理健康教育课程要坚持以学生为主体，以活动为轴心，借助活动来丰富学生的心理体验。心理健康教育课程只有让学生经历内在的心理历程，并使学生在情感交流和思维碰撞中产生深刻的情绪与情感体验，才能促进学生心理品质和心理能力的发展。

在心理健康教育课的活动体系及学生心理素质的形成和发展中，体验均处于核心的地位。这一核心地位我们可以从以下两个方面理解：

第一，从功能上看，体验是学生心理素质形成和发展的核心。人的心理形成和发展过程是由外部的、展开的活动向内部的、简缩的活动的转化过程，即主体将外在的东西纳入自己的心理结构之中的过程。在这一过程中，体验起着最为重要的作用，没有主体对客体的体验，客体就不可能被内化。体验是内化发生的前提条件，体验的过程就是内化和发展的过程，所以我们可以说心理健康教育是一种体验教育。

第二，从心理健康教育课活动体系三个要素的关系上看，作为心理健康教育课学生活动体系的三要素之一，体验处于核心地位，是学生活动体系的中间环节。没有体验，活动中蕴含的东西就无法内化到学生的心理结构中去，我们设计的活动就只能流于形式，心理健康教育课的目标也就无法达到。没有体验，特别是情感体验，学生就不会以积极的态度，全身心地投入到活动中去，也就不会把自己的内心与体验之物融合在一起。

（二）促进心理健康教育过程中的体验的方法

在心理健康教育课中，心理学知识的讲授并不难，真正难的是把理论知识贯彻到学生的实际行动中去，其中关键在于教师是否注意学生"内心体验"这个环节，它是提高学生心理素质的重要阶梯。"团体活动"可以大有作为，这是一个把认知、体验、合作和分享有机地联系在一起的体验式教学过程。在此环节中，教师借鉴团体辅导的某些技术，如脑力激荡、角色扮演、行为训练、绘画、游戏等，让学生亲身参与活动，积极互动，给学生体验和感悟的空间，培养学生积极、健康的心态，并催生其与其他学生分享的情感和欲望，以推动自我开放的行为产生，从而促进学生高级心理能力的形成和发展。大学生有着共同的发展任务，有强烈的自我发展愿望，具有自我教育的能力，并愿意与同龄人分享自己的经验。具体来说可以从以下几个方面展开。

1. 在合作中体验

当代教学改革倡导三种学习方式：自主、合作和探究。通过使学生更多地进行沟通和交流，增强合作和互助的能力，刺激学生思维的积极性，便于集思广益，能够较大地提高教学效益。在心理健康教育课程中师生共同营造尽可能接近真实的情境，在团体的活动中获得具体的经验，并促使学生对此进行观察和思考，从而既能够形成抽象化的概念和普遍性的结论，又能够对自我进行恰当的认识和接纳，进而将习得的观念运用于真实的世界，以发展新的态度和行为方式。

2. 在情境中体验

在心理健康教育课堂上教师通过预先计划好的教学活动，介绍相关专题涉及的心理学知识，创设一种符合教学目标且能够激发学生课堂兴趣的课堂情景，进一步对学生提出问题，引入该节课的教学主题，并使学生了解自己在该课堂教学主题方面的情况。该环节的作用主要是激发学生对课堂的兴趣，发现在学生中存在的问题，并使学生了解自己在这方面的情况，更清晰地认识自己，了解自己。心理学认为情绪情感直接影响人们认识活动的方式方法，也影响着人们的动机决策和人际关系的处理。在教学情境中，教师通过引导学生对教学情境的体验来调动学生相应的情绪情感，激发个体的主观能动性，引起学生身心和活动的变化，从而达到通过体验获得相应的认识和情感的教学目的。没有学生相应的情绪情感参与的教学不是真正意义上的教学。

3. 在分享中体验

在心理健康课的分享环节，团体成员围坐在一起，开展各种各样的"团体"活动，即心理素质训练活动。活动结束之后，教师和学生彼此交换意见，互诉心声，分享各自过去的经历，并讨论以后可能遇到的难题及可行的解决方法，增强处理问题的能力。在这个教学环节中，每个成员都体验着自己曾经的经历，同时在细心倾听他人分享的时候也能够体验到其他成员所经历的感受，这在一定程度上可以预防心理问题发生或减少心理问题发生。

4. 在感悟中体验

在该环节中，教师针对心理活动课具体的教学内容，让学生联系实际，反思自我，对自身的问题有更清醒的认识，积极调整对自我的认识，以达到解决问题的目的。还要积极地发挥自我潜能，举一反三，在各种各样的挫折与困难面前意志顽强、坚忍不拔，成为生活的强者。

5. 在反思中体验

这是课堂的最后一个环节。这个环节主要是利用心理暗示的作用和效果，教师给学生布置一些与该节课堂教学内容有密切联系的电影、文章、诗句、漫画等，让学生观赏和阅读，对学生进行积极的心理暗示，进一步强化学生的学习积极性，达到学习自助的目的。每堂成功的课，教师在"分享"和"感悟"环节都要注意引导学生。在"分享"环节中，开展的是各种各样的心理训练活动，这些活动会不会流于形式、是不是为做活动而活动，就要看教师是否帮助学生去"感悟"。活动是教学的一种手段，而不是教学的目的，其目的是活动之后引发学生感受与讨论，是让学生学会开拓思维，启动心灵的对话，触动学生的内心，以使学生形成稳固的知识内化，再自觉外化的行为。

二、心理健康教育课的学生主体性

（一）心理健康教育与"学生本位"

"学生本位课程"是熔学科课程与"活动课程"于一炉的新型课程，它体现了当代建构主义教育思想的基本理念，也体现了课程的丰富内涵，即课程是为学生的全面发展而提供的一切经验。它既包括各门学科的系统知识，也涵盖教育性活动所提供的满足学生兴趣和需要的课程素材，还可以包含学生课外和校外的直接经验。"学生本位课程"以学科为基础，但又不囿于学科的限制，高度重视学生已有的经验和知识在知识建构中的作用，并充分利用课程实践中师生之间和生生之间的互动与交往所生成的课程素材。"学生本位课程"也超越了"个人本位"课程和"社会本位"课程的对立，因为这里所指的"学生"是个体也是集体，而适应其全面发展的课程当然也是适应当代社会发展所需要的，并且是面向未来的。心理健康教育课程从这一观点出发，在心理健康教育课程的制定上十分重视学生本位的观点。

现代教育要求坚持主体教育观和个性发展观，心理健康教育站在学生的立场上，把学生作为教育主体，把促进学生的个性发展作为目标，从这一意义上看，心理健康教育课是一门以学生为主体的学生本位的课程。

学校心理健康教育课程的实施过程是教师促进学生主动建构心理的过程。在此过程中，教师的作用是为学生理解和建构心理知识搭建"脚手架"。因此，课程实施必须从学生的已有经验出发，通过创设一定的情境和开展小组合作活动，促进学生的原有经验发生转化并形成新的理解。学生是学校心理健康教育课程的中心，学校心理健康教育课程必须充分凸显学生的主动性，使课程成为学生自主建构心理的实践活动过程。要实现心理健康教育课的学生本位，就必须充分发挥学生主体性的作用，在课程中尊重学生的主体地位，让学生成为心理健康教育活动中的"主角"。

（二）心理健康教育课重视学生主体性的原因

主体心理获得健康发展是心理健康教育的目标。心理健康教育的目标是要遵循学生心理发展规律，为学生完成从"生物人"到"社会人"的转化提供积极的帮助，并不断启发学生的心理力量，以激发学生的潜能，引导和激励学生了解自我、改善自我、建设自我，并不断提高心理素质，进而成为适应社会且受社会欢迎的人。心理健康教育课致力于启发、帮助、引导和激励学生，使学生真正做到认识自我、完善自我，从而提高自己的心理素质，成为身心健康发展的人。

心理健康教育通过课堂教学，在教育的整个过程中，充分以学生为主体。心理健康教育过程中的教育者对学生中存在的这样或那样的问题不是简单地作出判断和结论，也不是将个人的主观愿望直接变为学生的要求和愿望，而是真心诚意地与学生相互沟通，让学生坦诚地亮出自己的内心世界，并逐步引导他们进行自我分析与自我判断。在此基础上，教育者再进一步提出供学生采纳的建议，让学生独立思考后根据个人实际情况采纳有关建议，并转化为自己的行动。因此，在心理教育的整个过程中，学生是心理发展的主体，是主动者，而不是被动者。若没有学生的自我分析、自我思考和自我选择，光有教育者的积极、主动、热情和真诚是不能将教育者的建议转化为个体自身行动的。主体的变化和发展是心理健康教育效果的最终体现，检验心理健康教育效果的最终标志是主体的变化和发展，而不是其他任何方面。在心理健康教育过程中，若学生能积极主动地投入并克服自身的各种不良情绪和心理偏差，提高自己的心理品质和心理素质，就说明心理健康教育已取得良好的效果；反之，心理健康教育对学生的帮助和触动不大，学生的不良情绪和心理偏差仍没有得到克服和矫治，就说明心理健康教育并没有收到预期的效果。学生是其意识活动的主体，也是整个教育活动过程的主体。心理健康教育课程目标是预防或减少学生的心理问题的发生，引导和促进学生心理健康的发展，与其他传授系统科学知识的科目极不相同，因此，以学生为主体的原则在心理教育活动课中尤为重要。

（三）发挥心理健康教育课学生主体性的方法

1. 树立正确的学生主体观

心理健康教育授课者要始终保持这样一种观念，学生绝不是被动的知识接受者，而是主动的积极参与者。每个学生都有不可低估的潜能，有改变自我、完善自我和发展自我的能力，也有参与教育活动的积极性。在教育过程中，教育者的作用主要体现在为学生提供可选择的方法，并鼓励他们去选择、去思考、去实践。或者说，教育者主要起到引导的作用，要让他们靠自己的力量去体会、感悟，以达到提高自身心理健康的目的。

2. 以积极的眼光看待每一位学生

心理健康教育课能否取得预期的目标，关键在于学生是否积极主动地参与其中，学生不主动参与，心理健康教育课是无法顺利进行的。因为个体存在差异，学生在心理健康教育课的活动中，难免会有学生存在自卑、退缩甚至是抗拒等心理状态，不是每个学生都能主动参与。面对这种情况，教育者要做的不是沮丧甚至放弃，而是要用积极的眼光去看待每一位学生，捕捉每一位学生身上的闪光点，挖掘每一位学生的潜能。

3. 教育内容要符合学生的心理发展需要

要求学生对我们所进行的心理健康教育活动有所反应的话，首先应考虑的问题是如何去激发学生内心深处的需要，因为只有这样学生才能把心理健康教育活动看成是与自己息息相关的事，才能把自己的主动参与性提到最高点。因此，心理健康教育课程内容的设置应当以学生所关心的热点为主要内容，满足学生的心理发展需要，这样才能保证学生在心理健康教育活动中表现出较大的积极性和主动性。

4.教育方法要适合学生的心理特点

学生喜爱活动,思维活跃,易于接受新事物,参与意识强。针对这些特点,应以开展课堂活动作为心理健康教育课的基本形式。活动有其他形式不能代替的优点,如比较接近现实生活,因此可以吸引大部分的学生;活动能满足学生的表现欲,在活动中,学生进入特定的情境,情感投入也较充分。活动的形式是多种多样的,比如团体辅导、小组辅导及同伴辅导的互助活动;以专题讨论、角色扮演、情景体验、游戏等活动形式进行的小组或集体辅导;以讲座或课程的形式传授给学生心理健康教育知识,让这些知识在互助活动或小组、集体辅导中加以运用,去解决一些心理问题等。

5.尊重学生,让教师成为引导者,让学生成为课堂主人

心理健康教育课堂活动是由师生共同协作来完成的,教师的工作应该是协助学生,为学生提供建议,而不是包办学生的一切事情,整个活动的过程应自始至终地体现学生的主体地位。教师只有尊重学生,承认学生的主体地位,在活动中学生才会开放心灵、表露自我。为此,在课程活动设计中应给予学生最大的空间来发挥他们的能力;在心理健康教育课程实施过程中,我们应鼓励学生发表自己的看法,并探索解决问题的办法,进行自我情感的宣泄;在与学生的交往中,教师应该避免使用命令性的口吻,多与学生商量等。

三、心理健康教育课程生成性的理解

心理健康教育课程的实施过程不仅要有体验与感悟,还要拓展到有新的生成。充分的交流和分享,就是为了在体验和感悟的基础上通过互动再生成。从生成的广度来说,要联想到做人、处事的相关方面;从生成的深度来说,要触及学生的内心世界,要涉及情感、态度和价值观的层面。在心理健康教育活动课程实施过程中的这些生成,都是没有教师“教导”的生成,是学生“活动—体验—感悟—互动—内省”下的生成,也是一种近乎完全的自然生成,有相对持久的效果。

学校心理健康教育课程的服务对象绝大多数都是心理健康状况正常的学生,课程实施的目的是帮助学生解决成长过程中遇到的各种发展性问题,以充分开发学生的潜能,促进全体学生的心理在原有基础上得到可持续发展。学生心理的建构过程也是其自我不断生成的过程,自我的生成又不断促

进其心理建构。因此，课程不应该是事先设定好的静止物或一件成品，而是"一个不断前进的过程"。就学生来说，当其接受心理健康教育时，也不希望听命于某个固定的程序，而是期待有所发现、有所感悟，并尽情表达心灵深处的情感。据此，学校心理健康教育课程的实施是一个生成（而非预设）的过程，也是教师与学生借助现实活动而进行协作的过程，它具有不确定性和建构性。

传统学科课程的运作是展示业已设计好的"课程蓝图"的过程。课程实施者的职责就是忠实地执行已经制订好的课程计划，运作的程序是固定的，结果也是在预料之中的，整个进程是机械的、线性的，这些都表明了传统学科课程的静态特征。相反，受建构主义认识论影响的是心理健康教育课教学范式，强调学生自身作为一个开放的系统所具有的自组织特性，把学习看作主体对自身的认知结构的主动建构过程，主体的发展就体现在建构过程之中。在心理健康教育课程中，学生心理建构的过程就是自我不断生成的过程，自我的生成又不断地促进心理建构。自我和人格是从经验中涌现的，而不是解释或扭曲经验使之适合预想的自我结构。因此，非程序化的且具有活动课程特征的心理健康教育是不可以在事前借助于现存资源和答案进行"完备"设计的，指导者也不能真正控制、左右课程的进程，课程运作的每一个环节都可能面临众多未知的、偶然的因素。对于学生来说，当其进入心理教育过程时，也不希望听命于某种固有的程序，只是期待着某种发现、感悟或是帮助，尽情表达心灵深处的情感。在这种状况下，他们宁愿成为一个变化的过程，也不愿做某种单纯的成品。

学生成为活动中自主建构的主体，指导者则是提供建构的情景，学生在自主建构中不断诞生新的自我，课程的设计在自我的逐步生成过程中流动，自我的每一步新生都伴随着课程的不断设计、更新和延展。

四、心理健康教育课的现实性

学校心理健康教育课程应从学生的心理实际出发，在生活世界中选择适合学生心理特点的典型材料，使学生在生活化的活动情境中通过自主认知、体验和反省来提升心理品质。从这个意义上来说，学校心理健康教育课程是发端于生活世界又依附于生活世界的一种新型课程，其课程内容不追求文本的知识性、学术性和结构性，而是注重心理生活场景的设计和情境的渲染，以及呈现具有生活气息的心理空间。

从心理健康教育的现状来看，心理健康教育置身的生活世界是一个人为设计出来的生活世界。这个生活世界与真正意义上的日常生活，如家庭、社会生活不同，从广义上说，它是学校生活，这是经过处理或净化的生活世界，它暂时剔除了存在于家庭和社会中的功利、利己的甚至是恶劣的现象和行为，将学生置于这样一个境遇之下：浓郁的学习气氛、关心与爱护的场景、权利与义务的并存、信任与归属的生成，等等。这样的心理健康教育难以体现生活的真实意义，这样的教育难以接地气，难以达到"适需"的要求。

心理健康教育呼吁回归生活世界的旨在重新审视生活世界的教育性，以期通过生活中的教育事件来实现学生的反思和成长。

（一）心理健康教育回归现实生活世界的诉求

1. 心理健康教育要立足于学生发展的实际

就目前的心理健康教育来看，存在如下现象：其一，心理健康教育理论性强，远离学生生活实际；其二，在心理健康教育中，学生参与性比较少，大多以说教为主；其三，心理健康教育更多关注心理问题解决技能的传授，面向全体学生的发展心理教育少。而这些问题存在的根源是因为现行的心理健康教育偏离其应有的生活世界作为基础，或者说心理健康教育中人为设定的生活世界难以适应心理健康教育真正教育意义的实现。没有生活作为基础的心理健康教育失去了学生尝试探索生活世界的机会，就如同空中楼阁，极易走向形而上。

2. 培养个体掌握幸福生活的本领

心理健康教育回归生活世界的目的是让受教育者个体学会在真实的世界中体味生活，并掌握健康幸福生活的本领。心理健康教育的本质在于引导学生学会健康生活，使学生学会在真实世界里过一种健康的人生，哪怕现实生活世界是糟糕的。只有回归到生活世界中进行心理健康教育，才能真正发现受教育者所需，这样的教育也才能真正走进学生的内心，并让学生通过教师的引导去反思和体悟，主动探究和掌握解决问题的本领。当教育者把在他们看来是善的东西澄明给未成年人的时候，也就把成人的方式传授给他们了，因为成人是一个过程，一个被社会化的过程，是风俗、习惯、惯例、政治和信仰逐渐内化的过程。因此，教育回归生活世界的主张不是简单的、直接的，不是回到未成年人所意欲的，甚至是充满任性的生活世界；回归不是降到而是升到，升到一个对社会和他人有用且对自身有益的生活世界，真实与健康、快乐与幸福是意欲迁升到的那个生活世界的根本性质。

（二）心理健康教育回归现实生活世界的实现路径

1. 树立以生活为基点的心理健康教育理念

心理健康与否关乎个体的正常生活。从发生学的角度来看，心理健康与否是和生活世界相互作用的结果，一个人是通过共同生活的过程来教育自己，而不是被别人所教育的。生活是心理产生的沃土，心理健康与否来源于生活且直接作用于生活，心理健康是生活中的心理健康，如果离开了生活来谈，心理健康就失去了其实质的意义。心理健康教育的目的是拥有更好的生活，更好的生活必须有健康的心理为基础，脱离生活的心理健康教育必将有走向形式化和抽象化的危险。需要树立以生活为基点的心理健康教育理念，通过生活世界对学生进行心理健康教育，引导学生在实践中体验，在体验中生成自我教育的意识。

2. 创设心理健康教育的生活世界体验场景

心理健康教育回归生活世界强调学生个体学会通过生活实践体验与感悟生活的真谛，以养成积极的心态和健康的心理。因此，创设生活中的体验场景，使学生在实际体验中学会用健康的心理解决生活中的事件，如创设问题情境，让学生在情境中学会问题的解决，以及积极心态的养成；创设对话情境，让学生学会在交流中该如何通过对话来达到预期的目的。创设不同生活世界中的体验场景，能够给予学生最真切的生活体验，教会学生用健康的心理生存和生活，即使面临最糟糕的状况，也能通过积极健康的心理从中寻找解决问题的办法。

3. 探索"问题解析式"的教育方法

心理健康教育实践应该积极创新教育教学方法，立足于学生实际需要，积极探索"问题解析式"的教育教学方法，直面学生的困惑，让学生在参与中形成"直面问题、解决问题"的能力。心理健康教育的目的不是简单传授理论，而是在帮助学生生成如何生存和生活的文化，把心理健康教育提升为通识教育、品格教育和能力教育。因此，在心理健康教育实践中，要从目的、对象、过程和范围上各有侧重。在目标上要强调实效性，立足于对实际问题的解决；在对象上要强调针对性，立足于个体的实际需要；在过程上要强调参与性，立足于师生互动；在范围上要强调全员参与，立足于全体学生的发展。探索"问题解析式"的心理健康教育，即通过生活世界中的"生活事件"来培养学生直面生活的勇气、掌握解决问题的方法，以及提升解决问题的能力。因此，通过相应的"生活事件"进行心理训练是心理健康教育回归生活世界、依托生活世界进行心理健康教育的重要生活教育资源。通过"生活事件"进行心理训练要本着适需的原则，满足学生发展和成长的需要，更好地服务于学生的成长。

第二节　大学生心理教育课程的设计

教学设计是提高教学质量的重要手段，是指导教学实践的一门教育实用技术，也是联系教学理论与教学实践之间的桥梁。作为心理健康教育课程教师，了解教学设计的基本概念，学习教学设计的基本方法，掌握课堂教学设计的基本要素，对教学实践有着十分重要的意义。

一、课程教学设计的基本特点和功能

教学设计是指教师在教学工作开始之前，根据现代教育理论的基本观点与主张，依据教学目的和要求，并通过对课堂教学过程中各要素的系统分析，来确定合适的教学起点，创造一种教学活动模式，并形成有序的操作流程，其目的是指导教学工作的有效实施。良好的教学设计是优化教学资源、提高教学效率的重要措施。

（一）教学设计的基本特点

1.教学设计是为课堂教学活动指定蓝图的过程

教学设计规定了课堂教学的方向和大致进展，是师生课堂教学活动的依据。课堂教学活动的每个步骤与每个环节都将受到教学设计方案的制约。通过教学设计，教师可以对课堂教学活动的基本过程做到整体把握，也可以根据课堂教学情境的需要和教学对象的特点来确定合理的教学目标，实施可行的评价方案，从而保证课堂教学活动的顺利高效进行。另外，通过课堂教学设计，教师还可以有效地掌握学生学习的初始状态和学习后的变化情况，及时调整教学策略与方法，并采取必要的教学改进措施。

2. 教学设计的基本方法是系统的方法

系统的方法是指把对象放在系统当中，从系统和要素以及要素和要素之间的相互联系和相互作用的关系中综合地、精确地考察对象，以达到最优化处理问题的一种方法。教学设计是一种全方位的、系统的科学设计，它由各个部分有机地构成一个整体，各个环节相互关联，共同有效的运转。教师在教学设计时需要分析课堂教学系统各因素的地位和作用，并使各因素有机结合，发挥最佳效用。

3. 课堂教学设计是一项富有创造性的工作

创造性是教学设计的一个基本特点，也是它的一个最高表现。面对千差万别的学生，课堂教学不可能只有一套刻板的程式。教学设计的过程，也就是教师在创造性地思考、深入钻研教材的基础上，根据不同学生的特点，创造性地设计教学实施方案。

4. 教学设计具有灵活性和具体性的特点

教学设计具有一定的模式，需要按照既定的流程进行，但是教学的实际工作往往不一定按照特定模式线性展开，教师应该根据课堂教学的不同情况和要求，决定重点解决哪些问题，省略去一些不必要或者无法完成的步骤。此外，教师面对的是一个个鲜活的生命个体，在课堂中就有可能出现一些意外的、无法预知的新情况，需要有灵活性。教学设计的具体性是因为教学设计针对的是课堂教学中的具体问题，它的每一个环节都是相当具体的。比如教学内容的选择，教师要根据教学目标的要求，结合学生的实际水平，对学习材料进行再加工，并通过取舍、补充和简化，重新选择有利于目标达成的材料。另外，教师对选定的教学内容还要进行序列化安排，使之既合乎学科本身的内在逻辑序列，又合乎学习者认知发展的顺序，从而把学习材料的认知结构和学生的认知结构有机地结合起来。

（二）课堂设计的功能

1. 有利于课堂教学的科学化

现代教学设计是从教学的科学规律出发，对教学问题的确定、分析，对解决问题方案的设计、实行，乃至评价和修改等系列教学设计的内容和程序都建立在科学基础上，从而使教学活动的设计纳入科学的轨道。

2. 有利于课堂教学效率和效果的提高

教学设计的主要目的就是设计出低耗高效的教学过程。在教学设计中，一方面，需要对学习需要、学习内容和学习者进行客观分析，在分析的基础上，对内容的再提炼和对方法的选择，使课堂教学活动得到最优化；另一方面，教学设计让教学活动更富有吸引力。教师运用相应的教学策略，采取有效的教学方法和教学形式，更好地促进了学生的学习。通过这一系列巧妙安排和精心策划，无疑会增强学生的学习兴趣，提高其学习的积极性。

3. 有利于教学理论和教学实践的结合

教学设计不是一种直觉的冲动，而是一种理论和方法的统一，它既有一定的理论色彩，又是明确指向教学实践的。一方面，通过教学设计，可以把已有的教学理论和研究成果运用于课堂的实际教学当中，指导课堂教学工作的进行；另一方面，可以把教师的课堂教学经验升华为教学科学，充实和完善教学理论，这样就把教学理论和教学实践紧密结合起来了。教学设计成了一座沟通教学理论和教学实践的桥梁。

4. 有利于教师成长和发展

课堂教学活动不仅是一个信息传播过程，更是一种艺术表现过程。没有高超的教学技巧，把握不了教学的艺术性，也不可能有好的课堂教学。我们知道，知识经验和实践是教师专业技能发展的重要因素，教学设计则为教师的成长提供了一条有效途径，通过教学设计不但可以迅速地掌握教学的基本原理和方法，而且会在实践中熟练和提高，最终促进教师的成长。

（三）心理健康教育课程教学设计理念

心理健康教育课程化并加强课程教学设计的研究，就是为提高学生的心理素质提供设计蓝图。学校心理健康教育课程教学应该突破传统的认知模式和教学方式，代之以开放性、建构性和创造性的教学新理念。

1. 重新定位心理健康教育的价值取向

由重障碍排除和重差错矫正的教育模式转变为重发展和重预防的教育模式；由服务于少数人转为面向多数人；由以消除心理障碍为目的转变为以培养积极心理品质，促进心理发展为目的。树立一种真正意义上的心理健康教育理念，以全面推进学校的素质教育。

2. 充分发挥心理健康教育的主渠道作用

营造轻松愉悦、富有安全感和充满艺术性的课堂心理氛围，建立民主、平等与尊重的师生关系。运用多种适合学生的教育策略方法，让学生浸润在心理体验和心理感悟当中，从这种体验和感悟当中发现心理成长的契机，并转化为生活与学习当中的实际行动。

3. 以开放的课堂教学接纳学生

第一，师生关系的开放。人格上建立一种民主、平等、和谐的师生交往关系，视教学的需要而调整和转换角色，教师可以是指导者、学习者和兄长、朋友。第二，教学空间的开放。教学空间可以由课内向课外乃至校外延伸，变固定空间为弹性空间。第三，教学过程的开放。以学生的课堂表现和课堂需要作为教师调整课堂教学的基本依据，教学全程是动态的且发展的。

4. 探寻建构式教学的新型教学观和教学方式

鼓励学生主动参与、主动探索，积极主动地获取有关心理健康的知识，提高心理素质，以适应学生的认知方式，满足其求知探究的进取精神，这是心理健康教育课程设计的主要目标。

5. 通过创造性教学全面提高学生的素质

教师要留给学生以广阔的思维空间，鼓励学生新颖的创意，尊重学生的不同意见。同时，要注意教学内容的组织，运用变式教学，激发学生的学习动机和学习兴趣。特别是要从提高学生认识、情感与行为技能的角度来设计教学活动，强调学生的主体地位与主体需要，通过课堂教学促进学生潜能的开发及创造性的培养。在以创新教育为主的现代教学中，更应以培养学生的创新精神和实践能力为重点，这是学校心理健康教育课程设计的基本出发点。

二、心理健康教育新课程教学设计的基本要素

（一）学生特征分析

学生特征分析就是要了解学生的学习准备状态和学习风格。学习准备包括初始能力和一般特征两个方面。初始能力是指学生在学习某一特定的课程内容时，已经具备的有关知识与技能的基础，以及他们对这些内容的认识和态度；而一般特征是指在学习过程中影响学员的心理和社会的特点，包括年龄、性别、学级、经历、学习动机，以及个人对学习的期望、社会、经济、家庭等背景因素。学生之间的个别差异，教师在教学时要做到心中有数，沟通和教育方法也要做相应调整。

（二）教学内容的分析

学习内容的分析是根据总的教学目标来规定学习内容的范围和深度，并揭示学习内容中各个组成部分之间的联系，以实现教学效果的最优化。学习内容分析以学员的学习结果为起点，并以起点为终点，是一个逆向的分析过程。

（三）教学策略

教学策略是指教师教学时旨在优化教学效果的教学操作指南，也是对完成特定的教学目标而采用的活动的程序、方法、形式和媒体等因素的总体考虑。对于教师可操纵的各种教学变量，可探索其相应的教学策略，这里的教学策略涉及教材的讲解、教学媒体的使用、问题及解答方式、测试及反馈原则、师生互动等。具体来说，主要涉及以下内容：首先，教材处理策略，即怎样用学生可接受的方式来呈现心理学教材，以提高学生对教材理解和接受的效率；其次，心智技能提高的教学策略，即如何使学生有效地把握心理健康教育课程中的概念和它们之间的关系；再次，教学方法运用的策略，即如何根据实际情况引起学生学习的准备，以维持他们的兴趣，强化和调节他们的行为；最后，教学组织形式选择的策略，即心理学教学要根据主客观条件，恰当选择集体授课、个别化学习、小组相互作用等形式。

（四）教学目标

教学目标是预期学生通过教学活动获得的学习结果，即学生通过教学活动所要达到的学习标准。也正因如此，教学目标常被教师表述为学生的学习目标，其具有指导教师进行教学评价、选择教学策略、指引学生学习等一系列功能。因此，教学目标是教学活动中最先考虑的要素，也是教学设计的首要环节。心理健康教育课程教学目标的表述应是大学生的学习结果，包括言语信息、智力技能、认知策略、动作技能和情感，并且力求明确、具体，可以观察和测量。按布卢姆的目标分类体系，教学目标可分为认知学习目标、动作技能学习目标和情感学习目标。前两类目标中的行为具有可观察性和可测量性特点，而情感学习目标的表述有一定难度。

（五）教学媒体

对教学媒体的选择是教学准备工作的一项重要内容。要符合教学目标、教学任务和教学内容的要求，不同的教学目标需要使用不同的教学媒体去传递教学信息，不同的教学任务要求教师采用不同的媒体和方法去完成，而不同性质的教学内容对教学媒体也有着不同的要求，同时要考虑学生的需要和水平，不同年级的学生有着不同的认知能力和思维特点。另外，还要考虑教学媒体的功能、特点和教学条件的影响，不同的媒体在不同的环境下会产生不同的教学效果。

（六）教学评价

教学评价是指系统收集与分析有关学生学习行为的资料，以确定其达到教学目标程度的过程，从根本上说，就是对学生行为变化的教学价值判断。在进行心理健康教育课程的教学设计时必须重视教学评价，从而为师生调整教与学的行为提供客观依据，使教学效果越来越接近预期的目标。而教学评价的首要条件就是确定统一的指标。由于教学设计的成果较多地体现在课堂教学中，所以心理健康教育课程教学评价就必须考虑课堂教学中的两种极为重要的评价指标：一是与目标因素有关的指标，这种指标一般分为知识、技能和情感三个方面；二是与学生因素有关的指标，这种指标一般可分为学生表情、课堂提问、课堂秩序三个方面。根据以上评价指标，对教学进行诊断性评价、过程性评价和总结性评价。其中，诊断性评价在检查学情分析时就应该考虑进行，为进行教学分析和制定活动提供依据；过程性评价则要贯穿整个学习期间，通过教师的适当反馈，鼓励学生进一步参与课堂活动；总结性评价是指在教学未结束之前，为了解学生学习状况所做的评价，以便及时发现问题，调整教学有关环节，采取补救措施。

三、心理健康教育新课程的设计原则

（一）以学生为中心

学校心理健康教育课程要以学生为中心，学生是心理意义的主动建构者。心理健康教育课程是一种"为我"的课程，它要求从主体的需要、兴趣和动机出发，而不是依据外在的目标来组织和实施课程。主体始终处于活动的中心位置，所以要在活动中实现主体性发展和心理成长。因此，"自主性"是心理健康教育课程的精髓，心理健康教育课程促进学生心理品质发展的前提是学生自主性获得发展。

要充分尊重学生的主体地位，充分发挥学生的作用。这是因为，首先，心理健康教育的目的在于促进学生的成长和发展，而成长和发展从根本上说是一种自觉和主动的过程，如果学生没有主动意识和主动精神，处于被动的地位，教育就会成为一种强制性行为，变得毫无意义；其次，心理健康教育是一种助人与自助的活动，"助人"是手段，让学生"自助"才是目的。要达到自助的目的，只有让学生以主体的身份直接参与这一活动。

（二）以情境为中介

学习总是在一定的情境下进行的，不同的活动情境对人的心理成长发挥着不同作用。真切的情境氛围为学生提供了易于感受、易于体验且易于激发的心理空间，使置身其中的每一个人都受到感染和熏陶，并激发起探究的意愿。学生的心理发展是无法通过直接传授心理知识而实现的，它必须借助良好的发展情境。情境设计的关键是强化主体的积极能动性，使之自主地投入活动，以实现心理的自主建构。心理健康教育课程要提供真切的情境，把学生带入"可思可感"的境界，使之直指自身的心理世界，进而建构心理结构并生成价值理念。心理健康教育课程还强调心理知识的情景性和特异性，鼓励学生把学到的心理知识应用到自己的生活中，在生活的具体情境中总结和检验所学的知识，使学习走向"思维中的具体"。

（三）以经验为起点

学习是学生通过新经验与原有经验反复、双向的交互作用，从而主动建构起自己知识经验的过程。学生只有亲身经历，才能聆听到发自自身本性的、自我完善的声音，学生也只有在经验中才能使自己全身心地投入到对生命意义的追求中，才能使自身的知、情、意、行获得和谐发展。据此，学校心理健康教育课程的设计不能无视学生的原有经验，而应把学生原有的知识经验作为新知识的增长点。学校心理健康教育一个很重要的任务就是了解学生原有的心理经验，学校心理健康教育的根本途径不是教育者长篇大论式的说教，而应转向为学生提供丰富多彩的活动，在活动中发现学生的各种心理问题，并适时提供帮助。

（四）以活动为核心

学习是知识内化为经验及经验外化为知识的过程。离开了主体的活动，知识建构就无从谈起。心理学研究和生活实践表明：人的心理品质是在活动中展示和发展的。活动是主体与客观事物交互作用的过程，是个体内部心理外显的过程，同时也是外部客观信息内化的过程。学生心理品质的发展是主体借助一定的教育引导在活动中自主定向、自主选择、自我完善和自我建构的结果。因此，通过活动来实施心理健康教育最真实、最自然。学校心理健康教育课程要求教师设计自主性活动，让学生在自主活动中实现自我教育。

（五）以过程为重心

学校心理健康教育课程具有过程性特点，它要求课程设计遵循生态化的过程视角，即以一种互动的、成长的、延展的生命观来建构课程内容，使课程获得生命关怀的整体意识，以激发学生的生存意志和生命智慧。生命活动与生活事件是个体心理品质发展的平台，心理品质的发展存在于个体生命活动的过程中，也存在于个体生活的具体场景中。心理健康教育课程不能依据理论逻辑而应依据生活逻辑来建构，要让学生经历个人的经验积累过程，并基于自我的生活经验来建构心理品质。在这一过程中，个体的主体自我（当下的我）与客体自我（过去的经验）互动，主体进行自我觉察，反思过去的经验并对之加以调整和提升。

（六）以合作为主线

在心理健康教育课程中，师生是民主平等的协作关系，教师是"平等者中的首席"。教师与学生的"对话"是彼此尊重、沟通和理解的基础，内含相互的信息传递、思想启发、观点更迭、情感激发和智慧提升等内容。教师要尊重、理解、信任学生，以平等、宽容和发展的眼光看待学生，重视个体发展的独特性；要给学生充分表达的自由，让学生倾听"异己"的声音，"从外在于学生的情境转变为与学生情境共存"。学生也不是被动地接受教师传授的知识和现成的理论，而是与教师共同探讨成长中遇到的各种心理困惑。

四、心理健康教育新课程的教学方法

心理健康教育新课程的教学方法不同于一般的教学原则和教学规律，它更具有可操作性和实用性，主要解决了教师如何教的问题，对教师搞好教学工作有着十分重要的指导作用。目前，心理健康教育课程的教学个别化倾向十分明显，每位教师对同一课题的教学方法差异很大，这就可能造成教学内容的传授有多有少，甚至有偏差。作为一名教师，如果思考得不够深入，研究得不够具体，往往会给学生留下一种印象：心理健康教育课程的教学不太讲究方法。其实，心理健康教育课程教学的规范性决定了它必须强调教学方法，只有教学方法的不断建立与完善，才能使心理健康教育课程的教学科学化，才能改变心理健康教育课程的教学瓶颈，保证心理健康教育课程的主体地位。

（一）教学准备方法

心理健康教育课程不同于一般的文化课，教学主要体现的是学生心理活动的轨迹。因此，教师应创造一种融洽、和谐的氛围，让学生积极参与教学活动，真诚沟通，说出自己的心里话。教师的教学准备内容主要包括确定教学目标、选择教学内容、设计教学活动、收集相关资料（如案例等）支撑教学、指导学生做好必要准备（如小品表演、歌曲舞蹈、道具奖品等）。教师在教学之前的周密设计和充分准备是取得教学成功的根本保证，也是教师良好教学态度的真实体现。

精选教学内容是一个相当重要的工作。在构建和选择学校心理健康教育的内容时，我们不但要遵循教学内容选择的六条一般标准，即科学性、基础性、发展性、可接受性、时代性和多功能性，而且必须以适应和发展两个基本目标为主线和以本节课所要达到的具体的心理和行为目标为准绳，并进行综合安排。所谓"综合安排"，主要考虑以下三个方面：一是根据个体心理发展的阶段性和连续性，结合总体和局部建构心理健康的内容体系；二是以生理、心理以及社会性发展的水平、特点为出发点，针对学生学习、生活、交往和成长中普遍存在或可能出现的心理问题，进行各有侧重的教育，安排教学内容；三是照顾个别学生的特殊情况并结合课题研究，有针对性地安排教学内容。

（二）课堂教学方法

我们所熟悉的课堂教学方法一般是以教师控制任务为中心的教学方法，如讲课方法、示范方法、问答方法和讨论方法，这类方法教师采取权威式或家长式的姿态，而学生具有较低的自由度。在心理健康教育课程中，除上述方法之外，我们还提倡采用以项目为中心的个别或合作教学方法，如角色扮演方法、游戏方法、测验方法等灵活的学习方法，教师扮演参与者或旁观者的角色，而学生具有较高的自由度。然而，把"控制权"交给学生并不表示教师对职责的放弃，也不表示教师不再需要仔细地安排教学活动，教师仍然要时时刻刻为学生的实践及心理安全负责。除了课堂讲授方法之外，用得较多的有以下几种。

1. 案例分析法

案例分析法是一种理论联系实际的教学方法，案例是案例分析法的核心，是学生分析讨论的依据，也是理论与实践联系的纽带。案例在心理健康教育里常常被称为个案，它是指对现实生活中某种现象、事件或情境的真实记录和客观描述。作为案例，首先，应该是真实的，来源于学生的生活实际，是学生真切经历过或观察得到的，也是一种真实情景的再现；其次，它应该具有典型性，能代表生活中的一类问题或事件，是学生在生活中可能会产生的问题或可能会做出的行为表现；最后，案例应该具有启发性，能够引导学生深入思考，启迪他们思路，进而深化理解教学内容。案例分析法就是在教师的指导下，根据教学目标的要求，精心选择若干个案例作为学生学习的基本内容，组织学生认真研读、深入分析、讨论交流、碰撞观点，并从中找出需要解决的心理问题，分析心理问题产生的原因，找出解决问题的办法，最后归纳提炼，再延伸到实际生活中的一种教学方法。案例分析法以案论理，以理解惑，教师在教学中扮演着设计者和激励者的角色，有利于激发学生的学习兴趣，调动学生的学习积极性。学生通过对案例的分析、讨论和交流，领会与掌握有关心理健康的基本知识，灵活运用相关的知识和技能，有利于提高学生运用心理健康的理论知识来解决实际问题的能力。教学实践证明，案例分析法既保留了传统教学经验的精华，又赋予其生动直观、理论联系实际的特点，它是一种开放式、互动式的新型教学方式。

2. 心理测验法

心理测验法是指在课程中选择合适、科学的心理测验量表，组织测量学生的心理健康状况，以诊断学生的心理发展水平。可以从以下两个方面开展心理测试：一方面，量表的选择要有科学性；另一方面，量表题量不宜过大，以免学生因做题疲劳而影响测试效果。在众多各类的测量中，心理健康量表、心理适应量表和生活事件量表是必需的，心理健康量表可以了解学生在新入学的一段时间内的心理健康状况，心理适应量表可以了解学生对大学生活各方面的适应情况，生活事件量表可以了解对学生影响较大的生活事件，为查找学生心理健康及适应方面的问题根源提供依据，同时又为预防学生心理问题的发生提供参考。这些量表的测试结果都可以为教师开展心理健康教育课程设计提供重要资料，我们的课程要有针对性，教学内容要从学生中来，而不是从书本、教师中来，回归学生、贴近学生且适合学生的教学内容才能引起学生的共鸣，教学过程和结果也才能有效。

3. 心理电影赏析

心理电影赏析就是从心理学的角度走进片中人物的内心世界，感受角色的心灵言语，通过对电影中人物的心理活动与行为表现进行剖析，揭示其心理内涵和深层次的生活启示，从而推动参与者对人类自身的再认识，学会在别人的故事里解读自己的生命体验，在深层次自我探索的基础上完善自我，促进个体的健康发展。而欣赏电影，剖析电影中的角色，这种寓教于乐的方式比传统的课堂讲授更能增加学生的兴趣和热情，使学生在分析过程中获得感悟和提升，并延伸至日常生活中，达到知、情、意合一。心理电影中的主人翁就像是一个个现实的案例，他们的挣扎、彷徨和困扰，他们的奋起、抉择和成长，就像是发生在我们身边或我们自身的故事一样，引起情感的共鸣，促进我们对自己的思考。在他人生命故事的延伸中，观众反观自我，更能看清楚自己，更深入地进行自我探索。观后分享感悟，在无形中拉近了师生之间的距离，促进了沟通和交流。

4. 心理健康教育主题活动设计

特别要注意活动内容与教学目标的一致性，不要为活动而活动，活动只是一种媒介，活动之后的讨论和分享才是重点，才可以把感性的认识上升到理性的高度。可以开展建立信任的主题活动。分享的喜悦是加倍的，分担的痛苦是减半的。进入团体内的成员在初步相识后，需要进一步互相接触并互相了解，以逐渐建立信任的关系，互相接纳，减少防卫心理。通过这样的活动可以增加成员之间的理解，发展团体动力。可以开展自我探索的主题活动，让学生在适度的自我开放中，通过自我检查、自我觉悟与自我实践促进自我成长，鼓励学生做深入的自我探索，而不是依靠教育者说教或社会规范的灌输，这是课程设计与实施是否体现心理辅导实质的关键所在，比如"别人眼中的我"活动。可以开展价值澄清的主题活动，价值澄清的目的不是灌输给学生一套事先安排的、严谨的价值观，而是通过心理帮助来指导学生掌握一种过程，这种过程可以用来反省自己的生活，对自己的行为负起责任，从而澄清自己的价值观，使学生减少价值认识的混乱，比如"生存选择"活动。可以设计脑力激荡的主题活动，脑力激荡活动允许学生对一个问题能自由地考虑可采用的方法，它可以帮助学生产生很多的概念，它的目的是在一种兴奋、有趣、安全及接纳的气氛下，鼓励学生真诚地发表意见，不管有无价值，甚至是类似开玩笑或引人注目的意见，都要接纳它，比如"比谁想得多"活动和"铅笔的用途"活动。

总之，教师需要选择适合教学内容的，而且是他认为对学生最有效的教学方法，最重要的是不断调整教学方法以保持学生的学习兴趣。其规律是，与以教师控制任务为中心的使学生变得不够积极的教学方法相比，以项目为中心的个别或合作教学策略可以使学生的参与性与积极性达到更高的水平。但重要的是，应记住教学方法是没有对错之分的。

第三节 大学生心理健康教育课程建设策略

一、加快建立权责明确的心理健康教育课程体制

心理健康教育课程以一套完整的体制呈现在各部门面前，其不仅使心理健康教育工作有了主阵地，大大减少了心理健康教育工作的难度，而且因为在完整的课程体制下，教育主管部门、高校和教师都各自有明确的职责，他们各司其职，相互之间又协调合作，使心理健康教育课程的建设有章可循。另外，心理健康教育课程体制在高校的建立，还可以增强任课教师的职业认同感，提高心理健康教育工作者的工作积极性，这又会进一步促进心理健康教育的进行。

相关教育职能部门可以参考部分高校近几年探索实践出来的体制模式，确立一套协作有力且责任到位的课程管理体制和工作机制，在全国各高校推广。在推广实施过程中，具体细节可以以各地区、各高校自身情况作适度调整，但全局的、核心的体制不能变。

（一）各地教育工作部门要加强对大学生心理健康教育工作的领导

成立心理健康教育专家指导委员会，积极支持各高校大学生心理健康教育工作的开展，在财政上、师资物质配备上多给予支持，帮助解决工作中

的困难和问题，并且要建立相应的监督机制，督促各高校心理健康教育工作扎实有效地开展。

（二）各高校要加强落实对心理健康教育工作的领导

成立由学校分管学生工作的党委副书记任组长的心理健康教育工作领导小组，对心理健康教育课程的教学工作提供指导和咨询，形成了学工部心理健康教育中心负责心理健康教育课程的授课、教学计划与教学内容的安排，教务处负责做好课程安排与教学管理的工作机制。

（三）各高校内部要成立专门的心理健康教育课程部门

制定规范的心理健康教育课程大纲与计划，按照教育行政部门的要求，结合学校实际情况，开设心理健康教育课程。心理健康教育课程作为一门规范的课程，其实施要遵循教育教学规律，把心理健康课程纳入高校总体的教学计划中，统一安排，设课程学时，计学分；实施课堂教学管理模式，把心理健康教育课列入全校的课程教学管理中，制订教学计划和教学大纲、实施教学目标管理、建立考核考评机制等。

实践证明，以一种体制将心理健康教育和课程建设固定下来，有利于把心理健康教育工作与学生的德育工作统筹考虑，协调解决教学实践过程中出现的问题，推动心理健康教育课程的落实。实施制度化、规范化的教育，既能保证心理健康教育课教学的各个环节落到实处，又能促使学生更加重视心理健康教育，进而提高心理健康教育的效果。

二、加强心理健康教育课程师资建设

要加强心理健康教师队伍建设，可以充分发挥学生群体及个体在心理健康教育工作中的主体作用和自我教育功能，建设一批素质过硬的学生骨干队伍和作用较强的大学生社团。要大力加强大学生心理健康教师队伍的建设，进一步加强高校心理健康教师队伍培训工作。

教育部下发的《普通高等学校学生心理健康教育工作基本建设标准（试行）》（以下简称《标准》）中规定：高校应建设一支以专职教师为骨干，专兼结合、相对稳定且素质较高的大学生心理健康教育和心理咨询工作队伍。高校应按学生数的一定比例来配备专职从事大学生心理健康教育的教师，每校配备专职教师的人数不得少于 2 名，同时可根据学校的实际情况配备兼职教师。《标准》还提到，高校应加强对心理健康教育师资的选拔、配备、培养和管理，将大学生心理健康教育师资队伍建设纳入学校整体教师队伍建设工作中。

在这些研讨成果和中央文件的指导下，我们在进行心理健康教育师资队伍建设时，既有成功做法、模式学习，又有具体原则和指导方针，因此师资建设工作会更有针对性和实效性。

（一）加强心理健康教育师资的选拔、输送、培训工作

在选拔从事大学生心理健康教育的教师时，特别是直接从事心理咨询服务的教师，应注意要求其具有从事大学生心理健康教育的相关学历和专业资质。对于高校任何一门学科来说，其授课教师都应拥有扎实的专业知识和技能。但是由于心理健康教育工作的特殊性，不仅其教育对象是人，而且教育内容也是关于人自身的，其过程也需要人亲自参与，加之高校心理健康教育的受教育者——大学生，他们自身具备的一些特点既亟须心理指导又富有个性，具有思辨、批判能力——更是提高了对心理健康教育师资的要求。因此，在选拔心理健康教育工作者时，除了对他们基本的专业素养进行考虑之外，还要对他们的综合素质进行考察，这两个方面相辅相成，相互促进。尤其是对于兼职心理健康教育人员来说，专业以外的综合素质更能影响他们相对薄弱的专业技能的施展，最终影响教育效果。如良好的人际沟通互动能力、课堂全局的把握能力、课堂随机问题的应对能力等，教师本身的自身心理健康水平和人生观、价值观，都会影响心理健康教育工作的开展，这些标准很难也不应该完全量化。因此，教育行政部门和高校可以指定一套心理健康教育师资的选拔标准，将硬性要求（专业、学历、科研成果等）与弹性要求（综合素质、从事心理工作年限）结合起来，综合考查，最终确定人选。尽管其中有一些弹性的要求，但并不意味着心理教育工作者的选拔就可以很随意。无论怎样选拔，都有一个总的原则，那就是"宁缺毋滥""少做胜于乱做"，因为能力不强的心理工作者对于大学生心理健康不仅起不到帮扶作用，还有可能会对大学生的心理造成二次伤害。

由于心理健康教育师资的选拔标准实质上比一般学科教师选拔标准要苛刻，相对而言，在师资培养和输送方面，我们要做的工作就需要更细致、专业、严格。这一目标可以通过在高校开设专门培养专职学生心理健康工作者方向的专业并完善培养体系来实现，包括在全国师范类和部分综合性大学

中开设培养专职学生心理健康教育方向的专业，包括心理健康教育专业与教育管理学专业，并建立完善本科、研究生和在职培训等不同层次的培养体系。从高中毕业生中选拔一部分热爱这个专业的学生进行系统的教育管理学本科和研究生学历层次的培养。对各高校从应届大学生中选拔出来的热爱学生工作的毕业生进行心理健康教育相关专业的第二学历教育。

通过一定标准选出了专兼职心理健康教育教师，并不意味着师资队伍已建设完成。无论是兼职心理健康教育工作者，还是专职心理教师，都需要接受系统、规范的心理健康教育工作培训，并纳入高校教师继续教育培训体系中，师资培训工作被纳入年度工作计划和年度经费预算。这种培训不仅在岗前要进行，而且要在教育实施过程中实现常态化、定期化。对学生心理健康教育师资的再培训，要充分发挥现有的高等学校心理健康教育硕士点和博士点在培养培训高等学校学生心理健康工作人员中的作用，以心理健康教育工作的相关学科专业为主要内容，根据专兼职心理健康教育教师各自的特点，有针对性地进行。同时，要积极创造条件使他们能够在各自原有的学科专业上不断发展。高校还可以将心理健康教育内容纳入新进教师岗前培训课程体系，辅导员、班主任、研究生导师，他们和学生接触密切、频繁，其实是影响大学生心理健康教育水平的重要力量。因此，可以每年为这些人组织至少一次心理健康教育的专题培训，这不仅是一种心理健康教育知识技能的培训，也能引起人们对大学生心理健康的关注，并可以澄清许多关于心理健康教育的误解，这实际上是塑造心理健康教育的隐性课程。

（二）规范对大学生心理健康教育师资队伍建设的管理

大学生心理健康教育师资队伍建设要实现科学化与正规化，除了在选拔、培养、再培训等"引进来"工作中要细致严格，还要做好"留得住"的服务工作，以减少心理教育工作者的后顾之忧。在职称评聘、考核奖惩、工资待遇等主要环节上制定标准，使心理健康教育师资队伍建设有法可依、有章可循。

高校应将大学生心理健康教育师资队伍建设纳入学校整体教师队伍建设工作中，加强选拔、配备、培养和管理。专兼职教师开展心理辅导和咨询活动应计算相应工作量；聘请的校外专业心理咨询专家，也要按工作量给予报酬。专职教师的专业技术职务评聘应纳入大学生思想政治教育教师队伍序列，设有教育学、心理学、医学等教学研究机构的学校也可纳入相应的专业序列。

（三）修订及完善课程教学内容

要依据不同年级学生的心理发展特点及心理需求，突出课程内容的针对性、实用性，遵循由浅入深、层层递进的原则，合理设计与分配课程内容，使学生获得较完整的心理健康知识，并掌握认知、情感、交往、优良人格培养、压力管理、心理危机应对等知识和方法，提高学生的心理调适能力，更好地适应生活、适应环境、全面发展。可设计出 21 个以上不同主题和 90 学时的较为完善的心理健康教育课程体系，其中既包含《普通高等学校学生心理健康教育课程教学基本要求》所规定的心理知识传授、自我认知发展和心理调适能力提升三大主题的基本内容，也增加了朋辈心理辅导、生命观、价值观教育及感恩教育和生涯规划等当前大学生心理健康教育热点问题。

三、建立完善的心理健康教育大课程体系

心理健康教育工作要建构一种科学的体系：以全面的课堂教学为主渠道，辅以个别咨询辅导，注重开发隐性课程资源功能，形成全面开展重点帮扶、课内课外及助人自助相结合的大课程体系。

（一）发挥心理健康教育显性课程的核心作用

1. 开设相关心理健康教育课程

心理教育课程是高校实施心理教育的核心，是心理教育工作的重要载体，也是通识教育与心理教育有效结合的主要形式。设立心理健康教育专门机构或部门，专门制订、协调和实施统一的或有本校特点的心理健康教育课程教学计划，将心理教育课程设置为面向所有大学生普遍开设的公共必修课是课程建设最有效的途径，它具有干预面广和干预比较系统的优势。挑选适合各年级的心理健康教育内容，编撰教材，每个专业的学生都必须学习这门课程，规定学分和课时，并予以考核评定成绩。必修课程的开设可以使心理健康教育课程在授课形式和程序上走向规范化，只有这样，才能在内容和效果上逐步走向科学化、规范化。与公共必修课互补，高校还可以利用校内外师资资源，开设心理健康教育选修课程，这样可以满足部分学生的兴趣和需要，也是做好心理健康教育跟进工作的题中应有之义。

2. 选择贴近学生生活的课程内容

许多学校的心理教育理念正在从"让学生适应学校"到"让学校适应学生、为绝大多数学生提供最有意义的教育"方向转变，这一理念，我们也可以借鉴。学校心理教育问题主要是阶段性的、发展性的，因此，我们可以依据不同的年级，开展"分层目标"的教学活动，以全体学生作为心理教育的对象，立足教育、重在指导，解决学生成长中普遍遇到的问题，内容涉及生活问题、学习问题、生涯问题等诸多方面，心理健康教育显性课程的内容体系结构要清晰明确，内容可涉及新的心理健康观，大学生自我意识，大学生人格发展，大学生学习与创造心理，健康的恋爱观，大学生人际交往心理，生涯规划与心理健康，大学生情绪健康，挫折、压力及应对，网络与大学生心理健康等主题。这些主题相互依存又相对独立，构建了符合大学生特点的课程教育体系。在面向全体学生开设心理健康教育课程的基础上，兼顾极少数有障碍学生的心理诊断与干预矫正，从而使学生能不断正确认识自我，增强调控自我、适应环境的能力，以培养学生健全的人格和良好的个性心理品质。

3. 探索心理健康教育新的授课模式

心理健康教学实质上应该是学生自我组织的一个过程。因此，在设计心理课程的时候，我们需要从普通学科教育教导式课程模式转向自主式、对话式与探索式的课程模式，借鉴活动课程的理念和模式，给学生一个自己消解、转化与升华的成长过程。师生之间共同活动，共享经验，让学生在参与和体验中"倾听自己内在本性的呼唤"。在这一教学过程中，学生不需要服从教师的权威，而是要做课程、活动的主体，教师也不需要做知识的宣讲者，而是要做好引导、服务工作，为学生参与、体验塑造一种安全信任的氛围，让学生在活动中感受自己、了解自己、塑造自己。为此，心理健康教育课程可以根据前面所论述的原则和标准，选择多样化的教学方法，可以采取讨论分析法、案例分析法、角色扮演法等。

综上论述，高校心理健康教育课程建设要开课规范化、内容综合化和授课模式多样化。

（二）注重心理健康教育隐性课程的推动作用

如果说显性课程对大学生的心理健康状况产生的是直接的、及时的作用，那么隐性课程对大学生的心理健康成长则起到了潜移默化的作用。显性心理课程与隐性心理课程共同营造了大学生心理成长的心理环境，它们共同组成了学生身心发展的全部空间，潜移默化地影响着学生的价值观念和精神追求，使学生内化了了自己的内心世界。

隐性心理健康教育课程并不是一味地放任自流，因为它的作用是长期的且连续的，因此更需要学校精心发现、设计和策划，才能"随风潜入夜，润物细无声"，达到"此处无声胜有声"的境界。心理健康教育隐性课程的实施模式如下。

1.发挥高校教师全员教育的作用

首先，关注学生心理健康，除了要发挥心理教育教师、心理咨询人员的主力军作用，还要发挥好辅导员、班主任的"细雨"作用，因为我国当前高校任课教师多不需要坐班，加之高校扩招，因此，师生间的感情交流不深。真正与大学生接触较多的是辅导员和班主任，他们最易了解、掌握和发现学生中存在的各种心理问题及其原因。因此，对他们进行相关心理教育的培训——介绍心理教育的基本理论，讲授心理咨询的理念和方法，可以及早发现大学生群体中普遍存在的心理困惑，及时为其疏导，还可以有力地配合心理教师有针对性地进行心理教育。

其次，注重全体教师心理素质的优化。教师不只是单纯向学生传授自己的专业知识、技能，他们的言行举止、人格魅力、心理素质更是学生心理健康教育的隐性课程，教师良好的心境、乐观的态度、高尚的精神风貌都在有意识地传递和无意识地表露中影响着学生的情绪状态。在课堂教学中教师应转变其社会角色，变成与学生完全平等的朋友和知己，尊重、关心和接纳学生的表现和行为，努力去营造和谐、宽松、民主、愉快的教学气氛。这不仅是教师角色转变的表现形式，也是提高心理辅导和教学效果的有力手段。要尊重学生的情感，最重要的是把学生看成活生生的人，发现学生情绪低落时，不轻易责怪学生，应以朋友的角度，征求学生意见，同时，及时调节课堂活动，重新激活学生的情绪。要善待愚钝的、顽皮的、自卑的学生，给愚钝的学生以爱的滋润，使其智慧开发；给顽皮的学生以爱的感化，使其行为改善；给自卑的学生以爱的抚慰，使其信心恢复；爱没有侮辱、贬损，没有讽刺挖苦、威胁和体罚。爱与平等是教师转变角色的关键，也是心理辅导的立足点。

2. 将心理健康教育与学科教学有机结合，相互渗透

学生的心理素质与人格的完善是教学的重要内容和目标，只有把学生的生理素质、认知素质、伦理素质与心理素质综合且整体地进行培养和发展，教学才会有效，才能培养出健全的人才。因此，高校教师需要转变传统的教学目标观，树立现代教学目标观，以提高学生的心理品质、增进学生的心理健康、开发学生的心理潜能以及培养学生的健全人格为宗旨，积极、大胆地在教学中渗透心育工作，才能切实地把心理健康教育工作贯穿于学生生活的点点滴滴。教学要让学生真正地掌握知识，促进学生智慧和人格的发展，必须挖掘教材潜在的智力价值和精神价值，使教学内容既有意义又有趣味，以惊异吸引学生，以悬念维持学生的注意，以满足增强学生的自信，以情趣感染学生。同时，还可以利用各科教学内容的特点，如人物、事物等来引导学生进行自我教育，完善自我意识，学会自我控制，培养自我发展能力，为学生提供生动有趣的健康成长的榜样和范例。例如，教师在学科教学中，要有意识地紧密结合教学内容，使学生获得积极的心理体验。不同的学科有其独特的教学内容，而心理健康教育其实是蕴含在生活中的教育，它与各学科的教育是息息相关的。例如，在许多课堂上，教师常用音乐做作导入，这是在营造宽松、温馨的学习环境，其实也是在营造安全信任的心理环境，音乐是调节改善人的心理状态，使之趋于和谐、平静和宁静，从而促进其心理健康的一种辅助方法。一节课40分钟，对于学习成绩不理想的学生来说，上课时的心理状态容易表现为茫然、观望和应付，所以营造一种良好轻松的氛围就能减少课堂给他们所造成的心理压力。把一些有趣的活动提前，既使学生获得了学习英语的兴趣，又使他们获得了学习成功的体验，同时也树立起了自信心。也就是说，教师要善于运用心理辅导原理和方法，这不仅是为自己的授课服务，更是帮助学生塑造良好的心理素质。

3. 发挥大学生社团活动的作用

社团作为大学生自由组成的团体，是大学生标榜个性、展现自我的舞台；社团自主举办的活动具有与大学生的生活贴近、形式活泼、参与性广等特点。因此，高校可以发挥校园社团的作用，可以设置专门的心理社团，定期举办活动，也可以改造现有的某些社团，增强其心理宣传的作用；可以是心理社

团单独举办活动，也可以是几个社团联合开展活动；活动的形式可以是一次心理保健知识的专家讲座，也可以是学生参与互动的心理游戏、心理剧；等等。大学生参与心理社团活动完全是凭借自己的兴趣或需要自由选择的，这保持了他们学习心理保健知识的自主性和积极性，他们也常会自主自愿地成为宣传主力。高校社团开展心理活动不仅使心理保健知识和理念更容易被人接受，也为大学生主动寻求心理帮助奠定了安全宽容的舆论，在潜移默化中帮助他们塑造健康的心态。

4. 发挥大学校园文化的渗透作用

校园文化作为文化的一种特定组成部分，抑或是地缘化的表现形式，对大学生的心理健康、道德培养、个性塑造等起到了渗透性的影响，是心理健康教育广泛却重要的隐性课程。利用这一隐性课程，需要厘清校园文化的深刻内涵，透析校园文化的功能，结合心理健康教育的原则，提出校园文化的构建和优化对策。大学校园文化主要包括器物文化、制度文化、行为文化、精神文化等几个方面。重视大学校园文化建设，对大学生心理素质的养成具有一般文化所不可替代的教化功能。构建以学生发展为核心的大学理念和制度文化，营造以人为本、"无为而治"宽容的教育管理气氛；注重价值文化建设，营造民主、科学、尊重个体创造和追求真善美的价值气氛；注重校风与学风的培养，这些都在潜移默化地影响大学生的心理素质。优良的校园文化环境，人性化的设计，为大学生提供了充分的自我发展的空间和有利条件，这对提高大学生的心理素质不无裨益。

第五章 网络环境下大学生心理健康教育模式

第一节 网络环境下大学生心理健康教育的理论基础

一、马克思主义指导理论

马克思主义作为时代精神的精华，是世界观和方法论的体系，也是个人行为的最高调节器，它制约着个人的整个心理面貌。因此，高校网络心理健康教育必须重视以马克思主义为指导。

（一）辩证唯物主义和心理健康教育

心理健康教育教材的编写要以辩证唯物主义哲学的立场、观点和方法为指导，并在重大概念和原理的阐述上尽可能体现这一指导思想；心理健康教育师资首先要掌握并善于灵活运用辩证唯物主义哲学，健康哲学是心理健康教师和心理咨询人员必备的素养，甚至完全有必要作为考核指标之一。

我国学校心理健康教育必然要接受马克思主义哲学的指导。马克思主义哲学即辩证唯物主义和历史唯物主义，可以说该哲学的每个原理都直接或间接地指导我国学校心理健康教育的理论和实践。

1.世界物质统一性原理与心理健康教育

辩证唯物主义认为世界在本质上是物质的。物质是第一性的，意识是第二性的，意识是高度发展的物质——人脑的机能，也是客观物质世界在人脑中的反应。在总的历史发展中，是物质决定意识，但意识又具有反作用。物质世界多样性统一的原理是全部马克思主义哲学的基石，也是我们从事一切实际工作的立足点。既然宇宙的万物万事归根结底统一于物质，物质世界是人们思考着、改造着的唯一的现实世界，那么我们无论在任何时候、任何地方和任何条件下，无论从事任何工作和任何复杂多样的情况，都要毫无例外地、坚定不移地从客观物质世界及其运动规律出发，都要按照世界本来面貌认识世界，而不能给予任何主观的附加。一句话就是"一切从实际出发"，这就是从世界的物质统一性原理中得出的最重要的结论。

在心理健康教育过程中，学生的生理、家庭、社会环境及经历构成一种"客观实在"，无论其是健康的心理状态，还是不健康的心理状态，归根结底都是主体对客观现实的反映，只不过这种反映要经过主观世界的折射和加工。尽管在同样的负性事件面前，不同的折射加工可能导致不同质的心态，但以下三个规律是存在的。

（1）客观刺激事件导致主观心理反应

客观刺激事件是因，主观心理反应是果，尽管面对同样的刺激事件，不同的人由于主观加工各异，在反应的性质和程度上会有所不同，但只要他感官正常，对刺激事件予以应有的注意，就绝不可能没有反应；反之，正常的人之所以有各种各样的心理反应，归根结底应有客观上的原因。世界上绝没有无缘无故的爱，也没有无缘无故的恨，如果一个人总是无缘无故地忍俊不禁，或无缘无故地忧心忡忡，总是世上本无事，庸人自扰之，总是出现幻觉等，肯定是心理不健康的表现。

（2）负性刺激事件导致负性心理反应

负性刺激事件泛指人们欲极力避免，会给人们带来精神痛苦，使人情绪低落的各种事件。个体体验到负性生活事件越多，则越感到不幸福。面对挫折和不幸，心理上会出现痛苦、愤懑等消极情绪不足为怪，这是正常的。相反，对挫折和不幸视若无睹、无动于衷，总是笑脸相迎、逆来顺受，反而是不正常的。心理健康教育教师，也不可能完全消除人们面对挫折和不幸所产生的消极情绪，充其量只是帮助人们排解、缓和或减轻这种情绪，或缩短这种情绪作用的时间，防止它有可能产生的破坏作用。根据这一原理，目前之所以呈现心理疾病上升的趋势，归根结底是生活负性事件增多，或人们对负性事件的过度预期和关注的缘故。提高国人的心理健康水平的根本大计在于构建和谐社会，改良和净化社会，尽可能减少改革阵痛，降低社会负性事件发生的概率。

（3）良性刺激事件导致良性心理

良性刺激事件泛指那些人们渴望得到并能够给人带来精神愉悦，使人欢欣鼓舞的事件。人逢喜事精神爽，心理健康的人在面对成功、喜事等良性刺激时，总会有适度的欢喜之情，甚至采取必要的庆祝形式来表示这种心情，这也是正常的；反之，如果面对成功和喜事，不是高兴而是痛苦，不是振奋而是低沉，不能不说是心理不正常的表现。有的幸福论者认为，幸福就等于各个快乐事件的简单相加。这种说法尽管有失偏颇，但人的主观幸福感作为一种心理状态，一般来说是和良性刺激事件成正比关系，人的主观幸福感越多，想必遇到的良性刺激事件就越多。

2. 意识的本质原理与心理健康教育

意识的本质原理是从另一个角度进一步证明世界物质统一性原理。就意识的本质来说，辩证唯物主义坚持两点：第一，意识是人脑的机能。世界上绝没有独立存在的精神现象，意识依赖于物质，也依赖于人的大脑和神经系统，以及人体的各种感觉器官。第二，意识是对客观存在的主观映像，体现了客观和主观的统一。其具体表现为：

（1）意识的主观形式分为感性形式（感觉、知觉、表象）和理性形式（概念、判断、推理），反映的都是客观存在。

（2）对于同一对象或同一客观过程，不同的人和不同的主体会有不同的反映，这反映了意识的主观性，但是，究其原因，这种情况无非是先天素质和后天社会实践的差异所造成的。无论是哪一种原因，或两种原因兼而有之，都可以从物质的过程得到说明，其根源是客观的。

（3）即使虚幻荒诞、歪曲虚假的主观映像，也毕竟是对于客观对象的反映。毫无疑问，心理作为意识的组成部分既是人脑的机能，也是对客观存在的主观映像。懂得这一点，我们在心理健康教育过程中，就不难理解人为什么那么复杂，为什么同样性质的事件却导致不同的心理反应，我们就会从容地面对任何类型的求助者所暴露的任何想法与任何情绪，而不至于大惊小怪，任何心理问题都是在求助者的先天素质不同、后天社会实践各异以及由此所形成的认知加工系统不一样的基础上形成的。例如，对同样的事件，不同个体对这一事件的性质界定会迥然不同，如果事件符合其需要，将被个体界定为良性事件，否则将被界定为负性事件。而人们的不同需要归根结底是由客观现实（必需而又欠缺的事物）所决定的。张三的对象与张三告吹，张三痛不欲生，李四可能幸灾乐祸，因为他正在向张三的对象发动求爱攻势，李四可能不道德，但不能说心理不健康。意识的本质原理还告诉我们，人的心理问题带有情境或场合的依存性，离开负性情境或场合，有助于心理问题的解决；而即使解决了的心理问题，由于负性情境的再度出现，也可能使心理问题再次出现。同时，人的心理是人脑这一特殊物质的机能，因此，在心理健康教育过程中，要教会学生善待人脑，除了必要的营养和休息，还要注意大脑活动的规律，安排好作息时间。另外，对学生出现的比较严重的心理障碍也要注意对其脑功能的诊断和其他躯体反应。

3. 意识能动性原理和心理健康教育

马克思主义哲学首先坚持物质决定论，其认为物质对意识的决定作用不仅表现在意识的起源和本质上，而且表现在意识的作用上。意识作用的产生、意识作用的大小以及意识作用的发挥，一刻也离不开物质运动及其客观规律的制约作用。离开这个基本前提来谈意识的能动作用，就会陷入唯心主义。马克思主义同时坚持意识的能动论。认为人的意识活动具有目的性和计划性、主动创造性；意识活动对人体生理活动具有控制性，对客观世界有改造作用。要正确发挥意识的能动作用，首先要对意识的能动作用有个估计，既不夸大，也不缩小；其次，要明确认识发挥意识对物质反作用，基本途径是人们的社会实践；再次，意识的能动作用是否能得到正确的发挥，是以能否遵从物质运动的客观规律为前提的；最后，意识能动作用的发挥依赖于一定的物质条件和物质手段。

在心理学上，意识的能动性可以划入元认知，也可以理解为调控认知因素的范畴，而元认知又属于意识的范畴。可以说，意识能动性原理是心理健康教育的最基本的原理，心理咨询的各个流派都可以运用该原理加以评判。精神分析学派最重视意识的能动性，"潜意识"概念的提出大大丰富了意识的含义，但它的失误在于片面夸大了意识的能动性。行为主义心理学否认意识的能动性，因此遭到了猛烈的抨击，致使新行为主义者不得不关注意识问题，强调刺激与反应之间的中介变量。人本主义心理学认为，人的有机体除了具有一般生物潜能，还有心理潜能，即人所独有的自我实现的趋向，这种自我实现倾向赋予人强大的生存能力，顽强地追求发展。这里所说的自我实现的内在的心理倾向实际上是指人的意识能动性。认知学派强调意识能动性的特征更为明显，例如风靡全球的"理性—情绪疗法"就更为突出地重视理性和认知的作用。

4.唯物辩证法原理和心理健康教育

唯物辩证法是马克思主义哲学的重要组成部分。它的内容十分丰富，但其最基本的观点在于：世界是普遍联系的，世界上一切事物都不能孤立地存在，都同周围的其他事物有某种联系或关系；整个世界是一个相互联系的统一整体；任何事物都是统一的联系网上的一个部分、成分或环节，而联系是多样的、有条件的；物质世界是永远变化和发展的，绝不会停留在一个水平，而变化发展的根本动力是事物本身的、内在的矛盾性，即对立统一规律是推动一切事物发展的根本动力。

该原理对于心理健康教育的启发：

（1）从宏观上讲，学校心理健康教育作为一项育人活动是一个复杂的系统工程；从微观上讲，任何个体的心理问题的产生也往往不是孤立的一个原因。各心理学派对心理问题的成因分析及解决方法各执一端，不及其余的做法是不足取的。兼容学派在目前之所以流行，并日趋成为心理咨询和辅导的主流，不在于它调和了矛盾，而在于日趋接近真理，唯物辩证地反映了事物的本来面貌。

（2）人在一定的条件下，是在不断发展和变化的，而发展变化朝什么方向或性质来进行，又取决于外因和内因的交互作用，其中内因是事物发展变化的根本原因。因此，在心理健康教育过程中，一定要坚信任何学生的心理素质都是可以提高的，是会变化和发展的，这是从事心理教育、心理咨询等活动的最基本的出发点。

（3）心理健康教育的根本在于促进学生的心理健康发展，而发展的根本动力在于心理内部的矛盾。心理冲突、心理不平衡、心理上的种种困惑和烦恼实质上都是心理矛盾的表现。心理健康教育的目的绝对不是消除这些矛盾，使受教育者或求助者达到永远的心理平衡或心平气和，如果那样，人的心理就永远得不到发展。心理健康教育的目的在于使个体的心理矛盾控制在适当的"度"，促使这样的心理矛盾朝着有利于学生的心理发展的方向发展。为了促进学生的心理发展，心理辅导或咨询等心理健康教育活动的任务不仅不是消除心理矛盾，在必要的情况下，还要故意挑起心理上的冲突和矛盾，例如，解决学生的考试焦虑就是如此。为此，在对学生进行心理健康教育的过程中，一定要注意两点：一是引导学生积极地对待心理上的种种问题。问题就是矛盾，产生心理上的种种困惑是正常的，是促进心理发展的动力，一个人从来没有心理冲突和困惑反而不正常，因此，要以平常心对待心理问题，就像以平常心对待感冒、腹痛一样，没有必要大惊小怪。二是当人的心理矛盾超过"适度"，达到相当尖锐的程度，对人的身心健康发展不是构成动力，而是变成阻力时，也要鼓励求助者，矛盾转化的主动权在于自己，在教师的帮助下，完全可以缓和矛盾，或将矛盾变成前进的动力。

（二）马克思主义关于社会存在与社会意识关系理论

1.马克思主义关于社会存在与社会意识关系的原理

马克思主义认为整个社会现象归结起来可分为社会存在和社会意识两大类，它们是统一的社会生活的两个方面。社会存在是社会生活的物质方面；社会意识是人们对一切社会生活过程和条件的主观反映，也是社会生活的精神方面。社会心理属于社会意识的一部分。其中，社会存在决定社会意识，有什么样的社会存在，就有什么样的社会意识与其相适应，就连社会意识的传播也要通过一定的物质手段才能进行。同时，社会意识也具有反作用。

2.社会存在与社会意识关系的理论对大学生网络心理健康教育的指导作用

（1）大学生心理健康教育工作者要迅速占领网络阵地

马克思主义认为，社会意识是社会存在的反映，社会意识的传播需要通过一定的物质手段才能进行。网络就是一种新的物质力量，是一种新的传播手段，是一种在现代条件下认识世界、改造世界的新武器和新手段，是一种新的生产力，也是一种崭新的、强大的社会存在。这种新的社会存在为社会意识的传播提供了强大的物质手段，是传统传播手段所无法比拟的。因此，网络时代心理健康教育工作者要迅速占领网络阵地，积极开创新时期心理健康教育工作的新局面。

首先，要加强网络心理健康教育的硬件与软件建设。一方面，高校应重视网络心理健康教育，加大资金投入，着手建立心理教育教学网站，不断开发心理教育教学软件，并加强对信息网络的监控和管理，为网络心理健康教育提供一个良好的硬件环境平台；另一方面，高校应重视培养一批高素质的网络心理健康教育工作者。

其次，在网上开展大学生网络心理健康教育。一是要建立心理健康教育网站，在网上开设心理健康教育课程；二是要进行网络心理辅导和咨询，及时解决大学生上网中所产生的心理问题。

（2）心理健康教育工作者要从实际出发，全面了解大学生网民的心理状态

要做好网络心理健康教育工作，就必须对教育对象的思想心理状况有全面的了解。由于社会意识形成和发展的基础是人们所处的社会生活条件，因此要了解大学生的思想心理状况，就必须从他们所处的社会生活条件出发来进行认识。网络时代的大学生生长在虚拟社会和现实社会的互动中，他们心理行为的发展变化受到虚拟社会和现实社会的双重影响，所以我们必须从虚拟社会和现实社会出发，了解大学生网民心理形成发展的规律，并用来指导网络心理健康教育实践。

（3）心理健康教育工作者要科学认识和解决网络心理问题

网络是一种新的社会存在，网络社会与现实社会相比具有跨时空互动性、去中心化、信息共享以及沟通中的过滤性、兼容性、开放性和自由性等特性。而社会存在决定社会意识，网络中客观存在的消极因素给许多识别力不强与自我控制能力较弱的大学生造成了心理上的负面影响，引发了网络心理问题。但社会意识也具有反作用。大学生网络心理健康教育的一个重要方面就是大学心理健康教育工作者运用网络技术及相关功能，以多种方式，如开设网上心理健康教育课程、在线辅导和咨询的整体配合，为网络问题行为者实施"在线"治疗等，帮助解决大学生网络心理健康问题。另外，网络心理健康问题的解决还要采取网上心理健康教育与网下心理健康教育相结合的方式。

（三）马克思主义关于人的本质理论

人的本质理论也是马克思主义理论的重要组成部分。在网络信息时代，人的本质具有一些新的特征。

第一，在网络时代，人的主体性得到延伸。主体性主要包括能动性、自主性、创造性和自为性。在网络时代，出现了新的人的实践方式即虚拟实践，在虚拟实践中，人的主体性得到空前的凸显。一方面，能动性和自主性极大提升，在网络虚拟空间中每个人可以根据自己的价值取向，自由地选择

实践活动的目标和内容，每个人都能够以独立的主体身份操作，都能平等地享有充分的主体性地位；另一方面，在这个自由的空间里，主体可以充分发挥自己的才智，人的创造性和超越性的类本质被淋漓尽致地展现出来。

第二，网络时代人的本质表现为现实社会关系和网络社会关系的统一。在网络时代，人们生长在虚拟社会和现实社会的互动中，人不仅是现实社会关系中的人，而且由于人们通过互联网进行广泛的政治、经济与文化活动，每一个人都成为互联网中的一员。这样，电脑网络就成为人与人之间联系的媒介与载体，就成为社会关系的物化形式。人的社会关系的本质就在一定程度上以电脑网络的物化形式表现出来，人也就成为社会互联网中的网络人。同时，网络社会中的交往彻底地打破了传统的血缘、业缘、地缘空间，以及大量陌生的、不同地域、不同行业、不同种族、肤色、语言的人，实现了随时随地、自由自在的交往，从而丰富和扩展了人与人之间的社会关系。

第三，在网络时代，人的内在本质突出地表现在追求知识和信息的需要。由于生产效率的提高，人们无须把全部时间花费在物质资料的生产上，而是腾出一部分时间去从事物质生产以外的科学、艺术等活动，并在更高层次上提出了精神文化的需求，突出表现为人们对知识、信息的迫切需要。网络时代是高科技的时代，也是知识和信息的时代，科技更新越来越快，知识膨胀速度和信息陈旧速度越来越快。这就使人们对知识、信息的需求越来越大，需求愿望越来越强烈、越来越紧迫，而且人们迫切希望凭借互联网等手段，以最快的速度、最短的时间来获得自己所需要的最大的信息量与知识量。

马克思主义关于人的本质的理论对于大学生网络心理健康教育的指导作用有以下几点。

1.应当开展网络心理健康教育

人的本质理论和大学生心理健康教育存在密切的关系。人的本质决定了大学生心理健康教育不仅是必需的，而且是可能的、有效的。同样，网络时代人的本质的新特征决定了大学生网络心理健康教育不仅是必需的，而且是可能的、有效的，因此，应当开展大学生网络心理健康教育。

第一，网络心理健康教育是人的本质的内在要求，必须积极开展网络心理健康教育。根据人的自然性，人要受自然规律的影响，具有各种各样的需要。而在网络时代，人的需要突出表现为对追求知识和信息的需要，因此，应当根据人的需要的变化状况来实施网络心理健康教育。

第二，人的社会属性表明开展网络心理健康教育是可能的。在网络时代，人的社会本质表现为现实社会关系和网络社会关系的统一。人们通过互联网与外界（包括与人）进行广泛交往，在网络空间与人进行广泛接触和沟通，并交流思想和感情，这就决定了网络心理健康教育成为可能。

第三，开展网络心理健康教育是有效的。网络心理健康教育作为一种新型的心理健康教育方式，其本身就是一种实践，这种具体实践活动能使人社会化。这就说明开展网络心理健康教育是有效的，应当开展网络心理健康教育。

2. 必须从现实与虚拟的角度准确把握大学生心理健康现状及成因

在网络时代，大学生所面临的心理问题更多，一方面，传统的现实心理问题仍然存在；另一方面，网络导致大学产生复杂的心理问题。主要表现在认知混乱、人格障碍、自律弱化、交往障碍、情感异化、网络综合征等几个方面。在网络时代，大学生生活在虚拟社会和现实社会的互动中，人不仅是现实社会关系中的人，而且是网络社会关系中的人，只有从现实社会和网络社会相结合的角度才能把握大学生心理健康的现状及成因。

从大学生心理问题存在的现实原因来看，既有客观因素，也有主观因素。社会环境、家庭、文化氛围、学校影响等是心理问题存在的客观因素；个性特点、遗传因素的影响、价值观及其冲突的影响，以及大学生所处的心理发展阶段的影响等是心理问题存在的主观原因。

从虚拟社会方面来看，虚拟世界的一些特点如匿名性、便利性、超时空性和逃避现实性等也是大学生心理问题，尤其是网络心理问题的重要原因。

3. 应当发挥人的主体性，构建网络主体性心理健康教育模式

首先，应当以学生的需要为出发点，引导大学生树立正确使用网络的观念和掌握疏导、调节网络心理问题的正确方法。

其次，充分发挥大学生自我在网络心理健康教育中的主体作用。心理健康教育工作者应"以求助者为中心"来引导他们自我探索、自我发现、领悟自我，并充分发挥学生自我、学生同辈、学生群体在网络心理健康教育中的主体作用，使他们能够自觉、自主地适应新的情况，处理新问题，不断提高自身的心理素质。

最后，在遵循交互性的基础上坚持主体间性原则。主体间性是主体与主体之间发生的一种相互影响的关系，真正的主体只有在主体间的交往关系中，即在主体与主体相互承认和尊重对方的主体身份时才可能存在。网络心理健康教育应充分发挥网络具有交互性特点这一优势，并遵循交互性的原则，加强教育者与被教育者双重主体之间的互动。

二、思想政治教育学理论和网络思想政治教育理论

（一）思想政治教育学理论的主要内容

思想政治教育学理论尤其是现代思想政治教育理论是网络心理健康教育的基础理论，其直接用于指导网络心理健康教育研究。主要有如下内容。

1. 思想政治教育的战略地位和社会功能理论

思想政治教育是整个社会机体的一部分，它是社会上层建筑的有机组成部分，是社会上层建筑中意识形态的核心部分之一，也是社会结构要素中的一个关键性要素，其地位是极其重要的。作为社会上层建筑意识形态核心部分之一和社会系统结构诸要素中关键要素的思想政治教育是社会经济基础和政治上层建筑的反映，为经济基础和政治上层建筑所决定，但同时，其又反过来为经济基础和政治上层建筑服务，作用于经济基础和上层建筑，有时还起决定作用。思想政治教育能够影响和制约社会系统结构的各个要素及运行机制，影响和制约社会的稳定和发展，其地位是社会结构中其他任何要素所不可替代的。

根据思想政治教育的社会结构地位，可以将其社会功能集中表述为"主导地位和作用"，即它在社会全局工作和各项具体工作中居于主导地位，起主导作用。当然，思想政治教育的主导地位和作用在不同时期、不同对象及不同条件下，可以表现为不同的具体社会功能，如导向功能、保障功能、凝聚功能、激励功能、调节功能、转化功能、服务功能等。

2. 思想政治教育过程的理论

思想政治教育过程是教育者根据一定社会的思想品德要求和受教育者思想品德形成与发展的规律，对受教育者施加有目的、有计划、有组织的教育影响，促使受教育者产生内在的思想矛盾运动，以形成一定社会所期望的思想品德的过程。这一过程是由教育者（教育主体）、受教育者（教育客体）、教育内容和方法（教育介体）以及教育自然和社会环境（教育环体）四个基

本要素相互联系、相互作用而构成的复杂的运动过程。一个完整的思想政治教育过程包括三个阶段：内化阶段、外化阶段和反馈检验阶段。

在思想政治教育过程中，教育者对受教育者施加教育影响的操作程序就是思想政治教育过程的基本环节。思想政治教育全过程包含三个前后相继、相互渗透的基本环节，即确定目标，制订计划；实施影响，促成转化；信息反馈，评估控制。

3. 思想政治教育过程的矛盾和规律理论

思想政治教育过程的矛盾是思想政治教育过程中诸要素之间的对立和统一及其相互关系，它是一个由基本矛盾和具体矛盾组成的多侧面、多层次的体系。思想政治教育过程的基本矛盾是社会发展所需要的思想品德和素质与受教育者现有水平的矛盾，它贯穿思想政治教育一切过程的始终，并规定和影响着这一过程中的其他具体矛盾。思想政治教育过程中的具体矛盾主要有教育者与受教育者的矛盾、受教育者与教育内容和方法的矛盾、教育者与教育内容和方法的矛盾、教育者与教育环境的矛盾、受教育者与教育环境的矛盾、教育内容方法与教育环境的矛盾等，这些矛盾是思想政治教育中必然存在的，也是促进思想政治教育发展的内在动力。

思想政治教育过程的规律是思想政治教育过程中诸要素之间的本质联系及其矛盾运动的必然趋势，它也是一个由基本规律和具体规律组成的多侧面、多层次的体系。其基本规律又称为根本规律，是教育者的教育活动一定要适应受教育者的思想品德状况的规律，简称为"适应超越规律"。其具体规律有很多，诸如双向互动规律、内化外化规律、协调控制规律、自我教育规律、主体差异规律、客体诱发规律、反复递进规律、周期波动规律等。

4. 思想政治教育载体论

根据思想政治教育学关于载体的原理，大众传媒是思想政治教育的重要载体，利用大众传媒进行思想政治教育有两大优点：一是能最大限度地扩大思想政治教育的覆盖面；二是能提高思想政治教育的时效。随着社会现代化和大众传媒的迅猛发展，大众传媒在思想政治教育中的作用越来越重要，传媒所反映的内容及其对人的思想的影响都是复杂的，既有积极的、有利的一面，也有消极的、不利的一面，不同的信息使大众传媒的教育作用可能出现相互抵触、相互干扰的矛盾现象。这就要求加强对大众传媒的宏观管理和指导，努力净化传媒内容，使之积极健康向上，反映社会主义的时代精神，并向同一方向起作用，只有这样，才能更好地发挥大众传媒的思想政治教育功能。互联网是继报纸、广播和电视之后的"第四媒体"，也是思想政治教育的重要载体。高校要充分利用这一有效载体，加强对大学生的网络思想政治教育。

5. 思想政治教育环境论

思想政治教育学原理认为，大众传媒是思想政治教育环境的构成要素，对思想政治教育及教育对象的思想品德的形成和发展具有重要影响，它所发挥的思想政治教育功能是通过传播思想品德信息、引导正确舆论和提供高尚的社会文化娱乐而实现的。互联网的广泛应用和发展改变了思想政治教育环境，对大学生的思想品德的形成和发展有深刻和潜移默化的影响。高校要正视互联网的"双刃剑"影响，充分利用这一现代科技的优势，趋利避害，创新思想政治教育方法，改善思想政治教育效果。

（二）网络思想政治教育学理论的主要内容

思想政治教育与网络技术相结合产生了网络思想政治教育。所谓网络思想政治教育，不仅指以网络为载体的思想政治教育，也指网络环境下的思想政治教育，它具有融合性、互动性、超时空性、虚拟性和隐匿性等主要特点。其与传统思想政治教育相比，存在以下区别：

（1）在教育功能上，网络思想政治教育功能多元化。价值导向功能是思想政治教育的根本功能。网络思想政治教育除了原有功能主要是价值导向功能、政治功能，还有沟通互动、覆盖渗透、预测预防、咨询选择等功能。

（2）在教育理念上，网络思想政治教育的价值目标是以最大限度地开发人的主体性，从而达到满足教育客体的需要这一价值性。在网络思想政治教育中，教育客体主体化，网络受众在网络思想政治教育中具有主体地位和本体地位。因此，网络思想政治教育应当以网络受众为本，来确定其教育的内容和方法，从而达到满足教育客体的需要的价值性。

（3）在教育过程中，网络思想政治教育遵循"合规律性"与"合目的性"有机统一的原则。"合目的性"就是要求在网络思想政治教育过程中时时刻刻要有明确而坚定的目的，这就是用科学的社会理念和信仰去影响人、塑造人、改变人；"合规律性"就是要求在网络思想政治教育中要按照网络社会的基本规律和网民的心理规律和精神原则来进行。

（4）在教育方法上，网络思想政治教育选取契合受众心灵与情感所需的教育引导方法。网络世界没有具体的、固定的教育对象，网络世界是一个网民互动的世界，系统的、理性的灌输方法难以达到教育效果。因此，网络思想政治教育应当选取契合受众心灵与情感所需的教育引导方法，如熏陶方法，才能达到教育效果。

（三）大学生网络心理健康教育与网络思想政治教育的关系

1. 目标上一致

大学生网络心理健康教育主要是通过网络来培养大学生心理素质，而网络思想政治教育则是通过网络对大学生施加思想道德影响。但二者的总体目标是一致的，两种都是"育人"，都要通过知、情、意和行四个层次来进行，以促进大学生的全面发展为宗旨。

2. 内容上相互交叉

大学生网络心理健康教育与网络思想政治教育都注重培养大学生网民良好的意识倾向性和个性心理品质，特别是都注重培养正确的网络观、道德心理品质和道德意识倾向性。

3. 原则上多有相同

大学生网络心理健康教育与网络思想政治教育都遵循着预防性和发展性相结合以及科学性、趣味性、交互性等原则。

4. 方法上相互借鉴

在具体的实施方法上，大学生网络心理健康教育与网络思想政治教育能够相互借鉴，取长补短。

（四）思想政治教育理论和网络思想政治教育理论的作用

1. 实行价值干预的原则

在我国大学生心理健康教育中，一直遵循西方的"价值中立"原则。实际上，学生的思想意识、道德品质问题与心理障碍问题往往混杂在一起，很难区分。大学生健康的心理素质与正确的人生观、价值观是密切相关的，因此，在大学生网络心理健康教育中很需要"价值干预"。同样，心理教育也可以渗透到思想政治工作中去，以帮助大学生在意识层次上提高心理素质。

2.改进心理健康教育的方法

我国的大学生心理健康教育特别是心理咨询采取的是一种被动式的方法，教师坐在咨询室等人来咨询，这就造成了很多的问题。网络心理健康教育可借鉴思想政治工作的方法手段，改变过去那种坐等学生上门，个别保密交谈的单一方式，转而采用主动的方式。一方面，利用网络普及心理健康理论和方法，培养和提高大学生心理自我调节能力。另一方面，要积极发现特别是要利用网络积极发现有心理问题的大学生，使其心理问题及时得到解决。

三、其他基础理论

网络心理健康教育是心理健康教育在网络时代的延伸，应借鉴与网络交叉的相关学科理论，如网络心理学、网络社会学等。

（一）网络心理学理论

1.网络心理学的定义

网络心理学至今还没有一个学术界普遍认同的概念。从广义上来看，网络心理学是指一切与网络有关的心理学研究；而从狭义的角度来说，网络心理学是指以网络为代表的某些特点，如自组织性等，对于心理学的影响。网络心理学是一门边缘学科，它综合运用了现代网络技术和心理学知识，利用网络与心理学资源及手段，研究人类在虚拟空间和现实社会中运用网络的心理学规律。

2.网络心理学的研究内容

正如网络对于当今世界全方位的影响一样，对于心理学研究内容的冲击，网络的影响几乎波及心理学的一切领域。目前网络心理学研究尚处于起步阶段，综观国内外与网络有关的心理学研究成果，我们把网络心理学的研究内容概括为以下三个方面：第一，网络对人类心理影响的研究。主要包括对人类个体心理与群体心理影响的研究。网络对人类个体心理影响的研究主要集中在网络使用对人格特质、心理健康、自尊等方面的影响。第二，上网者的心理研究。主要集中在上网者的动机及需求方面。不同群体的上网动机及需求是不同的，因此，研究结论也不尽相同。第三，网络对传统心理学影响的研究。网络对传统心理学影响是多方面的。从理论到实践，网络正在改造着心理学自身的体系，重塑心理学一些最基本的概念，诸如自我、行为等，许多在网络环境下的心理规律及认知的、情绪的、人格的、个体与群体的心理规律，都有待进一步探索。

3. 网络心理学对网络心理健康教育的借鉴作用

网络心理学还只是一个正在形成的学科，它的研究领域主要有：网络使用对人的心理特征的一般影响；网络人格的形成机制与影响因素；网络使用者的网上网下双重人格的问题；网络对青少年人格形成的影响；网络使用成瘾（或称网络成瘾、网瘾）的早期干预、治疗，以及愈后的社会再适应问题；色情、暴力、反社会、反政府等不良网络信息对网络使用者的影响等。目前，最热门的研究题材是网瘾形成及戒断方法、互联网对人格形成改变和重建的影响，譬如使用者网上和网下的双重人格问题。从其研究领域来看，网络心理学的诸多研究领域与网络心理健康教育的研究领域是交叉重叠的。因此，我们完全可以借鉴网络心理学的研究理论方法来进行网络心理健康教育的研究，甚至在大学生网络心理健康教育中可以直接运用网络心理学的相关研究。

（二）网络社会学理论

1. 网络社会学的研究视角

网络社会学是研究网络社会行为及其社会行为体系的一门学科。研究的对象大体包括：网络社会如何构成及其有什么样的特点；网络特定文化现象；网民及其特点；网络社区；网络社会行为互动模式；网络社会群体和网络社会组织；网络社会秩序的维系方式；网络社会对现实社会有怎样的影响，同时现实社会和网络社会又有怎样的联系；网络社会的持续发展给现实社会的未来发展带来了什么样的影响等。可见，网络社会学的有关理论对网络心理健康教育有着重要的借鉴作用。

2. 在网络社会中完善大学生的"网络社会人格"

网络社会学的研究视角为人们认识网络和网络社会的一般社会属性提供了一种理论的分析框架和理论体系。作为借鉴，要求网络心理健康教育应做到在网络社会中完善大学生"网络社会人格"。使他们能够正确认识网络世界；采取理智的方式应对心理冲突；学会在网络交往中进行自我管理、自我调适，塑造健全的网络社会人格。

此外，网络心理健康教育可以借鉴网络哲学和网络文化学的相关理论。

第二节 网络环境下大学生心理健康教育模式的构建

一、重视和加强大学生心理健康教育网络模式是时代的迫切需要

其实，针对大学生而言，如果从更加深刻的一个层次去理解，他们很多心理问题的产生总是离不开一些外界的因素，比如社会文化、时代背景和外在的环境因素等，他们的心理问题和这些因素紧密相关。当代的大学生正处于一个社会变革的关键时期，随着社会科技、经济和信息技术的飞速发展，社会变革日益频繁，社会环境也日益复杂，这一系列社会变革均加剧了大学生在思想观念、行为方式上的变化。

在当今这个日益变化、迅速发展的现代社会中，快节奏的生活和残酷的竞争给大学生的心理带来了极大的压力和冲击，因心理问题导致人格出现偏差乃至引发犯罪的事例正呈上升趋势，大学生的心理疾患变成了亟待解决的突出问题之一，因此加强大学生心理健康教育势在必行。

然而，传统的大学生心理健康教育模式并无法满足时代对心理健康教育的需求。传统的高校大学生心理健康教育主要是教育者根据学生的心理发展的特征以及生理上的特点，结合教育学、心理学相关的知识和理论，通过开展心理健康教育课程、心理辅导、心理咨询以及优化心理健康教育环境等有关心理健康教育的途径和方法，帮助大学生学会解决自己成长过程中所遇到的心理问题，促进学生心理素质的提高和心理机能健康的发展。传统大学生心理健康教育模式运行的基本形式是在教育教学的全过程中进行渗透，主要是开设专门的心理健康课并开展心理辅导与咨询活动，基本上是以教师"教"为主，把教育过程变成了单纯的"知识继承"的加工过程，虽然能够在较短时间内让学生掌握系统、扎实的心理学理论和概念，但该模式却忽略了学生自主学习的主动精神，把心理健康教育过程变成了教师表演的舞台，而学生则成为观众，处于比较被动的地位，这样肯定难以达到比较理想的教学效果，更不可能培养出心理健康教育方面的创新型人才。基于网络环境下的心理健康教育模式，则不仅继承了传统教学模式中教师指导作用的优点，利用网络教育平台，为学生提供丰富的心理健康学习资源，同时又克服了传

统教育中"复制有余,创新不足"的弊病,加强了学生自主学习、创新思维的培养,将心理健康教育过程变成了师生交往、互动的舞台,变成了引导学生探究心理学知识,培养心理能力的场所,顺应了素质教育发展的需要。

因此,利用网络的灵活性、生动性和互动性等特点,开发大学生心理健康网络教育平台,在自由、平等、开放的网络环境中引领大学生形成健康的认知、情感、道德情操,建设高校心理健康网络教育的主阵地,对大学生心理健康的发展具有深远的意义,是时代发展的必然要求。

二、大学生心理健康教育网络模式构建的实践基础

目前我国各个高校心理健康教育的网络化正处于良好发展的态势,心理健康教育的理念在各个学校的校园网络平台中都得到了很好的体现:学校为广大学生的全面发展提供了良好的网络环境,营造了积极健康的氛围;几乎所有的大学都设有专业的心理健康教育的网站,并且有专业的心理咨询人员,很多高校还有学生自发组织的网络心理社团,用来帮助心理方面有困惑的同学;在网络课程设置方面,包括思想政治理论课及其他课程中,都涉及这一方面的内容,学校在各种场合都会强调生命、实现人生价值的重要性。这为我们开展大学生心理健康教育网络模式创新提供了很好的基础。

三、大学生心理健康教育网络模式构建的现实依据

(一)大学生接受心理的独立性增强

随着社会主义市场经济的发展,人们逐渐由"单位人"变为"社会人",这些都潜移默化地增强了大学生自主、自立、自强等意识,随着我国的民主法制建设,特别是基层民主的推进,使大学生的民主意识不断增强,思想活动的独立性也进一步强化。因此,在对大学生进行心理健康教育时,必须尊重大学生的个性,采用大学生能够接受和喜欢的方式与途径,利用网络丰富的表达方式,引导大学生学会关心自我、关心他人、关心自然、关心社会,热爱生命并理解生命的意义,同时提高心理素质。

(二)大学生接受心理的多变性

人的思想从来就不是一成不变的,总是随着社会实践的改变而改变,在社会转型的活跃时期,思想活动的变化则显得尤为突出。当前大学生思想活动的多变性,也是符合这个时代的特征的。在利用网络对大学生进行心理

健康教育时，必须保持敏锐性、洞察力和针对性，随时关注大学生心理变化的最新动向，及时洞察苗头性的问题，以科学的预测性和网络的多种传播渠道去适应大学生思想活动多变性的特点，引导大学生随着社会实践的深化，不断补充、修正、丰富自己对于自身心理发展的认识，使大学生的世界观、人生观、价值观向积极健康的方向发展。

（三）大学生接受心理的选择性增强

随着现代科技的发展，信息传播工具和传输手段越来越多，现代传媒加上传统传媒，为大学生提供了大量的信息，形成了一个巨大的信息"买方市场"。随着大学生生活独立性的增强，这种选择表现为一种自主性的选择。直接影响大学生信息选择的因素，一个是大学生的接受心理，另一个则是被选择对象的吸引力。大学生思想活动选择性的特点，对心理健康教育的工作提出了更高的要求，需要心理健康教育工作增强"阵地"意识。一方面要研究大学生的接受心理，利用现代科技手段增强各渠道信息的吸引力；另一方面则对一些会导致大学生产生错误的观念和认识的信息进行果断且有效的遏制，以减少这些负面信息对其的影响。

（四）大学生接受心理的非理性凸显

非理性是指对问题缺乏理性的思考，对任何事物持一种无所谓的态度，不讲原则，或者在处理问题时易冲动，喜欢感情用事，情绪处于一种浮躁的状态。在社会经济发展处于转型期的大背景下，大学生的心理情感受到了极大的压力，其容易产生强烈的孤独、焦虑和不安情绪。这就要求心理健康教育工作努力提高教育和引导的质量，通过预防教育，提高大学生的自我保护意识和生存能力，提升他们的心理素质，防范可能发生的危害；同时，对已经出现问题的学生，要给予科学有效的心理干预。

四、网络环境下大学生心理健康教育模式的构建措施

（一）大学生心理健康教育网络模式构建的目标

大学生心理健康教育网络模式的构建应树立以大学生为本，为学生服务的思想，充分发挥网络教学资源的优势，创建有利于大学生心理健康教育和创新能力培养多样化的网络教学模式。尤其是心理健康教育网站的建设必须有明确的目标，以利于保证心理健康网络教学活动的顺利进行。

心理健康教育网络模式构建的目标就是将网络作为信息载体，占领大学生思想政治教育网络阵地，在网络中利用大学生广泛接受的方式，将有利于大学生心理健康发展的信息通过网络方式传递给大学生，以消除消极心理对大学生的负面影响，从而引导大学生拥有良好的心态，正确面对自我，提高心理素质。

（二）大学生心理健康教育网络模式的实施路径

1.开设心理健康知识网上课程

针对大学生的身心发育特点，充分发挥网络媒体的特点，在网上建立大学生心理健康教育知识系统，开设心理学方面的课程，普及心理健康知识，并且在网上举办关于心理健康知识的专题讲座等心理健康网络教育活动。通过文本、图形、声音、动画、视频等多种媒体形式的有机结合，向学生介绍心理健康的基本知识，并传授心理调适方法，让大学生了解心理健康的重要性，帮助他们更好地了解自己的内心世界，找到适合自己的心理保健方法，以培养健康的心理状态。

2.网上心理咨询

在网上开展心理咨询活动，是以校园网为媒介，运用心理学的各种理论和方法，在网上指导大学生以合理的方式解决自身存在的心理问题的过程。网络心理咨询主要是针对在现实生活中有心理困惑或情绪困扰的学生，并且这类学生还有个共同的特点，就是希望求得帮助，但是由于某种原因不愿意直接找心理专家或者去心理咨询室进行治疗。而网上的咨询方式对咨询者是保密的，可以打消大学生的心理顾虑，有利于大学生打开心扉，使得心理咨询工作能够顺利进行。因此，许多大学生更愿意在网络这个隐蔽的环境中向心理学专家和教师寻求心理援助，并在专家和教师的指导下，缓解自己的心理紧张和冲突，解决自身存在的心理疑惑，保持心理健康，更好地适应生活和学习。

3.网上心理测验

首先，开展网络心理健康调查，积累心理资料，科学地确定大学生心理问题的特点及其类型，为研究大学生心理发展规律以及开展心理咨询提供科学依据。传统的心理调查大多采取书面问卷等方法，但这种调查费时、费物又费力，而网上心理调查较之书面问卷等传统调查法更便捷、快速、高效，且可以降低成本、节约资源。通过网络对大学生进行心理调查，了解其基本心理特征和需要，就可以有效且及时地发现大学生的心理问题及其心理问题的特点和严重程度，从而提高心理教育工作的针对性和有效性。其次，建立网络心理测验系统。网络心理测验是心理学工作者依据一定的心理学理论，按照一定的系统程序给人的心理特性以数量化的过程，并能对贯穿于人的全部行为活动中的心理特性作出一定的推论和量化的科学分析。心理测验主要目的是全面了解大学生的心理健康状况，建立大学生心理健康档案，同时让学生了解自己的心理状态，有意识地注意培养自己，使自己的心理素质不断提高。

基于大学生自身的特点，网络心理测验至少应该包括学习、人格、交往、挫折等方面。网络心理测验要将科学性与趣味性相结合，科学性是指心理测验的准确性和可靠性，要根据心理健康的标准设计测验题；趣味性就是要采用丰富多彩的形式，吸引学生参与心理测验，可以通过一些图片或动画故事，甚至是游戏，设计一些心理测验的内容，让学生在放松、愉快的心态下进行心理测验，以达到正确反映学生心理健康状态的目的。

4. 网上心理论坛，开展专题讨论

针对市场经济与知识经济条件下的社会热点和焦点心理问题，结合大学生心理健康教育的现状以及大学生面对心理困惑时应采取的应对措施等相关的具体案例，让学生们来共同讨论，倡导大学生关注心理健康教育。建立使个性与人格得到健全发展的良好氛围，同时邀请有关专家学者参与讨论，并对大学生心理问题进行积极引导。大学生年龄相仿，基本相同的生活经历，使他们面临基本相同的人生问题，因此，在他们心理发展中产生的问题也大体相同，对大学生中存在的共性、普遍性的问题，通过网络化交流与探讨可以共同解决。

5. 网上心理互助

学校应充分利用计算机网络的交互性，制作专门的校园网虚拟社区，作为教师、学生与家长进行相互交流的场所。虚拟社区可通过不同的论坛，将教师与学生、家长有机地联系在一起，通过对某一个求助者的心理问题，共同探讨解决方法。以教师、同伴、家长支持的方式进行，既可以使求助者获得支持和帮助，同时也使其他学生通过思考、讨论，获得问题的解决方式，这种讨论较为自由、宽松，不受时间和地点的限制，教师、学生和家长都可以随时上网对论坛中其他学生的心理问题或观点发表意见。这样，不仅提高了学生参与心理教育的热情，也使一些学生在活动中对自身、对社会有了更多的认识，其效果是常规心理交流无法达到的。

第三节 网络环境下大学生心理健康教育的策略体系

一、基于网络环境下的大学生心理健康教育策略研究

（一）基于网络环境下的大学生心理健康教育原则

基于网络环境下的大学生心理健康教育工作，应坚持以下原则。

1. 预防性

传统的心理辅导侧重矫治，这是一种被动消极的方法，网络环境下我们应当更加强调坚持预防性的心理辅导原则。预防性原则的目的是"防患于未然"，具体来说，应当在新生入学以后，对他们进行心理健康普查，建立心理档案，做到对心理问题的早期发现和预防，以及对心理危机的早期觉察和干预。面对网络环境的复杂多变，大一新生容易迷失且沉溺于网络，要特别加强对网络使用的正确引导，大二、大三要抓巩固，大四要抓考研、就业指导等。同时，在新生入学时，就要开展有针对性的心理教育，并提供有效的心理适应方法。

2. 发展性原则

要以发展的观点来看待大学生心理问题，大多是发展性的而非障碍性的。发展性原则的重点是教师有意识地为学生创造成功的经历，发展学生的潜能。要把大学生心理健康教育作为全体大学生心理发展的必需，而不能等到出现问题后才去做。网络环境的复杂多变使大学生心理的发展变化更加复杂频繁，要随时跟踪出现的新问题、新动向，营造良好的网络环境，促进大学生心理健康发展。

3. 灵活性原则

在心理健康教育中，大学生心理健康水平存在明显差异，所以开展大学生心理健康教育要关注和重视学生的个性差异，要根据不同学生的不同需要采取不同的形式。在不违背心理健康教育基本原则的情况下，因人、因时、因地而异，灵活地应用各种教育理论和方法，采取灵活的形式、灵活的步骤

以及灵活运用多种媒体工具，以求得到最佳效果。具体而言，对待不同的问题应选择不同的方法，不同的阶段实施不同的方法，不同的对象采用不同的方法。针对不同的问题、不同的阶段以及不同的对象，选择不同的网络媒体且运用不同的网络工具。

4. 主体性原则

大学生心理健康教育的目的是培养大学生良好的心理素质，大学生自己是心理健康发展的主体。因此，在心理健康教育过程中，应充分调动学生参与教育活动的积极性和主动性。把学生作为主体，尊重他们的客观现实，调动学生的积极性，给他们以充分的理解和信任，尊重他们的人格，增强他们利用网络环境进行自我教育的能力，要让学生积极地面对心理健康教育，不断地正确认识自我，增强调控能力、挫折耐受能力和对网络环境的适应能力，让有心理障碍的学生通过自主学习主动配合心理咨询和心理辅导，尽快摆脱障碍，学会自我调节，以提高心理健康水平，增强发展自我的能力。

（二）基于网络环境的大学生心理健康教育机构建设策略

1. 完善三级指导机构，校级、院级和班级

大学生心理健康教育是一项系统工程，健全的工作网络是优化大学生心理健康教育的重要组织保障。大学生心理健康教育的有效指导有赖于三级机构网络——校级心理健康机构、院系级心理健康组织和班级学生心理健康小组的完善。校级心理健康机构应由专职的教育工作者进行管理，组织协调校、院系学科教师、德育工作者和医务人员等人力资源，通过对学生的辅导及心理训练活动，为学生提供有效的心理健康指导。院系级心理健康组织应由院系主管学生工作的领导和班主任、政治辅导员组成，在学校心理健康机构的领导下，有针对性地对学生的心理问题给予及时且必要的服务。班级学生心理健康小组应由志愿为同学服务且心理素质较好的学生组成，在与同学朝夕相处的学习生活中，给予那些需要心理关怀的学生以经常性的帮助，并能将有严重心理障碍学生的情况及时地向所在院系和学校心理保健组织与机构反映，避免学生由于心理健康问题而引发恶性事件。

2. 建立全国性心理健康教育网络系统

通过建立全国性心理健康教育网络系统，形成心理教育的合力，成员之间可以互通信息，相互合作，使那些未能开展心理健康教育工作的地区和

学校的学生也能及时接受教育，并解决他们所要解决的问题。

设立大学生心理健康网络教育机构。可以设在高校的网络教育学院，作为一个研究所与大学生心理健康教育中心协作，专门开展大学生心理健康网络教育，负责大学生心理健康网站的教学、咨询、测验等，利用网络普及并推广心理健康教育。

（三）基于网络环境的大学生心理健康教育师资培训策略

1.培训大学生心理健康教育专兼职教师与咨询师

开展网络环境下的大学生心理健康教育工作要求建设一支以少量精干专职教师为骨干，专业互补、专兼结合、结构多元、相对稳定的大学生心理健康教育工作队伍。高校要开设大学生心理健康教育专业，加强专职心理咨询师培训和资格认证工作，为高校心理健康教育培训高质量的专职师资，再由心理健康教育专职教师和专职咨询师对兼职心理健康教育工作者，包括心理健康兼职教师、医生、班主任、辅导员等进行培训，不断地提高他们从事心理健康教育工作所必备的理论水平、专业知识和技能。

2.培训大学生心理健康教育工作者的多媒体网络技术

网络时代要求大学生心理健康工作者不仅要具备心理健康教育的专业知识和技能，而且要具备熟练操作计算机网络、运用网络技术和网络软件的能力，自觉把网络技术整合到心理健康教育实践中，才能使心理健康教育更深入、更有效。没有熟练的网络知识技能就无法与学生对话，也无法开展网络心理健康教育。所以，应在大学生心理健康教育专兼职人员中开展多媒体网络技术培训，使其能够熟练地运用常用网络软件和工具，增强心理健康教育信息的表现力，进而提高心理健康教育的工作效率。

（四）基于网络环境下的大学生心理健康教育途径

传统的高校心理健康教育主要通过两种途径来实现：一是依靠高校为大学生提供的心理健康教育课程、讲座与报告；二是依靠专职或兼职教师对大学生进行心理咨询。随着网络介入高校心理健康教育中，它为传统的心理健康教育注入了全新的活力，为心理健康教育开辟出新的途径。

1.创设网络心理健康教育

网络心理健康教育既是心理教育新的发展方向，也是一种专门的网络教育活动，它专门针对学生的网络心理问题进行防范和治疗。网络心理健康教育可以引导学习者正确认识虚拟世界与现实世界的人际关系，关注学生的内心世界和情感世界，使之构筑起现实社会与网络社会和谐如一的完善人格。通过网络心理健康教育，实现心理健康教育资源的集合与共享，全面加强大学生心理健康教育工作。

2.新媒体渗透于传统心理健康教育

21世纪，心理健康教育方法的现代化包含两方面的含义：一是心理健康教育过程的现代化；二是心理健康教育手段的现代化。充分利用网络信息资源，促使大学生心理健康教育方法的现代化，关键就是要充分利用教育信息化的资源和优势，把信息网络技术充分运用并渗透到每一个传统的心理健康教育途径和环节中去，建立一张学校、家庭、社会、媒体四结合的大学生心理健康教育网络。21世纪心理健康教育方法现代化改革的思路应紧跟教育信息化发展的时代步伐，在传统的大学生心理健康教育途径的基础上充分利用信息网络资源和媒体技术，抓住机遇，扬长避短，充分发挥信息网络技术的优势，并认真研究网络环境下大学生心理健康教育工作的特点和规律，积极探索进一步加强和改进大学生心理健康教育工作的新途径和新办法，全面推进素质教育。

（五）基于网络环境下的大学生心理健康教育资源优化策略

1.加快网络过滤技术研究，优化心理信息资源

要努力净化网络环境，抵制消极、腐朽思想的渗透和影响，抑制低俗文化趣味和非理性文化倾向，引导网络文化气氛向健康高雅的方向发展。在整个网络信息资源建设中，高校校园网和心理健康教育网站应成为最好的小环境之一，向大学生提供科学的、经过筛选的、优质的心理健康信息资源，并向大学生推荐绿色的心理网站。同时，要净化网络信息空间就必须对网络内容进行监控和过滤，同时也要开发和安装先进的过滤软件、对网络信息的内容进行审查和筛选、及时发现和剔除不良信息、减少信息欺诈采取多重信息保护措施、对网络上的非法信息进行屏蔽等。以确保高校心理健康网络信息的真实性、科学性、健康性。

2.加强网络规范立法、净化网络环境

面对网络多元文化的冲击，心理素质欠佳且辨别能力尚弱的青年大学生们常常感到难以适应，极易陷入压抑、不安、不知所措的心理状态，甚至

导致网恋、网络成瘾、网上暴力和犯罪等。为了大学生的健康成长，全社会要倡导健康的网络文化氛围，高校要向大学生推荐绿色优秀网站，并积极营造良好的校园（网）精神氛围（物质环境、精神环境、制度环境），以建立和完善高校校园网络有害信息监察制度。但是，要改变网络信息传递的无序状态，制定网络法律才是当务之急。必须实施网络法制，依法打击网络犯罪和利用互联网从事非法活动者，维护正常的网络秩序。

（六）大学生心理健康教育的网络服务策略

1. 建立校园网大学生心理健康与咨询管理系统

在高校校园网上建立大学生心理健康与咨询管理系统网站，综合进行网络心理健康教育，并开通心理健康网络课堂、开展在线心理咨询、在线心理测验、心理健康电子档案管理等工作，面向全体学生普及大学生心理健康知识、心理测验和心理训练等教育服务。目前，各高校校园网心理健康资源数量与质量不平衡；大学生心理健康与咨询管理系统开通使用情况也不尽一致，该项服务是最近两年刚开发的大学生心理健康电子档案管理软件，现在正处于探索阶段。

2. 延长在线心理咨询服务时间

目前，高校在线心理咨询开放时间与学生课余时间不匹配。在线心理咨询开放的时间与学生上课的时间并行；而中午、晚上和周末学生课余有时间咨询的时候，在线心理咨询却很少在这些时间段开放或者根本不开放。如此在线心理咨询形同虚设，起不到应有的作用，应安排人员在学生课余时间和周末时间在线值班，使在线心理咨询开放时段与学生课余时间段相匹配。

（七）基于网络环境的大学生心理健康教育课程教学策略

1. 系统开设大学生心理健康教育课程

大学生心理健康教育工作是一项系统工程，许多高校将它游离于课堂教学之外，仅开展课外咨询辅导，虽然零打碎敲地解决了一些问题，但受益面十分狭小。课堂学习是一种系统严密且循序渐进的学习途径，也是大学生学习心理健康知识的主渠道。把心理健康教育纳入课堂教学体系，系统开设相应的必修课和选修课，并且积极开展心理训练，能够调动全体学生自我心理发展的自觉性和主动性，有助于学生集中、系统、全面地了解自身的心理发展规律，并掌握心理调节的方法，全面提高自我教育的能力。

2.采用多媒体教学

采用多媒体教学技术，在课堂上充分运用电影、心理访谈、音乐、纪录片、电视录像等音频和视频材料，给学生较大的感官刺激，充分调动学生的学习积极性。更重要的是，多媒体课件里的超链接可通过各种搜索引擎随时切入网络庞大的信息库中，以选取有价值的心理知识、心理理论、心理案例、心理测验、心理咨询等信息。通过多媒体教学，让学生明白网上不只有游戏、电影、QQ、E-mail等，更有价值的是互联网上有取之不尽、用之不竭的包括心理健康在内的各种科学技术网站和学术期刊全文数据库等专业学术信息，从而引导大学生转变"上网就是打游戏、看电影、QQ聊天、发邮件"的观念，使其把上网的主要精力和时间用在专业学习和增进心理健康上来。

3.延伸到网络虚拟课堂

要充分发挥环境对人"潜移默化"的影响，营造良好的大学生心理健康教育网络环境，并展开多种形式的网络心理健康教育。网络心理健康课堂应该成为网络心理健康教育新的发展方向，它整合了大学生心理健康教育的内容和多媒体网络技术的优势，可以系统地、集中地、秘密地解决某一类人的某一类心理问题，突破传统课堂的时空限制，随时随地聆听与观看，且提供下载和反复观看，直到问题解决为止，非常便于学生的自主学习和心理健康的自主维护。

（八）基于网络环境的大学生心理健康知识获取策略

建构主义提倡在教师指导下的以学习者为中心的学习，既强调学习者的认知主体作用，又不忽视教师的主导作用。教师是意义建构的帮助者与促进者，而不是知识的提供者与灌输者；学生是信息加工的主体，也是意义的主动建构者，而不是知识的被动接受者和被灌输的对象。建构主义为大学生主动获取心理健康知识提供了强有力的理论指导。

1.基于问题的搜索

网络信息获取的快捷性和便利性特点，为大学生提供了大胆尝试，不断开拓，获得丰富心理健康知识的舞台。网络拓展了大学生的信息来源渠道，开阔了大学生的视野，扩大了信息量。学习者主要从在线的学习资源中获取信息，基本上可以在不与教师或其他学习者发生交流的情况下达到学习目标。面对互联网海量的信息，准确、快速地获取知识的最佳策略就是基于问题的搜索策略，即从自己想要了解或想要解决的心理问题出发，在各种搜索引擎上输入问题关键词进行搜索，就能获得大量与问题相关的心理知识，再沿着问题发散出去，又能获得更多且更广泛的心理健康知识。

2. 网页浏览式搜索

要从互联网上获取有价值的心理健康知识信息，除了应用搜索工具采用基于问题的搜索策略之外，另一个有效的策略是浏览知名高校校园网心理健康教育或心理咨询的网站。这些优秀网站上提供的丰富的心理健康知识足以支持四年大学的学习、生活之需，大学期间利用业余时间不断浏览并下载积累，对大学生心理健康大有裨益。

（九）基于网络环境的大学生心理健康的自主维护策略

心理健康在广义上是指一种高效而满意的、持续的心理状态；在狭义上是指人的基本心理活动的过程内容完整、协调一致，即认识、情感、意志、行为、人格完整和协调，能适应社会，并与社会保持同步。因此，开展大学生心理健康教育工作既要重视心理健康知识的传授，又要注重学生建构与维护心理健康技能的培养。

1. 加强大学生的自我保健教育

"心病还得心药医。"心理问题的解决是一个积极的自我锤炼的过程，从这一意义来说，每个人都应该成为自己的心理医生。因此，我们要引导大学生加强自我保健，让他们成为自己的心理保健医生。在课外教育指导中，注意引导大学生主动参加"素质拓展"等多种社团活动，使大学生自我生存、自我调控、自我激励、自我发展和自我认知的能力不断得到提高，促进其心理健康的自觉意识不断增强。开设系统的心理健康知识和心理训练课程并推荐优秀的心理健康网站，让大学生学会自我心理调适的方法，消除负性情绪的心理困惑。

2. 鼓励大学生做自己的心理成长 Blog

很多网站上提供免费 Blog，让大学生在上面申请一个属于自己的空间，尽情倾诉自己的心声，记录自己的心路历程，直面自己心理的成长过程，并且进行自我管理与自我完善。这就是让大学生对自己的心理成长过程进行初步的管理，并更多关注自己每天的成长在 Blog 内容上的反映。在网络世界里，信息是流动的、是双向的，也是多点对多点的。在 Blog 系统里，每个用户都是信息的提供者，也是信息的享用者，其互动性释放得极其酣畅。大学生可以随意写下自己看到、听到或想到的信息，并发表评论和看法，在写 Blog 的过程中，大学生要调动自己的判断能力和语言文字表达能力；在浏览自己 Blog 的过程中，大学生要调动认知、情感、价值观念、道德判断、审美等心理因素进行积极活动。因此，在无形中加深了知识理解、进行了意义建构、锻炼了心智、陶冶了性情，这是突出大学生主体地位、调动大学生心理健康教育内部因素的最佳选择。

二、基于网络环境的大学生心理健康教育策略体系

让大学生学会自我保健，提高大学生心理健康的自主维护能力是大学生心理健康教育的最终目的和要解决的核心问题。基于网络环境下的大学生心理健康教育策略要在预防性原则、发展性原则、灵活性原则及主体性原则的指导下，建立并完善大学生心理健康教育机构，培训专兼职大学生心理健康教育师资的心理健康教育业务技能和多媒体网络技术，开拓心理健康教育的新途径，积极开展网络心理健康教育，并使新媒体渗透于心理健康教育各个环节，以优化心理健康信息资源、净化网络环境，加快高校校园网心理健康与咨询管理系统建设，延长在线心理咨询服务时间，开展大学生心理健康教育多媒体课堂教学和网络教学，促进大学生心理健康知识的获取，进而提高大学生心理健康自主维护的能力。

第六章 网络环境下大学生自我意识与情绪管理

第一节 网络环境下大学生自我意识

一、自我意识的结构

所谓自我意识的结构，主要是指自我意识具有哪些表现形式，以及自我意识包括哪些心理成分。从自我意识的表现形式来看，自我意识可以分为自我认知、自我体验和自我调控；从自我意识的心理成分来看，自我意识可以分为生理自我、社会自我和心理自我；从自我观念的角度来看，可以将自我意识分为现实我、投射我和理想我三个部分。不可否认的是，无论我们从哪个角度来分析自我意识的结构，都要清楚地认识到自我意识的内部结构是错综复杂的，自我意识的本身是一个各种"我"相互为用的综合心理系统。

（一）自我认知、自我体验和自我调控

从形式上来看，自我意识可以从知、情、意三个维度来划分，并表现为认知的、情感的、意志的三种形式，即自我认知、自我体验和自我调控。

自我认知是自我意识的认知成分，它是主体自我对客体自我通过分析、判断、比较等思维活动得到的感知、评价等，包括对自己的身高、体型、样貌等外形特征的认识，对自己正在进行的记忆、分析、判断等的心理活动的认识，还包括对自己的言谈举止、仪态风度等外显行为的认识。自我认知的意识过程可以明确地告诉个体"我是谁""我是什么样的人"。自我认知包括自我概念、自我感觉、自我观察、自我分析和自我评价等，其中自我概念和自我评价是自我认知最主要的方面，其反映了自我认知甚至是自我意识的发展水平。自我认知是自我意识的主要成分，是自我体验的前提，也是自我调控的基础。

自我体验属于自我意识的情绪成分，是一个主观的心理过程，也是个体在自我认知的基础上对自身引发的一种情绪体验。这种情绪体验既可以是正面的，比如自尊、自爱、肯定、接纳、优越感等，也可以是负面的，比如自卑、否定、不满意等。如果个体感知的现实自我比理想自我好，就比较容易产生正面的情绪体验；如果个体感知的现实自我没有理想自我好，则容易产生负面的情绪体验。自我体验以情绪体验的形式来表现个体是否悦纳自己，主要涉及"我是否满意自己或悦纳自己"等问题，良好的自我体验有助于个体进行自我调控。

自我调控体现的是意志的维度，是指个体对自己的外显行为和心理活动的制止、发动过程，表现为个体对自我的认知、情绪、行为、动机等有一定的控制能力，它包括自我监督、自主、自立、自我塑造、自我克制、自我教育等。自我调控能力较强的个体在做事的过程中更加自制、自律、独立和坚定，往往有详细的计划，不太容易受内在和外界影响；相反，自我调控能力较弱的个体更容易受到内部情绪的阻力和外在因素的诱惑，往往缺乏主见，且遇到困难容易产生退缩和畏难情绪。

自我认知是自我体验和自我调控的基础，自我体验强化着自我认知，并决定了自我调控的方向和行动力度，自我调控又对自我认知和自我体验起着调节作用。

（二）生理我、心理我和社会我

从内容上来看，可以把自我意识分为生理我、心理我和社会我三种维度。具体来说，生理我是指个体对自己生理属性的意识，包括个体对自己的身高、容貌、舒适感、病痛感等方面的意识；社会我是指个体对自己社会属性的意识，包括个体对自己在各种社会关系中的角色、地位、权利、义务、人际距离的意识等；所谓心理我，就是个体对自己的心理属性的意识，包括对自己的人格特征、心理状态、心理过程、行为表现等的意识。

这三个维度体现了自我意识的发展历程。个体首先是对自我生理上的认识，其次在社会实践过程中逐渐认识到社会自我，最后在生理和心理日渐成熟的时候获得心理自我。

（三）现实我、投射我和理想我

从自我观念的角度来看，又可以把自我意识分为现实我、投射我和理想我三个部分。现实我是个体站在现实的角度所认识到的真实的自我，也是对个体的现实状况和实际行为的最真实的反映；投射我是个体想象中的他人眼中的自我，它与现实我可能存在差距，但是，对于现实我的形成却起着非常重要的作用，因为人们总是把他人对自己的看法和评价作为重要参考，以形成对自我的认知；理想自我是指个体经由理想或为满足内心需要而在意念中建立起来的有关自己的理想化形象，由于人们总是按照理想自我来塑造自己，因此，理想自我往往是现实自我努力的方向。在正常情况下，当理想我的形成建立在对现实我有较为客观的认识之上时，理想我和现实我就会慢慢协调一致，从而使自我意识得到健康而良好的发展。

总之，自我意识作为一个复杂的、高级的心理系统，无论是从哪个角度来分析它的结构，都会得出不同的结论。事实上，每一种结构都是一个健全的自我意识所必不可少的一部分，这些不同的"我"互相作用、互相平衡、互相联系又互相补充，从而形成一个完整的自我意识的体系。

二、网络背景下大学生自我意识发展的新特点

（一）全方位的自我认识

大学生自我感觉的意识明显增强。他们不仅关注自己的外表、行为举止等外在因素，而且更关注自己的性格、智力、交际能力、组织能力等内在的因素，力图将社会的期望内化为自我的品质，并对自己作出较客观的评价。大学生自我分析的广度拓宽，自我形象日趋完善。他们对自我的分析不仅涉及生理、心理等一般问题，还涉及自己在大学生群体中、在社会中以及在网络世界里究竟处于什么地位。大学生自我评价能力增强，大学生能通过多种评价途径较全面地分析评价自身优缺点，以寻求合适的角色位置，并形成相应的抱负和期望。

（二）主动深沉的自我体验

大学生的自我情感体验丰富且深刻。自我体验更多地与自己的个性品质、社会荣誉及自我在社会中的发展前途等联系起来，而且大学生的独立意识进一步增强。

（三）自我控制的自觉性、主动性、社会性增强

大学生的自我调控能力在自觉性、坚持性和自制性的水平上明显高于中学生，自我设计和自我发展的愿望十分强烈；大学生的理性认识增强，经

验增多，行为过程中逐步能以社会规范和内心信念来要求自己，自控意识明显提高；呈现由被动性自我控制向主动性自我控制发展及由自我控制向自我教育发展的新特点。

三、完善网络环境下大学生自我意识的对策

在大学生自我意识的发展和完善方面，教育工作者已经开展了多项研究工作，但是对于大学生自我意识培养的实践来说还远远不够。目前的研究还存在理论研究多、实证研究少，以及研究内容不够细化深入、定性研究多、定量研究少等方面的问题，需要进一步改进和提高。

（一）家庭教育是完善大学生自我意识的基础

家庭是个体最直接接受教育的地方，家庭教育对个体的身心发展起着决定性的作用。家庭的经济状况、教育条件，父母的教育思想、教养、教育方式，家庭成员之间心理气氛，等等，都会影响个体心理各方面的发展，包括自我意识的发展。大学生虽然远离父母，与家长面对面接触的机会变得少之又少，但家庭教育仍对大学生自我意识的发展起着非常重要的作用。

1.建立多样化的沟通渠道

随着社会的发展和科学技术的不断进步，人与人之间的沟通已经变得便捷而多样化。手机与网络的普及，大大缩短了沟通的距离。不同的沟通方式起着不同的沟通效果。语音通话比较直接，可以清晰明了地解决问题；手机短信或者电子邮件方便把一些不便于在电话中交流的内心想法充分地、有条理地表达出来。

虽然大学生不经常在父母身边，但在心理上还是对父母有很大的依赖性。当大学生在生活中遭遇一些挫折的时候、悲观失望的时候或缺少自信的时候，他们会很渴望得到父母的理解、安慰和支持。愿意主动和家长联系的大学生会在需要的时候及时地得到父母的帮助，问题也会得到很好的解决。但是，有的大学生并不愿意什么事情都和家长说，他们往往诉诸其他的渠道，比如朋友、教师等，有的时候效果不一定很好，因为最了解学生的还是学生家长。因此，家长要建立有效的、畅通的沟通渠道，与大学生保持适宜的联系，并通过不同的沟通方式，有针对性地即时疏导大学生心理上遇到的种种问题，帮助他们不断地完善自我意识。

另外，大学生每年的寒暑假也是家长可以把握的难得的机会。假期大

部分大学生都会回家，通过面对面的接触和交流，家长可以更全面地观察和了解子女在校的情况和其自身发生的变化。大学生们在大学期间接受的教育和熏陶、经历的各种各样的事情对他们的影响往往会在他们的言语表现、一举一动中有所流露，家长在和孩子相处的过程中通过交流、观察等方式，可以发现他们身上的各种变化，即使是很细微的变化。如果发现他们的人生观、价值观等存在不妥的地方，家长可以采用平和的方式，语重心长地、慢慢地、循序渐进地帮助他们改正错误的看法和思想意识。

高校也可以通过一定的方式和大学生家庭建立沟通机制，及时向家长反映他们在学校的各种状况，尤其是在发生了对大学生心理产生较为严重影响的事情时，比如竞选学生会职位失败、期末考试挂科等，以协助家长及时帮助学生化解消极情绪。

2. 完善家长的教育理念

每一位家长都希望孩子能够健康成长，但许多家长对健康的理解仅仅停留在孩子身体健康的层面。事实上，健康绝不仅仅是身体健康，还包括心理健康并具有社会适应能力。大学生作为社会的个体，需要身体健康、心理健康与社会适应能力的和谐发展，才能更好地在这个社会上生存。尤其是随着社会的发展，各种各样的心理问题层出不穷，家长的教育理念更要随着时代的发展而不断更新，在注重大学生身体健康的同时，更加关注大学生的心理健康，即树立全新的教育理念。

可以从三个方面来完善教育理念：一是在注重大学生学习成绩的同时，加强对大学生其他方面能力的培养，包括良好的心理素质、人际关系协调能力等；二是家长在积极营造温馨、和睦与民主的家庭育人氛围的同时，摒弃遇事批评、否定的教育方式，以宽容的态度处理大学生遇到的种种矛盾，做到张弛有度；三是不要想面面俱到地控制孩子的言行，应该给孩子提供足够的个人成长空间。

良好的教养方式有益于大学生自我意识朝着积极的方向发展，从而为大学生子女形成良好的人格、成长成才、全面提高和健康发展奠定坚实的基础。

3. 提升家长的心理修养

家庭教育在大学生成长成才的过程中所起作用的方式不同于其他，家庭教育更多的是家人之间相互交流的潜移默化和相互浸染，这种方式对人的影响较为深刻。

到了大学阶段，因为家长和大学生子女之间的交流受到时空方面的条件限制，这就决定了家长和大学生在交流的过程中，家庭教育的质量显得尤为重要。家长必须对心理方面的知识有一定的了解和储备，才能保证交流的质量，做到有的放矢，才能及时帮助大学生解决心理上的各种困惑与问题，从而使大学生的自我意识不断地得到完善。

家长可以通过多种渠道进行心理知识的学习，比如，通过看书、上网等方式，自学心理知识；参加心理知识学习班，接受系统的培训；参与社会与社区举办的心理实践活动，提高理论联系实际的能力；等等。

4. 发挥榜样的示范作用

榜样的力量是无穷的。家长在为人处世时就应该注意自身的观念和方法，处处以身作则，给大学生子女做榜样，使他们在潜移默化中受到乐观的、积极的熏陶。这样大学生在遇到问题的时候，会自觉地将自己的行为与家长相对照，从而帮助他们在自己的生活中学会如何正确地处理人际关系、如何恰当地面对成功和失败，以及如何科学地调节情绪等。

（二）学校教育是完善大学生自我意识的核心

学校教育是一种有计划、有组织且非常系统地教育和培养人的社会活动，也是个体一生所接受的各种各样的教育中最为重要的一部分。大学生通过在学校系统地学习基础文化知识，接受关于价值理念、社会规范、道德准则等方面的指导，来不断地促进个人的身心发展，不断地促进自我意识的完善，使个人适应社会的能力不断增强，从而更好地实现大学生的人生价值。个体自我意识的发展和完善实际上就是个体不断适应社会并与社会相统一的过程。因此，学校教育对大学生自我意识的发展和完善起着至关重要的作用。

那么，学校应该采取什么样的措施，采用什么样的手段，才能有效地促进大学生自我意识不断地发展、提高和完善呢？

1. 重视校园文化建设并营造良好的心理健康氛围

良好环境的熏陶有利于个体的健康成长。对于学校而言，良好的校园环境及健康的积极的心理氛围，除了整洁的外在的硬环境外，还应该包括以文化为支撑的软环境。因此，学校应该在建设校园文化方面大力发展，弘扬校园文化精神，提高校园文化品位，从而增强校园环境的育人功能，为大学生营造一个积极发展和完善自我意识的良好环境。

建设合理的校园规划和布局，以及美观的校园建筑、优雅的绿化环境，使大学生身心愉悦，不自觉地激发他们积极的情绪体验。

从小处着手，注重细节，营造积极的、引人向上的精神文化氛围。比如，在学校比较醒目的地方设置一些激励人心且促人进步的名人名言；在校友长廊布置成功校友的精彩事迹；以宣传栏或者广告板的形式来讲述类似心灵鸡汤的心理故事等。这样可以使大学生在日常生活中潜移默化地接受引导，并使他们的自我意识朝着积极的方向逐渐发展。

严谨规范的制度、和谐有序的校风以及诚信勤恳的学风，都会激发大学生积极向上的情绪体验，这些是一个学校健全的规章制度潜在的育人功能。健全的规章制度在发挥其正面作用的同时，又会促进其他因素相互融合，相辅相成，从而为大学生的自我意识正向发展提供一个宏观的健康环境。

2. 开设特色心理课程

大部分高校在大学生心理发展方面只开设"大学生心理健康"这一门课程，作为必修的校级选修课在全年级开设。"大学生心理健康"的内容比较全面，但由于课时有限，内容又较多，造成了教师讲课时虽面面俱到，但每个方面又都讲得比较泛化，不够深入、不够透彻。而大学生们对心理知识的需求又不尽相同，有的想了解抑郁，有的想关注挫折，大学生想单纯通过上"大学生心理健康"课的形式进行自我调节、自我教育，效果还不是十分理想，他们往往很难有效地对自身存在的问题进行疏导，加之有些学生对心理问题存在认识上的误区，对学校的心理咨询中心也望而却步。虽然学生可以通过自己查阅资料来学习相关知识，但他们毕竟不够专业，很难把握资料的真实性与有效性，更不用说如何与自己的实际症状相结合，这就导致许多大学生的不良情绪和不良体验得不到及时疏导，从而影响他们的自我评价、自我体验等。

为了解决现实中存在的这些问题，更好地帮助大学生完善自我意识，可以从课堂和实践活动两个方面着手。

针对目前高校大学生较为关注的且普遍存在的影响大学生自我意识发

展方面的心理知识，分门别类地开设专门的有特色的心理课程，如人格心理学、成功心理学、恋爱心理学、认知心理学、性心理学等。大学生们可以针对自身的需求来选修这些课程，以提高理论知识水平，提高自我认识和自我教育的能力，促进自我意识的不断完善。

在开设特色心理课程的同时，应注重教学理念的提升。这些针对不同问题所开设的特色课程，目的就是使学生通过自身的努力来缓解和解决自己的问题，教师在教学过程中应体现学生的主体性，并协助学生在充分了解相关知识的前提下，参加心理训练、进行充分的心理体验，并协助他们认识自我、完善自我。

除了发挥课堂教学的积极作用，还应该充分利用心理实践活动的优势，让大学生在实践活动过程中，增加自我体验，通过自己的亲身经历去分析比较，然后发现自己的不足和弥补的方向，从而促进自身的完善。

（三）社会教育是完善大学生自我意识的保障

社会教育是旨在有意识地培养人且有益于人的身心发展的各种社会活动。社会教育日益发展，尽管目前在整个教育体系中还处于辅助和补偿地位，但越来越显示出了不可替代的作用。新闻、文艺、出版等方面坚持弘扬主旋律，可以为大学生营造良好的社会氛围，为大学生提供丰富的精神食粮；良好的思想、文化、艺术等社会主义精神文明的教育，可以使大学生在良好的熏陶中提高修养、品位等。总之，良好的社会教育有利于大学生的身心发展，也有助于大学生自我意识的完善。

1.发挥主流意识形态的引导作用

当前，我国正处于社会转型期，各种市场经济体制下的如功利主义、拜金主义等意识形态，不可避免地影响着大学生的认知。因此，要积极构建社会主义和谐社会，加强对主流意识形态的宣传，以充分发挥主流意识形态的引导作用。第一，坚持以理想信念教育为核心，引导大学生树立正确的世界观、人生观和价值观；第二，以爱国主义教育为重点，引导大学生培养较强的民族精神；第三，以基本道德规范为基础，引导大学生提高公民道德意识和水平；第四，以大学生的全面发展为目标，加强大学生的素质教育，促进大学生和谐发展与健康成长。

2.发挥大众传媒的引领作用

现在，大众传媒日益发达，电视、报纸和网络各自发挥着不同的作用。与大学生联系最为密切的就是网络，这个新兴媒介所传播的信息最为广泛，手段也比较便捷，但是内容的审核却比较薄弱，这些信息很容易导致大学生自我认知和自我体验的偏差。因此，政府应该加大管理力度，以净化媒体，使主流媒体充分发挥引领作用。

发挥大众传媒的引领作用，可以从以下几点着手：一是加强主流意识形态宣传，引导大学生确立积极的追求和目标；二是加强心理健康宣传，使大学生在思想上重视，在行为上知道如何应对；三是开展一系列有利于大学生自我意识发展的活动，以发挥媒体的正向引领作用。

3.发挥社会舆论的教育作用

社会舆论是社会公众关于某一事件或现象的议论和意见，它包含了对此事件或现象是非曲直的评价。因此，社会舆论要充分发挥其舆论引导的宣传教育功能，并在全社会弘扬中国传统美德、社会正气及核心价值体系，倡导诚实守信、自立自强的良好社会风尚，评判各种不正确、不道德的思想和行为，为大学生的人格成长与自我意识的完善树立正确的评价标准。

4.发挥社会文化的辐射作用

社会文化特别是流行文化如影视剧、娱乐杂志、音乐、网络文学、大众艺术等文化形式对大学生思想观念的影响很大。大学生往往以书籍和影视剧中所塑造的人物形象为学习的榜样，且认同这些人物的思考方式、行为模式及价值观念。所以，要在充分重视社会文化的教育价值的前提下努力创造符合社会主旋律的、健康向上的社会文化，潜移默化地影响和引领青年大学生不断追求高尚的人格目标，并促进自我意识的健康发展。

第二节 网络环境下大学生情绪管理

一、情绪管理内涵

情绪管理是工作场所中个体在多重规则管辖下出于不同目的使用不同情绪技能的过程。情绪管理在组织行为学的研究中，通过情绪管理来帮助员工处理工作中遭遇的负面情绪和缓解工作压力，对提高工作效率、实现优化企业管理具有积极意义。在心理学领域的研究中，情绪管理的研究多从情绪智力这一视角出发，情绪管理的概念不仅是个体情绪状态的控制与调节，运用合理的策略和教育方法，对群体的情绪管理能力也具有积极促进作用。

情绪管理不仅是组织行为学、心理学和认知科学的重要研究内容，也是当前思想教育的重要范畴。从理论角度来看，思想教育不只是一种针对政治知识的认知活动，其根本目的是通过理想信念建设、价值观引导、认知方式的改变及情绪的疏导，使大学生树立远大的理想和积极的人生态度，并为其以后走向社会打下良好的心智基础。从现实角度来看，情绪管理也是思想政治教育者在实际工作中需要面对的问题。大学生处于人生的转折期和快速成长期，其情绪具有波动性和两极性，当面临现实与理想的差距、升学与就业的迷茫、困难和挫折的打击，以及功利化价值观念的冲击时，他们随时会产生情绪的波动和起伏。思想教育者要通过合理有效的思想观念、政治观点、道德规范的引导、实效性的情绪管理教育与实践，来破解大学生心理问题。

情绪管理教育就是运用有效的方法和教学实践，让大学生在社会的环境下正确认知自我、感知自我和他人的情绪，形成良好的人生观、价值观和世界观的教育实践。情绪管理主要涉及两个方面：一是认知自我的情绪，认知是情绪管理的基础，因为认知和分析情绪的来源是情绪管理的基础所在，如果不能正确辨识和认知自身的情绪，情绪管理也就变成了空谈；二是管理自己的情绪，这是情绪管理的最终目标。我们情绪管理的目的不是消灭情绪，而是转化情绪、调动情绪和利用情绪。

二、情绪管理的重要性

进入青春期的大学生，正处于身心发展的特殊时期，大多数是独生子女，表现出特定群体的情绪特点。首先是多样性，随着自我意识的不断发展，各种新需要的强度不断增加，具有多样性的自我情感，如自尊、自卑、自负等；其次是冲动性，表现在对某一种情绪的体验特别强烈、富有激情，随着大学生自我意识的发展，对各种事物都比较敏感，再加上精力旺盛，因此情绪一旦爆发就较难控制；再次是矛盾性，大学生情绪的外在表现和内心体验并不总是一致的，在某些场合和特定问题上，有些大学生会隐藏、文饰和抑制自己的真实情感，表现得含蓄且内隐；最后是易于心境化，即尽管情绪状态有所缓和，但拉长了这种情绪状态，其余波还会持续相当长的时间。

　　由于大学生的这些情绪特点，容易产生一些常见的情绪困扰。情绪困扰是一种心理状态，也是个体受到外界事物、事件等客观环境的影响或个体内部发生矛盾、冲突而无法及时有效解决所产生的一种负面的、消极的情绪体验。大学生常见的情绪困扰表现为以下五点：一是焦虑。对将发生的某种情景或事件感到担忧和不安，又无法采取有效的措施加以预防和解决时所产生的情绪体验，如考试焦虑、适应焦虑、健康焦虑、选择焦虑等，使人处于一种无所适从的状态，总是担心将要发生的事情，容易导致坐立不安、忧虑、担心、恐惧或过度警觉等不良反应。二是自卑。它是由于某种心理或生理上的缺陷或其他原因而引起的自我轻视的情绪体验，主要表现为对自己的学识、能力等自身因素评价过低。由于生活环境和学习环境的改变，部分大学生由高中时期的"佼佼者"变成大学校园中的"普通一员"，这种地位的改变是造成部分大学生自卑的重要原因，还有一些学生由于家庭条件差或自身某些不足而自卑。三是抑郁。这是大学生对自己某一方面的需要得不到满足而引起的一种持续稳定的心理状态。当个体感到无法面对外界压力时，常常会产生这种消极情绪。一部分大学生由于不喜欢所学的专业，感到前途渺茫，或是由于人际关系处理不当、失恋等问题而导致情绪低落，甚至萎靡不振、自暴自弃，体验不到生活与学习的乐趣，并伴有食欲减退、失眠等。四是人际交往障碍。在人际交往中常常表现出紧张、不自然，讲话缺乏逻辑性，有时甚至不知所措，缺乏自信心，或是对他人的言行敏感、多疑、不信任等。五是易怒。研究表明，青春期的大学生内分泌系统正处于空前活跃时期，大脑神经过程的抑制和兴奋发展不平衡，内制力较差，容易冲动。有的大学生因为一件小事或一句话便暴跳如雷，或出口伤人。

　　大学生情绪困扰的直接后果是导致行为和社会适应不良，进而导致心理疾病。研究表明，人在生气的时候，体内免疫细胞的活性下降，人们抵御病毒侵害的能力减弱，这样就会引发有机体本身器官功能障碍，甚至是躯体疾病。消极情绪会干扰人的理性判断，消极情绪还具有感染性和弥散性，故学会情绪管理对情绪稳定、适应能力和心理健康水平有一定的促进作用。通过加强情绪管理，使学生对自身心理状态加以有效调节，保持良好、健康和积极的情绪状态，有助于提高学生对外界环境的适应能力和心理健康水平。

三、大学生的情绪特点

大学阶段是人生的第二个"心理断乳期",也是一个非常关注自我、注重个性表达、情绪体验丰富且情绪波动起伏的时期。大学生常见的情绪有快乐、兴趣、羞愧、内疚、羞涩、悲伤、惊奇、敌意、愤怒、蔑视、厌恶、恐惧等。大学生情绪具有如下四个特点:

第一,丰富性。从自我意识的发展来看,大学生出现较多的是自我体验、自我尊重的需要强烈,易产生自卑、自负等情绪;从社交来看,大学生的交往范围日益扩大,同学、朋友及师长之间交往频繁,有的大学生开始了恋爱,情绪表现得更细腻、更复杂;大学生通过各种活动了解社会,学习社会的道德规范,对自己的身份、角色、志向、价值等问题有了更深入的思考,其理智感、美感、集体荣誉感等高级情感也有所发展。

第二,不稳定性。由于大学生的人生观和价值观还未完全定型,认知能力还有待提高,大学生的情绪活动往往强烈而不能持久,情绪活动随着认知标准的改变而改变。阴晴雾雨变化是大学生情绪常见的现象,风平浪静之后可能又是急风暴雨。大学生的情绪容易从一个极端走向另一个极端,高兴时忘乎所以,看什么都顺眼;消沉时心灰意冷,看什么都别扭,情绪呈现不稳定状态。

第三,掩饰性。大学生随着知识水平的提高及思想内涵的丰富,在情绪反映上比较隐晦。他们已具备在一定的情景下压抑控制自己愤怒、悲伤等情绪,而将真实的情绪掩饰起来的能力,形成外在表现和内心体验不一致的特点。他们会根据一定的条件来表达情绪,如对一件事情或对某人明明是厌烦的,但由于种种原因,其可能表现出较好的或不在意的态度。

第四,冲动性。大学生的情绪往往表现得快而强烈,常因一点小事振奋不已、豪情万丈。大学生情绪的冲动性一般表现为对外部环境或他人的不满,情绪失控,语言与行动极富攻击性,如果不予以引导,会给大学生本人以及社会带来危害。

四、负面情绪对大学生的危害

（一）损害大学生的身体健康

情绪是一种包含生理的心理过程,情绪上的每一次变化都能引起生理上的一系列反应,如激动时会有血压升高、呼吸急促、瞳孔变大、胃肠蠕动减弱、心跳加快、血管收缩、面部潮红等变化。现代医学认为人类的大部分疾病都与情绪有关，如果我们经常处于消极或紧张的情绪状态之中，就可能使体内器官和组织陷于不正常的活动状态，久而久之会造成心理和生理的紊乱。我国传统的中医也认为，情志过极或持续时间过长，就会导致五脏气机紊乱而生病，如喜伤心、怒伤肝、思伤脾、忧伤肺、恐伤肾、惊伤心胆。

另外，情绪还与某些疾病的转化有关，正面情绪对某些疾病如癌症的好转有辅助作用，而负面情绪则会导致疾病的恶化。

（二）影响大学生的心理健康

负面情绪会干扰大脑正常的活动，破坏人的正常判断力，甚至导致各种神经和精神病。据调查，常见的焦虑、抑郁病、神经衰弱等心理问题大多数与负面情绪有着密切的关系。长期处于负面情绪的状态中缺乏良好的调节，就很容易沉浸在过分痛苦、空虚与无聊的状态中不可自拔，为了寻找心理上的寄托，就会在酗酒、吸毒、网络游戏及自残甚至伤害他人等行为中沉沦。一方面，这些事物都让我们的情绪变得冷漠或麻木，在低潮时，为我们带来舒服、愉快的感觉，让我们感觉到自己还活着；另一方面，凭借沉溺于这些事物也可以免除忧郁和失落感以及寂寞和孤独感，使我们无须面对真实的痛苦，因而也就觉察不到任何与伤害有关的情绪。用这种自欺欺人的行为来逃避痛苦无疑是走上了一条不归路，不但无法根治不愉快感，而且会严重损害心理健康。

（三）导致大学生学业不良

进入大学后，面对教师授课方式和学习环境的改变，大学生们需要一个适应的过程，在这一过程中难免会出现一些不适，如果学习中的某些困难是在伴随着消极情绪体验的活动而产生的，那么学生通常会将之视为一种痛苦且难受的差使和负担，甚至视为对自尊心和安全感的障碍和威胁，因而他们会表现出退缩、厌倦甚至抵触，至多应付性地进行一下意志努力。作为大学生，他们从道理上完全明白学习的目标指向，他们也会为自己逃课等不良行为而感到后悔，但是一部分同学的自制力、意志力差，不能及时调整情绪状态，出现不及格现象，进而通过沉迷网络游戏等进行自我麻痹，从而逃避学习不良给自己情绪带来的不适。

（四）造成大学生人际关系紧张

人具有社会属性，需要在与他人的交往中获得社会归属感，而和谐融洽的人际关系不但能使人从感官上感受到轻松愉快，更是事业发展与生活幸福所不可或缺的。和谐的人际关系是建立在融洽的双方情绪基础之上的；易发怒、缺乏同理心以及不能以宽容、友善的态度与他人交往，看不到他人长处、斤斤计较，而且不善于调节自己的消极情绪来约束自己的行为，就很可能导致人际关系的紧张和失败。人际关系紧张表现为对周围人充满敌意，长此以往，与周围人的关系紧张冷漠，缺乏沟通交流的对象，更不利于不良情绪的宣泄，将精力都浪费在不良情绪的消耗上，也会成为学业进步的绊脚石。

（五）影响大学生的人生观、价值观

负面情绪是人生中不可缺少的，也并非完全无益的，只要能在适度的时候及时调整，就会保持健康的情绪状态；但若不能及时调整，则会形成情绪恒常性，即个体从小表现和养成的经常出现的情绪色调。这种恒常性往往镶嵌在成长中的人的个性之中，并成为一个人个性的情绪特征。情绪特征是构成个性的主要成分，长期稳定的情绪表现被看作相应的人格特质，如多疑的、忧郁的、悲观的等，这些以负面情绪占主导的人格特质不仅对身心、学习和工作都是不利的，而且经常以此种心态来认识周围的事物会影响大学生的人生观、价值观。

（六）情绪困扰

情绪困扰是大学生群体中比较突出和普遍的问题，主要表现在以下几方面：

第一，自卑。自卑是自我情绪体验的一种形式，在心理学上又称为"自我否定"，主要表现为对自己的能力、学识、品质等自身因素评价过低。由于学习环境和生活环境的改变，部分大学生由高中时期的"佼佼者"变成大学校园中的"普通一员"，这种"地位"的改变是造成部分大学生自卑的重要原因，还有一些大学生由于家庭条件差或自身某些不足而自卑。有自卑感的大学生由于自我评价过低，导致行为畏缩、瞻前顾后、多愁善感，自尊心极强又过于敏感，严重影响其各方面的正常发展。

第二，焦虑。焦虑是一种比较复杂的消极情绪现象，也是人们对即将发生的某种事件或情境感到担忧和不安，又无法采取有效的措施加以预防和解决时产生的情绪体验。过分的焦虑使人处于一种无所适从的状态，总是担心将要发生的事情，坐立不安，注意力分散，办事效率低下。引起学生焦虑的主要原因有入学适应困难、学习问题（如考试焦虑）、人际交往（如社交恐惧引起的焦虑）、求职就业问题等。

第三，抑郁。抑郁也是极为复杂的情绪障碍，是正常人以温和方式体验到的、已经作为日常生活一部分的且持久的一种情绪状态。当个体感到无法面对外界压力时常常会产生这种消极情绪。一部分大学生由于不喜欢所学的专业，感到前途渺茫，或是由于人际关系处理不当、失恋等问题而过早"看破红尘"，导致情绪抑郁，他们的主要表现是情绪低落、思维迟缓、郁郁寡欢、闷闷不乐、兴趣丧失以及体验不到生活、学习的快乐，并伴有食欲减退、失眠等。

第四，易怒。心理学的研究表明，在一般情况下，情绪反应是由大脑皮层决定的。处于青春期的大学生内分泌系统正处于空前活跃时期，大脑神经过程的抑制和兴奋发展不平衡，内制力较差，容易冲动。易怒是大学生常见的一种消极激情，有的大学生因为一件小事或一句话激动得暴跳如雷，或出口伤人，甚至拳脚相加。

五、网络环境下大学生情绪管理能力的培养

大学阶段是人格发展和世界观形成的关键时期。大学生面临大学生活的适应、专业知识的学习、交友恋爱、择业应职等一系列重大的人生课题。由于大学生身心发展尚未完全成熟，情绪的自我调节和自我控制能力不强，复杂的自身和社会问题往往容易导致大学生产生强烈的心理冲突，从而产生较大的心理压力，甚至产生心理障碍和心理疾病。因此，研究网络环境下大学生情绪管理能力的培养，能更好地帮助大学生进行负性情绪的自我调节，对缓解大学生的心理压力、提高身心健康水平具有一定的现实意义。

（一）促进思想教育的"身体回归"

1.树立"以人为本"的具身教育理念

学校教育中身体域场的回归，是"以人为本"教育理念的体现。在现代教育中，功利化的应试教育对身体的轻视与奴役及家庭、学校乃至社会对身体教育的忽视使得学生身体素质明显下降。身体在教育域场中的"隐身"一方面是应试化教育环境的影响，另一方面是教育理念的导向。在情绪管理

教育这种特殊的认知活动中，我们要让身体回归到教育中，充分地发挥人的主观能动性，才能发挥"以人为本"的教育理念。教育理念"身体回归"并不是无迹可循的，教育为实现其目的，必须从经验即始终是个人实际的生活经验出发。高校情绪管理教育是以"学生全面发展"为本的教育理念，要引导学生正确认知自我的情绪，掌握情绪的控制方法，从而保持良好乐观的心态，不断的自我完善。情绪管理教育要充分发挥受教育者主体的主观能动性，要让大学生在受教育的过程中体验到自主的尊严，感受心灵教育的愉悦，让积极的情绪得到发展，使人的价值得到实现。

2. 引入"情绪体验"的情绪教育内容

在思想政治教育中引入情绪管理的教育内容，利用情绪和情感的非理性因素的体验以及身体认知的方式来改善大学生的情绪状态。只有在积极情绪体验中才能内化思想觉悟，让理性的思想指导行动。第一，要在思想教育中重视并引入情绪管理教育内容。开设情绪管理教育课程可以有效地加强学生的情绪管理的认知能力、调控力以及表达能力。情绪管理课程是疏导大学生情绪困扰、提高大学生情绪调节能力以及心理健康水平的有效措施之一。第二，在具身认知"体认"方式的指导下，身体回归的情绪管理教育内容要更加注重体验的作用。传统的情绪教育内容通过理论的教育课程来让学生学习情绪管理的内涵、作用、意义和调节方法，然而具身体验的教学内容不仅包括情绪认知和情绪调节的基础知识，还包括积极和负面情绪的调控策略和心理训练活动，以增强学生的情绪认知、体验、表达和宣泄能力。第三，在政治的教学中增加情绪体验内容。爱国主义、情感认同、政治认同和社会主义核心价值观不是空洞的概念，而是要在情绪的氛围中去感知，教育体验内容的增加会提升其教育效果。

3. 采用"具身认知"的情绪教育方法

具身认知强调身体、认知与情景三者统一的认知方式，我们以身体为基础的实践活动的创新就是在情景环境中，使身体、环境和情绪三者在动态的互动和表达中感知和理解自我和他人的情绪体验，掌握情绪管理策略。营造教学情境的多样化的教育方法有以下几种：

首先是采用具身引导法。情绪管理是一种复杂的心理机制和主观内在体验，不是单纯的理论的学习就可以改变的心理状态。因此，作为思想教育者，在教育中不仅要"教书"，更要"育人"，这就要求教育者要提升自身的情绪管理能力、学习情绪管理的策略和理论知识，以及提升自身的专业素质和教育水平，才能做到教育上的具身引导。另外，教育过程中要充分运用自己的身体语言、表情和肢体动作，从而做到寓情于景，以情动人。

其次是身体体验教育法。情绪管理教育教学不是灌输的过程，而是让受教育者发挥主观能动积极参与的过程。运用体验教育主要是为了让受教育者感受亲身经历的情绪，重新提取情绪记忆，在心理加工过程中会有很大部分的重合。具身情绪理论认为身体的体验对情绪的加工、表达和理解具有一定的影响。身体体验与情景交互的教育形式有利于人置身于真实性情境中，在情绪体验环境中，感知他人的积极情绪，化解自己的负面情绪。

最后是艺术情境教育法。艺术情境教育法就是运用音乐教学与艺术疏导方式将身体引入情绪互动体验中。国外的音乐教学也是运用了身体和音乐在环境中的交互来改变传统的认知教育模式。个体可以在教学中通过音乐、绘画、建筑、文学、艺术作品等获得积极的情绪体验。音乐家李斯特曾说，只有在那自由而温暖的音乐世界中，才能使我们紧蹙的额头从思想的重负和现实的压迫中得到暂时的解放；只有在情绪管理教育中强调"身体"的参与性，才能改变传统思想教育理论的灌输性，实现情绪管理教育的多样化。

4. 开展"身体参与"的情绪教育实践

"身体"是教育的承受者，教育者、受教育者及教育实践过程，都在身体参与下得以实现。在对当前大学生情绪管理教育中调查发现，"失身"是当前情绪管理教育的症结所在。在教育的现实困境中，一方面，大学生渴求着"身体"参与的具身化的情绪管理活动、实践和具身的策略学习；另一方面，则是当前教育中对身体的避而不谈。身体是教育实践组织与建构的意义扭结，从学校教育时空的制度化运作、纪律的最有效实施以及教育教学实践活动的组织安排，到知识的内化、个性的养成、品德的培养、自我的建构等，都离不开身体。因此，试图从身体域场回归，身体参与实践活动的展开才能提升情绪管理教育的有效性。社会实践的内容和形式是多样的，例如，以爱国主义教育为主题的参观活动，让学生在身体参与、感官观察和正具身情境中去形成爱国的情感；以"三下乡"为主题的社会公益服务实践活动，让学生在深入社区、深入农村、深入山区的公益志愿服务活动中得到自我能效感的提升和自我价值的实现，从而形成良好的情绪状态。进行以"理想与自我价值"为主题的团队辩论与讨论，开展社会主义理想信念建设的实践活动，让学生在辩论与讨论的积极的情绪和向上的团队合作氛围中形成积极情绪体验与价值观，树立理想信念。

（二）发挥思想教育主客体的交互作用

1. 发挥人的主观能动性

在现实中，思想教育工作者进行的思想教育大多数是单向的，主体对客体不断地施加影响，而弱化了客体对于思想教育内容的内化，轻视了客体的主体性作用，这样的教育方式其效果往往会大打折扣。对于情绪管理这样一种特殊的人本主义教育模式，在教育过程中只提高教育主体的重视程度与能力是远远不够的。不论是教育的目标——思想教育客体内在形成良好的情绪管理机制，拥有健康的情绪状态和较高的情绪智力水平，还是其运行的机制——通过思想教育客体自身对情绪进行的觉察和管理，都需要思想教育客体本身充分发挥其主观能动性，主动学习掌握情绪管理方法，通过这种手段，作用才能充分发挥出来。认识情绪管理的个体心理的内在运行机制，发挥个体的主观能动性，促进大学生积极主动地、系统地学习情绪管理的内容，他们就能对自己的情绪特点、情绪状况以及影响情绪的各种因素有一个深刻的认识，从而合理分析自我认知、自我约束和自我管理，以达到改善心理健康的目的，实现思想教育的部分目标，并为思想教育进行其他方面的教育打下良好的基础。

2. 注重情绪的个体差异性

首先，要营造人文关怀的管理与服务氛围，让大学生充分感受到辅导员与教师的人文关怀。具身教育理念的人文关怀强调身体的作用，教育者要充分运用身体语言、肢体动作及肯定的眼神产生共情的机制。这一系列来自"身体"的肯定和鼓励都会给学生带来人文的关怀。心理学家表明：肯定的认知评价能增强人的自我能效。当代美国著名的教育哲学家内尔·诺丁斯的关怀理论也认为教师的关怀行为能给予学生被关怀的温暖感受，是建立师生信任关系的基石。

其次，辅导员在进行情绪管理教育的过程中，要给予学生更多的具身人文关怀，并用身体语言、动作肯定和鼓励学生，用爱心化解大学生的情绪困扰，引导大学生在遇到困难时主动寻求情绪援助，避免情绪管理的思想政治化倾向。在强化人文关怀的情境下，建立平等、宽容和尊重的和谐师生关系，营造积极的情绪体验环境，实现情绪管理教育由"灌输式"向"引导式"，由受教育者的被动应对到积极主动参与，由只尊重教师权威向关注个体价值的情绪管理教育转向。

最后，在注重人文关怀的同时，辅导员和教师也要充分尊重共性、理解性别差异，并根据性格特点提供符合学生心理体征的引导和帮助。个体的情绪类型、情绪管理能力与方式都存在着性别的差异和个体的差异性等特点。因此，教师的教育方式也要注重因人而异，对待理性的男生进行理性的分析情绪，以疏导情绪，对待感性的女生动之以情、晓之以理。

3. 学生要合理自我认知

良好的情绪管理建立在合理的认知模式之上，情绪的产生与认知有着紧密的联系。合理的认知自我分析情绪产生的归因，才能在情绪的调节和疏导中"对症下药"，以远离情绪困扰。不仅如此，情绪调节策略的掌握也能有效地调节负面情绪。

学生会进行自我教育，利用具身思维，合理认知自我，但能否运用正确的思维方式，则决定了能否进行理智而又正确的情绪分析。在分析自身的情绪时，应进行合理的个人归因；当出现情绪问题时，将问题的原因归结于他人或者外界环境是不正确的。马克思的辩证法也认为：事物的发展是内外因互动的结果，内因是事物发展变化的根本，外因是发展变化的条件，内因要通过外因才能起作用，因此，情绪的产生归根结底还是来自自身的认知方式和内因。所以大学生在察觉到自身情绪之后，对其进行分析时应学会从自己身上寻找原因，看看究竟是什么样的观念影响了自己对于事件的评价，从而导致了情绪的产生。

作为学生要注重掌握具身的情绪管理策略。"体认"的认知方式更能增强情绪管理教育的效果。学生也要掌握情绪管理的具体策略，如肌肉放松调节法，让身体处于放松的状态下，能够有效地舒缓负面的情绪。情绪具身观也指出情绪的心理活动与身体的生理唤醒影响着情绪；行动转移法，找到自己感兴趣的事情来做，通过事情的改变带来行为、态度、情绪等一系列的变化。具身认知所带来的思维方式的改变，身心一元的思维方式对自我情绪调节将体验提升到新的高度。一方面，学生要在学会察觉、理解和分析自身的情绪状况下，控制和预防自身的负面情绪，并选择合理的宣泄方式排解负面情绪，给自身创造积极的情绪体验环境；另一方面，要分析他人的情绪变化，学会察言观色，善于在举止间把握他人的情绪状况和变化。学习理解他人的情绪，对他人情绪的认知是相互尊重、相互理解，并建立良好沟通和人际关系的有利条件。

（三）优化思想政治的教育环境

思想教育环境具有多维性、复杂性和开放性，它对思想教育的过程起到深刻的影响，具体来说，它的功能包括强化功能、导向功能和感染功能。其中，感染功能就包括情绪感染，其指的是通过一定的舆论、宣传和文化氛围影响人们的情绪，思想教育环境以其对人情绪的感染功能间接地作用于思想教育全过程。所以，在思想教育环境中要优化情绪管理氛围，使受教育者时刻意识到情绪管理的重要性，以保持对自身情绪变化的警觉，一旦出现不良情绪，则可及时进行控制和调节。大学生所处的环境主要由三部分构成，即校园环境、家庭环境和社会环境，优化这三个环境的情绪管理氛围，就可在充分激活大学生情绪管理的外部促进因素下，为大学生提高情绪智力，为达成思想教育任务创造条件。

（四）提高大学生的思想觉悟

作为一种方法论的具身认知理论来指导情绪管理教育的路径探析，使得学生在教育中形成良好的情绪状态。然而，教育的根本目的不仅仅是要改善大学生的心理健康水平，更是要通过积极情绪的塑造来提升大学生的思想境界和政治觉悟，从而作为大学生的行动指南。情绪管理教育把积极正面的情绪作为一种"正能量"来发挥指导学生的作用。

1.利用积极情绪情境来增强大学生的爱国主义教育效果

爱国主义教育是指树立热爱祖国的情感，并为社会主义建设和"中国梦"的实现奉献一生的思想教育。爱国情感是身体参与的情绪体验，在政治认同中生成的强烈主观体验和情感。爱国主义教育不是简单抽象的概念和理论的灌输，而是一种需要体验的心境和身体践行的活动。身体政治学中政治学用身体的行为导向来促进政治观的认同、形成与塑造。在生活中，我们常常有这样的政治情绪体验：在慷慨激昂的国歌声中、在五星红旗冉冉升起的一刻，我们在情境之中感觉到身体发热、心跳加速，一股强烈的爱国情感油然而生。因此，思想教育的非理性因素（如情绪、情感等）要营造具体的积极情绪体验情境，需要通过身体的参与、情境的营造、积极情绪的发挥以及情感的塑造，来增强爱国主义的教育效果。具体的措施有：第一，思想教育者要树立具身的教育观念，充分利用多媒体资源，如图片、音乐、视频等营造爱国教育情境的生成；第二，注重爱国情绪体验教育，改变传统的理论灌输教育方法；第三，开展以"爱国主义"教育为专题的参观活动，产生强烈的主观体验，形成内化而强烈的爱国主义情怀。

2. 培养积极情绪并加强大学生价值观和理想信念的塑造

合理的情绪疗法理论认为情绪的困扰并不在于其本身，而是一个人的思想观念与认知评价，对事物和环境的看法所导致的。马克思的唯物史观认为，人是生活中一定的社会情境中的个体，社会的存在决定了社会的意识，而作为思想的社会意识是指引人行动的指南。正确的思想能够促进客观事物的发展，反之，错误的思想会对事物发展起到阻碍作用。大学生是社会未来的接班人，树立正确的价值观念和理想信念，对社会主义的建设和发展，中国梦的实现具有促进和导向的作用。世界观、人生观和价值观是人的心理现象的最高层次，在心理活动中占据核心地位。情绪与价值观和理想信念之间的关系是紧密联系、密不可分的，正面的情绪促进价值观念的树立和理想信念的坚定，消极的情绪会阻碍理想心理的塑造和价值观的生成。因此，作为培养价值观念和理想信念塑造的思想教育，要积极利用情绪来促进大学生价值观念和理想信念的塑造。因此，具身认知实践要培育科学精神，并形成乐观的心态，立为国奉献之志，立为民服务之志，牢牢把握人生正确航向，培养一代具有科学知识、人格完善且情绪健康的大学生。

3. 充分调动积极情绪

情感认同、思想认同与政治认同是一个不断升华递进的过程。在思想不断递进和升华的过程中，情绪与情感因素的发挥起到了不可忽视的作用。政治的认同是在政治生活中产生了一种情感上和意识上的归属感，教育者对积极情绪的调动能增强大学生的情感依赖和意识以及政治认同。在具身认知理论的实践中：第一，我们要调动大学生的积极情绪，增强其情感的认知。在积极的情绪体验氛围中进行政治观念和价值观念的教育活动，让感性的认识上升为理性的认识。第二，积极情绪因素情境性互动作用将情感认知上升到思想认同，在情感认同的基础上将感性的情感认识上升为理性的认识，即思想认同。马克思的具身认知思想认为，认知发展的过程是一个辩证发展的过程，是由离身认知到具身认知的过程，在思想认同的形成过程中也是辩证统一的过程，我们运用具身认知的方法论，来指导掌握情绪管理的策略，使得积极正面情绪得以保留，使消极负面的情绪得以转化。第三，运用积极情绪体验，在情感认同和思想认同的实践中内化为自我的政治认同。政治认同的思想形成是一种理性认识形成和活动的结果。在我们作为思想教育者所进行的教育活动中，不是简单的符号交换和概念的研究，把具身认知理论作为一种思想教育的方法论，增强大学生在认知过程中的情感体验，最终让感性的情感认同和思想认同内化上升为政治的认同。

（五）情绪管理的措施

第一，认识情绪。心理学认为：情绪的产生并不是由诱发事件本身直接引起的，而是由经历这一事件的个体对这一事件的解释和评价所引起的，这就是著名的情绪理论（情绪 ABC 理论）。例如，因为做了错事便认为自己无能，于是感到很自卑。在这里，做错了事就是事件 A；认为自己无能就是对这件事的评价和解释 B；自卑就是因为认为自己无能而引起的情绪体验 C。该理论认为改变你对该事件的解释和评价就可以改变你所体验到的情绪体验。

第二，培养积极的心态。要做到两点：一是要明白情绪产生是一种正常的生理现象，也是内心需要是否得到满足的外在表现，因此，大学生需要清楚地认识自己的需要是什么，以及自己的需要是否自己的能力所及和需要是否达到三好——"我好、你好、大家好"。二是要善于从负性事件中提取正面信息，任何事件都会有正负两方面的信息，自卑的人看到的大多是负面的信息，而自信的人看到的大多是正面的信息。

第三，面对负性事件时要坚持四不原则。

不责备：责备会激发对方的自我防御机制，对解决问题无效，而是要清楚地描述这件事并坦诚表达你的感受和希望。

不逃避：只有面对才能成长，厌学与网瘾就是面对负性事件时采取了逃避的策略。

不遗忘：不是遗忘了就好了，若遗忘了，这个问题就进入了你的潜意识，在你将来的生活里，说不定还会惹麻烦。

不委曲求全：委曲求全的实质是把攻击转向自己。有时不要把自己逼得太紧，要学会放下，学会自我解压。

转移注意，合理发泄：如跑步、打球、散步、唱歌听歌、大哭或大叫，还可以找知心朋友或教师聊聊天、说说话，把烦恼说出来。

（六）提高大学生情绪管理能力的策略

1.加强心理健康知识的渗透

情绪是一种复杂的心理活动，其具有鲜明的社会性，我们所表现出来的情绪往往是经过掩饰、伪装的，这样，就妨碍了我们真实地去了解自己的情绪，缺少了真正的"症"，也就难以对症下药。情绪无好坏之分，任何一种情绪都有其价值，我们要了解与接纳情绪，并学会如何与之相处，才有可能谈管理情绪。高校的学生工作者首先要了解大学生的情绪特点和常见的情绪，特别是负面情绪的困扰，加强对情绪调适能力较差的同学的关注，做好相关建档管理，并通过选修课、讲座等方式加强对情绪等心理知识的渗透，使学生认识到情绪管理对自己学习、生活和感情的重要性，以及正确进行情绪管理的方式方法，提高学生的情绪认知能力，培养他们健康的心理品质。

2.指导大学生掌握情绪管理的方法

大学生可以通过各种途径来了解情绪，学习情绪调节的技巧来缓和或转移情绪，从而提高情绪智力。

情绪宣泄：大学生的情绪十分丰富，负面的情绪需要及时释放，如果不及时释放，长期的压抑便会导致最终爆发，后果会更严重。大学生在遭到负面情绪的困扰后，可以选择适当的情绪宣泄，如选择朋友、教师、咨询专家、网络等进行倾诉，也可以通过写日记等发泄并整理自己的情绪。

情绪转移：顾名思义，大学生在遭遇负面情绪时，可以选择离开当时的情境，转移注意力，如听听曲调高雅、旋律优美的音乐，以及适当参加体育活动、旅游等。

情绪升华：负面情绪主要是由于个人的需要没有得到满足而造成的，若一味地沉浸于自己弱点，可能会在一些不良行为中寻找安慰，从而导致无法自拔。大学生应该扬长避短，认真分析自己的不足，并努力弥补不足，将理想转移到更有价值的事情上去，以实现升华。

理智疗法：宣泄和转移只是治标不治本的情绪管理的方法，升华也很难认识到情绪的本质，理智疗法则有助于大学生正确认知自己，从而有效地管理自己的情绪。一般我们总认为是事件直接引发了我们的反应，但是实际上是我们的观点造成了反应。我们需要认清引发情绪的根源，也就是我们的观念，厘清情绪发生的来龙去脉，才能去调控情绪。

3. 创设良好的学习、生活氛围

习惯了高中紧张生活节奏的大学生短时间内往往难以适应大学生活，部分同学不能很好地安排课余时间，经常感到郁闷空虚，他们要么浑浑噩噩地虚度光阴，等到毕业时才后悔莫及；要么将自己托付于虚拟世界不能自拔。良好的学习、生活氛围的创设有利于学生情绪的稳定，而通过参加各种活动，同学之间加强沟通交流，生活变得充实，一些不良情绪容易被释放，大学生在活动中认知自我、锻炼自我、提升自我，也在活动中发展了自我。

4. 重视团体辅导并对大学生进行情绪管理干预

情绪虽然是对事物的短暂的反应，但若不能及时地进行调节，长期积存就容易导致抑郁、焦虑、强迫、自卑等心理问题。学生对单独的心理辅导会比较排斥，而通过团体成员间的互动，个体在与他人的交流中能够更客观地评价自我，并掌握自我心理调节的方法，以提高情绪调适的能力，从而具有健康的态度行为和主动发展的意识和能力。通过团体辅导，提前对大学生进行情绪管理的干预，以避免不良问题的发生。

大学生需要觉察自己和他人真正的情绪，并学会适当地表达、有效调节自己的情绪，提高自身的情绪智力。同时，大学生要改变观念，树立正确的人生观，并认清人生的价值与意义，正确面对生活中的挫折和烦恼，对自我进行恰当的评价，确立健康的人生态度。

5. 情绪调节控制的方法

第一，正确认识自我，包括心理方面，如气质、性格、智力、兴趣爱好等，其是情绪调节与控制的基础。心理健康的标准之一就是个体能正确地认识自我并悦纳自我。心理学认为，自我是指对自己存在的观察，就是认识自己的一切，包括自己的生理、心理特征以及自己与他人的关系，即自己的智力、情绪、性格、气质、兴趣爱好、道德观和人生观等。对自我有一个充分、全面、正确的了解，这样有利于对自我情绪的有效控制和调整，例如，气质属于急躁类型的大学生，如果意识到了这一点，就会有针对性地去暗示或控制自己要保持一颗平和的心。

第二，正确地对不良情绪进行归因，即从主观和客观两个方面进行归因。在遇到不顺心的事情时，或是遇到困难和挫折时，既要从自己本身出发寻找原因，又要从周边环境的客观世界中寻找原因。例如，较内向的大学生由于内省较深，比较敏感，对于一件事在别人看来没有什么，但是对于内向的学生却能引起他不必要的猜疑与沉思，例如，自己是不是总是在父母家人或他人的保护包办之下，去面对困难，而导致现在手足无措，情绪低落。从客观方面找原因就是考虑周边的环境条件，如天气、气候、自然地形、社会文化等因素，都是我们每个人无法控制的，是不以我们的主观愿望而改变的，这些客观存在的困难是每个人都会遇到的，所以我们没有必要去为它而忧伤和烦恼。只有正视现实，充分地利用客观现实积极的一面，大学生才能够妥善地、合理地处理好现实的困难挫折。

第三，自我激励法。自我激励是人的精神生活的动力源泉之一，主要是指用生活中的哲理、榜样的事迹或明智的思想观念来激励自己，并同各种不良情绪进行斗争。古人云：知足者常乐。大学生不要总为没有得到的东西而烦恼，相反，要经常想到自己是幸福而充足的，相信凭借自己的意志、能力和奋斗精神，这些未能得到的东西总有一天一定会得到。这样，便能增强自信心，驱除自卑感，保持心情舒畅，从而增加获得成功的可能性。

第四，转移调节法。心理学的研究表明，在发生情绪反应时，大脑皮层上出现一个强烈的兴奋中心。在这时，如果另找一些新颖的刺激，产生新的兴奋中心，便可以抵消或冲淡原来的兴奋中心。因此，当某种情绪激动起来时，为了使它不至于立即爆发，可以有意识地通过转移问题或做点别的事情来分散和转移自己的不良情绪。采取行动也是转移注意力与驱散烦恼的一种有效的精神疗法，一旦出现烦恼情绪的征兆，便激励自己多做有意思的工作学习、劳动或娱乐，把时间表尽可能排得满一些、紧凑些，或者为别人做事，不仅可以使自己忘却烦恼，而且可以体验到自己存在的价值，更能获得珍贵的友谊。

第五，换位思考法。从积极的角度来看，重新认识引发不良情绪的事件，从而得到新的结论，使自己的情绪得到平衡。例如，当你在生活中遇到麻烦时，可以换一个角度去考虑，告诉自己"破财免灾""就当是交学费""坏运很快就会过去"等，这样心情就会轻松，情绪就会稳定下来。

第六，行为补偿法，即把某些情绪化为行动的力量，它具有修复和补偿功能。倘若外貌不佳，便把精力集中到学习和科研上，从事业的成就中求得平衡。

6.情绪、情绪调节与情绪调节策略

情绪是人类心理的一个重要方面。情绪的力量以及人们尝试着对情绪进行的调节和控制是日常生活中常见的现象，也是日常生活中不可或缺的一部分。一般认为，情绪包括基本情绪和复杂情绪。

情绪调节是个体管理和调整改变自己（或他人）情绪的过程。在这个过程中，通过一定行为策略和机制，情绪在主观感受、表情行为、生理反应等方面发生了一定的变化。

情绪调节策略是建立在情绪调节的基础上的。广大学者不仅研究了情绪调节策略的类型，还注重研究情绪调节策略的个体差异，以及情绪调节策略对认知、社会行为、心理健康等问题的影响。

有关成人的情绪调节策略，早期研究主要集中在负性情绪的调节和心境调节，主要是通过开放式问卷、个体访谈、座谈等方式，了解当一个人处于抑郁状态时，应该如何调节自己的情绪。

情绪调节方式使用频率由多到少依次是思考原因、注意力转移、积极行为和欣赏音乐。在比较这些方式的有效性时，社会支持、思考原因、注意力转移及锻炼等积极行为是比较常用和有效的。

第七章 网络环境下大学生人际交往、从众心理与生命教育

第一节 网络环境下大学生人际交往

信任被称为人际交往的润滑剂，良好的信任关系有利于人际关系的和谐与经济社会的健康发展，而信任的缺失则会引发许多严重的社会问题。随着人们对互联网的使用频率和依赖程度的提高，信任在现实环境下和互联网环境下将发挥越来越重要的作用。大学生作为我国社会发展中一个重要且特殊的群体，是我国社会发展的希望和未来社会主义建设的重要力量。网络工具日益成为人们交往的主要载体，如果大学生在交往的过程中长期缺乏信任，就会影响他们在现实环境中的健康成长。探求在网络环境下大学生人际交往的问题，对我们来说是一个非常必要且全新的问题。

一、网络环境下大学生人际信任的特点

网络交往是网络人际信任的前提和步骤，网络环境下大学生的人际交往有实时交往和非实时交往，如 QQ、微信等就属于实时聊天工具，而 BBS 这样的网络论坛就属于非实时聊天工具。在实时性聊天工具和非实时性聊天工具中大学生更喜欢实时性聊天工具，实时性聊天工具更具有私密性，能够更好地保护聊天双方的隐私，其公开性非常低。大学生更愿意把网络空间当作一个私密的人际互动平台。

网络环境下的人际交往，作为身体不在场的情况下进行的匿名交往，很多人会在交往中全部或部分地隐匿自己的真实身份。不过，这种现实社会身份虚位的匿名交往，不仅给人们创造了自由的交往空间，同时也造成了交

往中的身份识别困难，从而为信任危机的产生埋下了隐患。与现实环境相比，在以网络为主体的网络环境下由于身体不在场，匿名交往是主要形式，现实环境下的交往主体则是物质性实体。在这种状况下，虽然交往双方的角色、身份都是固定的且容易识别的，但是在网络环境下，现实的环境和现实的空间均被网络环境和电子空间所取代了。在网络环境下和电子空间中交往双方的所有属性和交往特征都开始发生了变化，在现实环境和空间中交往对象可以是活生生的人和物质实体，在网络环境下和电子空间中所有的人都会变成一个电子符号。人与人之间的交往此时变成了电子符号之间的互动，由此可以看出，在网络环境下大学生人际信任的特点与现实环境下大学生人际信任的特点还是有所区别的。

（一）在不同的载体上呈现不同的信任度

网络环境下大学生的人际交往作为一种社会行为，主要有两种基本类型，即实时交往和非实时交往。在网络环境下能够进行实时交往的载体主要是QQ、微信等，非实时交往的载体主要有BBS、微博、播客等。在QQ、微信等实时交流场域中，网络既隔离又联结、缺乏情景线索、化名和弹性同步等互动特性的呈现尤为典型。大学生在这样的场域中，不仅可以决定透漏自己的哪些资料，还能够决定把自己的哪一面展示给别人，可以在此场域中将自己重新塑造。然而，BBS、播客等非实时交流场域，更像是一个讨论性的网络公共领域，人们仅发表自己的观点等，而进行私密性交流却很少。

在网络环境下大学生与别人交流首选的就是QQ和微信这两种即时聊天工具，然后是E-mail、BBS等。与传统环境下的交往工具以及交往方式相比较，网络环境下的交往工具由于使用方便，交往频率要明显地高于现实环境下的交往工具。大学生在网络环境下的交流更喜欢私密性的交流和交往，如QQ、E-mail等交流工具；对开放性和公众性的交流工具使用的频率明显较低，如BBS、博客等。总之，在网络环境下大学生都接触和使用过不同的网络载体，并且对上述载体都没有明显的反感和排斥，而且对实时聊天工具的使用频率、认可度都高于非实时聊天工具。

多数大学生更倾向于把网络空间视为一个私密性的人机互动平台，其对于在BBS这样的公共空间中进行公共性的社会互动缺乏兴趣。这种现象在相当程度上展现了网络时代大学生价值观念的转变，意味着以往为人们所重视和关注的对公共事务的理性讨论,在今天已被大学生视为生活中次要的事情。而往日被人们视为次要的、难登大雅之堂的个人情感、内心感受和人际接触,反而被大学生视为生活中更重要的东西,成为他们在网络互动中公开交流的主要内容。由此可见,在网络环境下大学生的人际信任度在不同载体上的表现均有所不同。

（二）人际信任受同辈群体的影响较大

大学生面对和交流最多的就是与自己年龄和受教育程度差不多的同辈群体,同辈群体在不同的方面影响着大学生的生活。在日常的信任关系中,信任度最高的一般都出现在以家庭邻里、同龄人为主的初级群体中,由于群体成员社会化的背景相同,便形成了一致的文化价值观念,遵循相同的规范体系,相互之间比较熟悉,信任关系自然而生。在网络环境下,大学生在运用网络载体进行交往的时候,他们更愿意和自己年龄、文化价值相仿的人交往。

在网络环境下,诸多大学生更愿意和自己的同辈群体交流。他们认为同辈群体之间由于年龄、价值观、知识面等各方面的背景极为相似,交流起来也更加方便。诸多大学生利用网络的目的不仅仅是我们通常意义上理解的去玩游戏或结交网友,他们运用网络还有另一个目的就是学习。要想在网络载体上提高学习能力,除了网络载体本身的工具性,最重要的是必须找到和自己专业背景相似的人进行交流。学习交流的过程也是他们之间信任度提高的过程。可以得出,在网络环境下大学生的人际交往和人际信任受其同辈群体的影响较大。

二、网络环境下大学生人际交往的影响因素

一般来说,网络环境下影响大学生人际信任的因素主要有两个方面:一方面,现实社会环境因素对网络环境下大学生的人际信任影响较大;另一方面,网络环境的特殊性也影响着大学生的人际信任。然而,如果要全面地考虑和分析网络环境下影响大学生人际信任的因素,还不能忽视大学生自身。在网络环境下研究大学生的人际信任,大学生无疑是主体,同时也是分析现实社会因素和网络环境因素的桥梁。

（一）大学生个人因素

人际信任通过交往产生,作为交往主体的人来说,他们的个人因素也

是影响人际信任的重要因素。探讨网络环境下大学生人际信任的影响因素，必须对大学生个人因素进行深入探讨。

1. 社会信任危机加深了大学生的信任危机

当前社会中的种种不信任现象严重地冲击了校园内大学生的人际信任。大学生正处于"三观"形成及人格完善和健全的时期，其中人格的完善与否对于大学生人际信任的形成和发展有较大的影响。中国人对于人格的理解主要是指人的道德品质，人格可以理解为将人的最基本素质加以具体化，是在社会中通过个人的言、行、情、态所表现出来的做人或为人的品质和格调。如果一个人的人格不健全，那么他就不能够很好地适应社会，甚至对社会中所有善良的东西都会有所抵触，他们的性格和心理都会有所扭曲。对于每一个接受教育的个体来说，人格走向成熟的关键时期无疑是大学生时期，对于大学生来说，在这个时期中他们已经具备了人格的自我完善和接受人格教育的能力。然而，长期以来我国传统的教育体制和固有的教育模式对学生人格教育并不重视，同时大学生自身也没有认识到接受人格教育和培养自身健全人格的重要意义。在这种状况下，我国大学生群体当中人格不健全者的数量较多。近年来，随着我国大学生群体对网络以及对网络工具的使用，让人格教育走进网络也是许多教育者极力提倡的事情，可是长期以来缺乏较好的方法，迄今为止在网络环境下对大学生进行人格教育的效果仍不明显。

网络环境下大学生人格不健全的危害主要表现在以下几个方面：首先，网络环境下的权宜行为和越轨行为频发，大学生通过网络工具进行交流和交往时说真话的比例较低，利用网络工具犯罪的人数较多；其次，在网络环境下行为和行动更加趋向自由，就舍弃掉现实生活中的一些规则规范，在网络交往中完全没有信任可言，而是用怀疑的眼光去看待别人；最后，沉浸于虚拟，怀疑现实，许多大学生利用网络工具的时候，完全沉浸在网络虚拟的环境中，对现实中的交往和交流不再相信，使其性格出现了严重的扭曲。

总之，大学生人格的不健全使大学生在网络环境下的交往和交流中，权宜行为和越轨行为增多，导致了大学生的信任度明显降低。

2. 大学生安全感的缺乏产生信任危机

大学生的年龄分布主要在18~25岁，这个年龄阶段的大学生正介于"青年期"和"成年期"之间。在这一阶段他们的自我效能感和安全感都处于不稳定期，甚至诸多大学生的自我效能感和安全感都较低，在这样的状况下大学生的人际信任度较低，不利于他们的成长和发展。

安全感与个体的心理因素联系较为紧密，它是一种主观的心理感受，同时安全感也是一种对外界风险的一种预知和感受。安全感对社会个体的发展相当重要，大学生个体如果长期缺乏安全感，他们就会对身处的环境和交往的人群产生不信任感，严重的甚至还会出现反社会的倾向。大学生安全感存在年级、性别和生源地的差异。我国现在大学生在社会现实和自身双重因素的影响下，普遍缺乏安全感。而且年级越高，就业等各方面的压力越大，其安全感就会越来越低。大学生的安全感和人际信任联系较为紧密，如果有充分的安全感，就会有较高的人际信任水平。而充分的安全感和较高的人际信任水平对大学生和谐的人际关系又会起到促进作用。

现实社会中大学生的安全感与其人际信任水平关系密切，在网络环境下大学生人际信任水平也深受其安全感的影响。大学生如果长期缺乏安全感，则在利用网络工具进行交往的时候，他们就会用怀疑的眼光看待网络环境下的人和物。对网络环境下的交往采取回避和抵制的方式，这不仅不利于大学生正常使用网络，更不利于他们利用网络进行交流和交往，也不利于网络工具的普及和发展。我们应该通过不同的方式提高大学生的安全感，通过安全感的提高进而增强大学生在现实环境下和网络环境下的人际信任度。

（二）网络环境因素

互联网的出现为网络的发展奠定了基础，网络产生后极大地改变了信息传播的方式和人与人之间的交流方式。网络是融数字、图像、声音为一体的传播交流平台，它具有信息传播速度快、传播范围广的特点，具有传统媒体所无法比拟的优势。然而，网络在信息传播中也有着明显的不足，网络环境下信息的传播具有"去中心化"的特征，信息在传播的过程中极为分散，一定程度上可能会造成信息传播的不可控制性；网络环境下信息的传播还具有虚拟性，以网络为基础的网络传播信息时具有虚拟性，对于其传播信息的真实性和可靠性必须予以慎重的考虑。

大学生作为使用网络较为广泛的群体之一，在使用网络工具进行交流的过程中，网络在信息传播过程中的缺陷和不足也对他们造成了很深的影响。在虚拟性交往和极为分散的"去中心化"交往中很容易产生信任问题，甚至会产生信任危机。

1. 网络环境下信息传播的隐蔽性缺乏高信任度的基础

网络交往方式主要包括 QQ、微信、播客、BBS 论坛等。虽然在网络环境下，每一个人都可以成为信息的发布者和传播者，但是会真正运用自己的真实身份进行信息传播的人却少之又少。在网络环境下如果要查清信息的来源，除非网络的主管部门采用特殊方法和手段，网络信息传播的隐蔽性在一定程度上有利于信息的真实传播，然而，隐蔽性的特征也助长了大量虚假信息的传播。

大学生在网络环境下的人际信任，主要是通过交流的信息是否可信来衡量的。虚假信息的肆意流传和传播，增加了大学生对网络信息的恐惧，同时降低了大学生对网络工具另一端使用者的信任度。部分大学生也利用信息传播隐蔽性这一特征，发布不良信息，加速了大学生彼此之间信任关系的瓦解和分化。正是网络工具在信息传播的过程中具有隐蔽性特征，使部分大学生在利用网络工具进行交流时，都会对网络工具另一端交流者的身份、年龄、性别等一些重要信息采取不信任的态度，会不断地去核实和考证。这样的考证和核实在网络环境下的交往中有它的必要性，然而过度的核实和考证势必会影响双方之间的交流，让处于网络两端的交流者失去了交流的兴趣。在这种状态下也可能会使处于网络两端的大学生产生逆反心理，恶意地去发布虚假信息，导致网络环境下信任的恶性循环。最后加速了处于网络工具两端的大学生之间信任关系的瓦解，从而降低了网络环境下大学生之间的信任度。总之，针对网络工具在信息传播过程中的这一特征，我们应该加强对大学生的引导，避免因其隐蔽性给大学生交往带来阻挠和困扰，这样也有利于网络的和谐有序发展。

2. 网络环境下信息的虚拟性降低交流双方言行的可信性

虚拟性是网络在信息传播过程中最基本的特征，虚拟性作为网络的基本特征，也被认为是网络的首要特征。网络环境下信息交流和传播的虚拟性包括两个方面：主要是网络传播信息自身的虚拟性和网络信息传播者之间关系的虚拟性。网络传播信息自身的虚拟性，主要是由于网络环境的无主控中心造成的。在网络环境下，任何人都可以利用网络工具发布信息，也可以运用不同的工具对网络环境下传播的信息进行修改，利用网络技术制作出十分形象和逼真的虚拟信息和图片。网络信息传播者之间关系的虚拟性主要是因为在网络环境下，大学生利用网络工具进行交流，大都不愿意暴露自己的真实身份。在此状况下，导致大学生之间进行交流时言行无法得到规范，真实性无法得到保证，许多大学生甚至在利用网络工具进行交流的时候公开承认和认可交往者的虚假言论。

信息的虚拟性降低了交流双方言行的可信性，伴随着信息的虚拟性，随之而来的是网络环境下大学生出现的心理问题、人格障碍和信任危机。诸多大学生完全沉浸于网络的虚拟环境之中，在这样的环境中寻找成就感和满足感。网络环境下大学生的这种人际信任危机，如果不加以教育和引导，就会危及现实中大学生的人际交往和信任。使大学生在人际交往中对与其交往的对象产生怀疑和不信任，甚至使大学生自身逐渐变得虚假。

3. 网络环境下的身体的缺场性助长了人际信任危机

网络环境下的交往是一种身体不在场的交往，一个人的身体往往代表着这个人的身份，只要身体在场，就意味着某种身份的确认，因为社会的身体比肉体蕴含着更深层的内涵。随着现代性的出现，某种类型的身体外貌和行为举止，明显具有特殊的重要性。在现实环境下人与人之间的关系主要是通过地域、血缘关系等去界定的，而不同的标准可以界定出不一样的关系，如同事关系、师生关系、邻里关系、亲戚关系等。可是，在网络环境下人与人之间的关系就不能按以上标准去划分了，在这种环境下的交往主要是通过网络这个媒介去完成，人们无法用感觉器官去感知对方是否存在，只能通过数字、符号去和对方交流。在此环境下人与人之间的互动变成了符号和符号的交流与互动，人与人之间的关系也就变成了数字与数字、符号与符号之间的关系。在以网络为基础的网络之下人与人之间的交往和交流，也继承了网络环境下人与人之间交往和交流的关系。

在身体缺场状况下大学生的交往质量与身体在场状况下相比，具有明显下降的趋势。大学生在身体在场状况下进行交往时，往往会考虑到社会道德和伦理规则对其的约束和制约，他们的权宜行为和越轨行为也会相应地减少。而在网络环境下这种身体不在场的交往中，远离了社会道德和伦理规则，大学生的交往就会变得随心所欲，信任度也会降到最低点。虽然有社会学家和研究大学生人际信任的专家通过调查得出，大学生在身体缺场的状况下人际交往一般更体现出其真实性，他们也更愿意给交流的另一方讲出实话和真心话，但是这并不能证明在身体不在场的情况下大学生的人际信任度有了很大的提高，只能说明在身体缺场的状态下，大学生认识到即使给交往的另一方讲出自己的真心话和实话，对自己也不会造成任何危险，由于网络环境下交流的双方都不知道自己的真实身份。这种情况恰恰说明了在网络环境下大学生在这种身体缺场的状况下，失去了道德和伦理规则的约束进行的交往，信任度降低，这不利于大学生的健康成长和发展。

（三）社会环境因素

与现实环境下的人际信任相比网络环境下的人际信任具有明显的不同，然而，在网络环境下大学生所表现出的人际信任在一定程度上受现实社会中诸多因素的影响。物质世界和现实社会环境是任何信息的创造地和源泉，离开现实社会环境和物质世界去创造信息，这样所产生的信息就会变成无源之水、无本之木。创造和驾驭网络的主体是人，人可以创造出网络工具，但是没有人能够一直生活在网络环境那样的虚拟环境中。由此可见，以网络工具组成的网络社会必须是建立在物质社会之上的。在网络环境下的人际交往以及在交往过程中产生的信任问题，也必然会受到现实社会环境的影响。

与现实社会环境相适应的约束性机制的发展和健全，是现实社会正常、有序发展的保障因素。约束性机制主要包括法律法规、公共道德、社会舆论等，我国在社会发展过程中没有专门的法律法规来对在人际交往过程中出现信任危机时去规范和约束，因此导致在现实社会不守信、破坏信任关系的状况越来越多。

社会发展的基础一般都是这个社会的传统，这种传统可以被看作一种依赖、一种依托和发展的根基。虽然传统且顺应社会发展潮流的东西往往能够给予我们安全感和信任感，并成为人们所敬畏和仰慕的对象，但是在我国社会发展和转型的过程中，仍存在着对传统不加辨别的否定倾向，使我们可信赖的基础突然间坍塌和消失，人们失去了自己可以信赖和寄托的东西，也失去了判断的标准。对传统的不加辨别的否定会使社会出现文化价值、道德的虚无主义以及社会个体存在的无根漂泊状态，这种现象和状况也对信任问题或者信任危机产生了推波助澜的作用。

由此，在现实社会环境中，约束性机制的缺失，特别是约束性机制中的法律法规、道德的缺失产生了严重的信任危机。大学生虽然还没有近距离接触社会，但是社会中的种种信任缺失的现象已经对他们产生了诸多不良的影响。法律法规、道德的缺失使诸多大学生意识到在失信的情况下，也不会受到惩罚，心中没有了对失信的愧疚感和敬畏感，大学生的信任危机在现实社会中就会愈演愈烈。大学生在现实环境下没有了失信的愧疚感和敬畏感，在网络环境下他们的权宜行为和越轨行为也会越来越严重。如何在现实环境之下规范大学生人际信任的约束性机制，提高大学生在现实环境之下和网络环境之下的人际信任度，成为我们亟须解决的关键问题之一。

三、网络环境下大学生人际交往的对策研究

网络环境下大学生在交往和交流的过程中信任状况不容乐观。因此，在网络环境下规范大学生的交往和交流行为，为提高大学生的信任度和提倡大学生在网络环境下的理性信任，社会控制手段的使用就显得尤为重要。在使用社会控制手段时要通过外在的强制和内在的认同两个机制，共同达到约束的目的，进而对大学生的交往和信任行为产生影响。然而，网络包含着诸多的不确定因素，需要创新机制和规则、规范和约束大学生在网络环境之下的人际交往和人际信任。

（一）网络发展的角度

网络在给大学生的交往提供便利的同时，也给大学生的信任带来了诸多的负面影响。网络自身具有如下特点：信息传播的开放性、信息传播环境的虚拟性、信息容量的无限性等。讨论和解决在网络环境下大学生在人际交往中的信任问题，应从网络工具自身和网络大环境的发展去考虑，这也是一个非常重要的角度，由此，应围绕网络自身的特点，去考虑相应的对策。

1.强化网络的责任意识

网络不仅是人际交往和交流的平台，也是宣传和进行商业活动的平台。然而，在商业利润的驱使下，网络媒体在社会责任意识方面还存在着虚假新闻多、炒作跟风多、剽窃侵权多、有害信息多等现象。世界观与人生观、价值观还不完善的大学生长期在充满四"多"的网络信息平台上交流，心理危机、人际信任危机及人格障碍危机的出现就不足为奇了。因此，加强对网络的监管，强化网络的社会责任就显得尤为必要。

大学生在聊天交流时主要利用的网络工具是 QQ、微信等，在进行商业

交往时主要利用的网络工具是淘宝、京东等商业网站，这些交流工具和网站如果长期缺乏监管，就会滋生大量的虚假和有害的信息。针对此状况，相关的监管部门要在网络工具上安装过滤和检测工具，及时地将这些有害信息过滤和屏蔽，以此来减少网络工具给使用者带来的伤害和损失。网络工具的主要使用者是网民，对于网络工具的监管不能仅仅依靠相关的监管部门，监管部门应该充分发挥网民的力量，建立不法或有害信息的举报网站并设立专门的举报热线，引导网民自觉参与到网络管理中来。

网络是公共交流和交往的平台，强调其社会职责对于网络的健康发展也是非常重要的。必须有专门的机构拿出专项资金，进行宣传和普及网络的社会职责和网络的监管；必须从制度层面，加强网络管理制度建设，通过制度建设，构建大学生网络行为的安全社会边界。在监管制度建设层面上不能只考虑网络工具本身，而是要进一步考虑整个网络环境。对网络的监管还必须将监管延伸到软件和服务商那里，从源头上解决监管问题。

2. 强化大学生自律意识

加强大学生网络行为管理的制度建设，构建大学生网络行为的社会时空边界，是加强对网络行为社会管理和控制的重要对策。大学生作为目前我国网络使用的主要族群之一，是塑造网络空间的主要力量，能够加强针对大学生网络行为管理的制度建设，在网络环境下要规范大学生的行为，减少大学生的权宜行为和越轨行为，以提高大学生的鉴别能力。必须有明确的制度边界来保障大学生对网络工具的使用，制定出大学生在网络环境下交往的空间秩序制度，比如对大学生经常使用的网络工具 QQ 等进行不同方式的规范和监控；强化大学生在网络环境下进行交流和交往的责任边界，让大学生意识到在交流过程中自己的权利和责任，以减少权宜行为和越轨行为的出现；设置在网络环境下大学生交往的信任边界，讲述在网络环境下事理性信任的重要性，要重事理而轻关系。同时也要认识到，大学生正处于自己的生理和心理的完善期，在这个阶段也是心理最敏感的时期，具有许多特殊性，对大学生进行人际交往和人际信任方面的教育和引导必须注意方式方法。

（二）大学生自身角度

1. 加强对大学生的网络素养教育

网络环境下对大学生的人际信任的规范和指导，加强制度建设、制定大学生在网络环境下交往的时空和社会边界、提升网络的技术等措施是非常重要的。但是，这些措施不是对大学生人际信任规范和指导的治本之策，对大学生人际信任进行规范和指导的治本之策还是要从大学生的自身去考虑，加强大学生的网络素养教育才是治本之策。

学校是大学生活动和交往的主要场所，提高大学生的网络素养必须首先从学校教育入手，以充分发挥学校的教育作用，要有相应的网络教育课程和从事网络教育的专业教学和科研人员；其次，提高大学生的网络素养教育还必须关注大学生的日常生活，引导大学生在日常生活中如何正确地使用不同的网络工具，如何使用网络工具在网络环境下与不同的人进行正确的交流和交往；最后，从家庭教育的角度去考虑如何提高大学生的网络素养，家庭是大学生成长和交往最重要的载体，家庭教育对于大学生的成长和交往也发挥着非常重要的作用，我们必须积极引导家长的参与，充分发挥家庭在大学生网络素养教育和人际信任与交往方面的重要作用。

2. 引导大学生需要满足场域的转移

从大学生自身的角度去考虑和分析大学生在网络环境下的人际信任，除了提高大学生的网络素养，还应该认识到改变大学生的生存状态，引导大学生的需要满足场域的转移是相当重要的。大学生在现实社会环境之下面临诸多的压力，如学业的压力、就业的压力、人际交往的压力等，当在现实环境之下大学生的压力没有办法排解和消除时，他们就找到了最好的发泄工具——网络工具。大学生使用不同的网络工具常常是为了满足自己的交往需要、娱乐需要、忘记现实生活中的烦恼需要、自我实现的需要等。大学生沉迷于利用网络工具进行交流的主要目的是减轻学习和交往的压力，一些图谋不轨者和专门利用网络工具进行诈骗的社会人士掌握了大学生的这一心理特点，使诸多大学生上当受骗，遭受了不少损失。

要真正解决大学生在网络环境之下不正确的交往行为和信任行为，除了提高大学生的网络素养、加强对网络的监控等措施，还必须有效地解决大学生在现实环境之下的种种生活问题和压力，如大学生的就业压力、大学生的学业压力等，以减轻大学生在现实环境之下的压力，为大学生的成长创造一个快乐的现实环境。这样才能使大学生在使用网络工具进行交往的时候，不会过分地沉迷于这种虚拟环境，减少大学生逃避现实的行为。帮助大学生在网络环境之下具有正确的信任，需要政府、学校和社会相关部门采取疏导的方法，通过不同的方式，提供更多健康的且正当的课外休闲和活动途径，改变大学生过于依赖网络工具进行交流和交往的现状，能够有效地控制大学生的网络行为，引导大学生需要满足场域的转移。

（三）现实社会环境的角度

不论是网络环境下大学生的人际信任，还是现实社会环境下的人际信任，我们都要从两个方面去考虑和分析，一个是主体本身的自觉程度，另一个就是外部条件的引导。主体本身的自觉程度，即大学生个人对信任的认识以及在网络环境之下大学生在人际交往的过程中自身对信任的认知和信任态度；外部条件的教育和引导对大学生人际信任的影响也是相当重要的，构建信任社会，使这个社会变得让人值得信任。

社会个体作为现实社会的细胞是现实社会环境的重要组成部分。社会个体要想在现实社会环境下生存，就必须有相应的能力，如自身的认知能力、与外界交往和交际的能力、对现实环境的认知和适应周围环境的能力。个体的社会化过程都遵循着这样一个规律，就是从单一和孤立的个人发展逐渐走向与他人联合的群体和集体的发展当中，这个融合的过程也是个体逐步学会交往的过程，交往的过程中必然涉及个体如何对其他个体和社会的信任，以及如何信任的问题。大学生的交往也是一样的，在现实环境之下的交往不能满足大学生心理需求的时候，他们就将目光投向了网络这样一个虚拟的环境当中，在这样一个虚拟的环境中，信任问题就显得尤为重要了，同时，在这样的环境和状况下教育就显现出它的价值。人际信任的教育可以传授给大学生信任方面最基本的知识以及交往和信任过程中的价值和规范，通过教育可以让大学生以及其他的交往主体将这种价值和规范内化到自己心中，以这种价值和规范为指导，将这种价值和规范变成自己的行为准则，使自己的交往和信任行为适应社会的要求。

首先，在现实社会中要对大学生进行人际信任价值观方面的教育，教育大学生个体根据社会发展的一般规律，正确认识人类大群体的发展方向和交往方式，正确认识自身的基本需求，构建自己正确的交往价值体系和信任规则，为不同情景下的行为选择和价值判断确立正确的标准，从而指导自己的人际信任，这对于网络环境下的人际信任同样有重要的指导意义。其次，要加强大学生在人际交往中的责任感教育，大学生在现实社会环境中或网络社会环境中都会出现不同的权宜行为和越轨性为，一方面与环境有关系，但主要是在交往过程中的责任意识不强。在交往过程中，大学生不仅要有为其他人着想的责任感，还要有怎样为别人着想的责任意识，正确地评价别人，对别人做出合理的欲求和期待，只有这样才会减少大学生在交往过程中的权宜行为和越轨行为，也会减少大学生在现实环境和网络环境之下的轻信行为。最后，要加强对大学生的交往实践教育，通过不同的方式给大学生进行交往和信任的价值规范教育与责任教育，对于大学生来说，这只是理论方面的教育引导，要想使大学生具有正确的人际信任观，还必须鼓励大学生积极进行人际交往。大学生只有通过亲身实践才能够掌握现实社会或网络不同环境之下的交往方式，以及不同环境之下的信任给予方式。总之，教育可以培育大学生正确的交往和信任观，让这一特殊的群体能够正确地认识社会和他人对自己的要求，并确定责任的范围，选择合理的交往和信任方式，但是，仅仅是对大学生进行这些理论教育是远远不够的，我们还应该鼓励大学生在掌握理论之后加强交往实践。

第二节　网络环境下大学生从众心理

一、网络环境下从众心理概念的界定、分类及影响因素

大学生这个社会群体中存在着一些约定俗成的群体规范，即从众现象。从众行为在大学生群体中是普遍存在的，网络中从众行为的突发性、发展的极速性、内容的外延发展以及广泛性远远超过现实生活中的从众行为。大学生在网络环境下产生的从众心理也有新特点与新难题。要在网络环境下应对大学生从众心理，对大学生的从众心理进行正确的教育与引导，必须对从众心理有一个明确、全面、辩证的认识，并确定大学生产生从众心理的影响因素，分析积极从众心理和消极从众心理对大学生产生的不同的影响，这些对正确引导和教育大学生具有重要意义。

（一）从众心理的概念界定

1.从众从词源学的角度分析

"从众"是一个具有两面性的词语，它既可以代表积极的行为和状态，

又可以代表消极的行为和状态。

人的本质在其现实性上是一切社会关系的总和，人必须在群体中才能满足自身生存的需要和发展的需要，而处在群体中的人也会自觉或不自觉地与群体保持一致，以此来获得归属感和认同感。在现代社会中，普遍存在着个人会改变自己的观点迎合群体的行为，也就是我们常说的随波逐流、人云亦云，即从众。

狭义的从众是个体因多数人的影响而产生的与多数人一致的行为或态度；广义的从众是主体因客体影响而产生的与客体一致的行为或态度。主体就是从众个体，而客体则包含了各类内外在因素，可以是个体、群体、组织及代表个体、群体、组织意愿的政策、法律、法规等，也可以是主体本身的经验或者本能。

2. 从众心理

如果说从众是外在表现出来的、可以看得见摸得着的现象，那么从众心理则反映了从众现象背后的支配因素，属于深层次本质上的东西。从众心理就是处于群体中的个人在群体主动或被动给予的压力下，改变自己的想法以达到融入群体的心理过程。有意识的生命活动把人同动物的生命活动区别开来，正是由于这一点，人才是类存在物，而人作为类存在物存在的其中一种属性就是"类"，"类"属性中包含着一些其他物种所没有的情感，而从众心理作为一种心理想象，正体现了"类"属性的情感化，因为当个人处在强大的集体中时，在大多数人意见一致的情况下，出于对群体的依附感，会改变自己的想法，与群体保持一致。改变想法的原因既可能为群体真实存在的压力，也可能为自己主观臆造的压力；改变想法的过程既可能是理性的改变，也可能是非理性的改变。对从众心理有一个正确的认识和把握，就会发挥积极的作用，反之则会带来消极的影响。

3. 大学生网络从众心理

随着互联网的迅速发展，网络环境已经成为大环境的重要构成部分。网络环境具有虚拟性、便捷性、共享性、匿名性等特点。网络环境就概念而言，是指将分布在不同地点的多个多媒体计算机物理上的互联，依据某种协议互相通信，实现软、硬件及其网络文化共享的系统。从大方面来讲，网络环境可以包括整个虚拟的现实世界；从小方面来讲，对于大学生而言，网络环境是大学生可以使用工具和获得各类信息资源且与他人进行互相协作与支持的一类虚拟场所，大学生通过网络环境进行交友与学习的时间占比越来越重，网络环境也成为大学生追求学习目标和解决问题的重要场所，网络环境也成为影响大学生身心健康发展的重要因素。

在网络环境中同样存在从众心理。在网络独特影响的作用下，不仅没有使从众心理在网络环境下变得弱化，而是使从众心理以其他的方式继续作用于网络。网络并不是一个完全的虚拟环境，所以个体在网络环境中依旧会感受到其他网民个体所带来的压力，当个人在网络环境中受到外部网络信息的不同影响时，就有失去自我认知判断的可能，最终服从于主流思想对于此事物的评价。网络信息的公开透明使得每个人的意见都被完全展露出来，所以当人们发现自己的意见跟多数派保持一致时，会更加积极主动地发表意见；反之，当人们发现自己的意见跟多数派不一致时，在各种压力的作用下也有选择保持沉默的可能。意见一方的沉默造成另一方意见的增势，如此循环往复，便形成一种一方越来越强大、另一方越来越沉默的螺旋发展过程，由此在网络上形成"沉默螺旋"，在某一处群体形成的"沉默螺旋"，在网络连通的特点下会扩散到整个网络。如果网络环境下的从众心理得不到及时的引导，就可能会发生极化现象。一部分接收网络信息较为全面的个体对网络信息的分析会客观准确，并能从理性的角度对网络信息进行判断和理解；而另一部分接收网络信息稍显片面的个体，对网络信息进行分析时会缺少理性的思考，在没有足够相关信息铺垫的情况下，对信息的判断和理解都会偏向感性，长此以往，这部分个体的心理认知发展就会处于滞后状态，其在面对网络信息时更容易产生从众心理。

（二）网络环境下大学生从众心理的分类

网络环境下的从众心理与现实环境下的从众心理其作用机制是相同的，两种环境下的从众心理分类也有异曲同工之妙，所以，我们在对网络环境下的大学生从众心理进行分类时，可以沿用一般情景下对从众心理的分类方式。因为无论是在网络环境中，还是在现实环境中，当个体在群体中改变自己的想法投入群体时，这个过程既可能是理性的，也可能是非理性的，通过这种方式，我们也可以把大学生的从众心理划分为理性的从众心理和非理性的从众心理。理性的从众心理可划分为遵从、顺从和服从这三种表现形式；

非理性的从众心理即为盲从。

从众和众从都是出于对事物真实性的探求和认同。遵从行为的目的是利己，个体对群体的想法和行为具有主观认同性；服从也是以利己为主要目的，服从的目的是免受惩罚或寻求奖赏，因为其是一个被动的过程，所以个体对群体具有非认同性；顺从行为的目的是迎合他人或群体的期望，具有非认同性；盲从属于盲目地随波逐流，所以没有特别的行为目的，就是人云亦云。

（三）网络环境下大学生从众心理的影响因素

从众心理作为一种常见的心理现象，在社会群体中是普遍存在的。在一定群体中有些人容易从众，有些人不容易从众，在不同的情境中个人的从众行为也会不同，通过对网络环境下大学生产生从众心理进行深入的剖析发现：在网络环境下促使大学生产生从众心理的因素有信息影响和规范影响、群体因素、个体因素与情境因素。

1. 信息影响和规范影响

信息影响是指当处于群体的个人在一些情景下不知道自己怎样做才正确的时候，就会认为他人的行为是正确的，并以此为参照，这种从众的发生是为了让自己有正确的行为。规范影响是指个体为了免遭拒绝而与群体保持一致，以此来获得群体的接纳和赞赏。信息影响的目的是正确行事，规范影响的目的是获得别人的喜欢。日常生活中也有很多例子，当你身处一个完全陌生的环境，做着陌生的事情的时候，尽管你可能提前做过功课，知道自己应该怎么做才是对的，但还是会以他人为参考，看他们怎么做，自己再怎么做。

2. 群体因素

从众心理的群体因素主要包括群体规模、群体凝聚力、群体一致性、群体权威性等因素。

从众行为的发生与群体规模的大小密切相关。群体规模越大，产生的群体压力越大，也就越容易产生从众心理。

群体凝聚力是群体成员之间相互吸引的程度。凝聚力是一个群体的核心，凝聚力越强，群体人员在面对问题时的观点越统一，也就越容易产生从众心理，想群体之所想，做群体之所做；相反，凝聚力相对较弱的群体，群体内成员没有一致性的意见时，群体中的从众会大大下降。

群体一致性越高时，从众量也会越高。阿希的实验表明了群体的一致性对从众的影响，当四名助手中有一名助手意见不同时，从众率就会下降四分之一；当群体意见发生分歧时，只要有一个人坚持不同的意见，对群体意见本来就产生质疑的人就会找到支撑自己的力量，群体对他的压力也会减轻，就不易产生从众。我的观点及我的信念，当第二个人接受它时便获得了无穷的力量和成功。

群体权威性是指群体成员的专长，当群体内的成员经验丰富、学有所长时，这个群体会更容易获得个体的信任。当一个业界专家对群体的行为表示赞同时，从众行为会明显增加，因为此专家增强了这个群体的权威性。群体成员内具有权威人物也会增加从众行为的产生，因为地位高的人往往有更大的影响力，更容易让人信服，也就是说，塑造行为和信念的人地位越高，人们就越容易从众。

此外，还有其他的影响因素：群体内的竞争力大小也会影响到从众心理的产生，群体内竞争力越大，越不容易产生从众心理；人们在公开场合会比在私人场合产生更多的从众心理；当一个人事先对自己的想法或者行为做出承诺的时候，会更加坚定自己的行为，不会从众。

3. 个体因素

影响从众心理产生的个体因素主要包括个体的个性特征、知识经验、个体地位和个体归属感。

个体的个性特征与从众心理是密切相关的。实验表明，低自尊心、缺乏自信、思维不够灵活和自我意识比较弱的个体更容易产生从众行为，因为他们更害怕受到群体的不待见，害怕自己无法融入集体，而自我意识比较强和思维比较灵活的个体往往自尊心和自信心都会比较强，因此在群体中更有主见，不易受到群体的压力，也不易产生从众行为。

知识经验比较丰富的人不易产生从众心理。如果这个问题是在你所熟悉的知识领域范围内的，你会更加容易坚持自己的观点；如果这个问题不属于你所擅长的知识领域，就会以群体的意见和行为作为自己的参考依据。就像是对待健康问题，医生就算处在其他工作类型群体中也会坚持自己的观点，而从事其他工作的个体处在医生的群体中时，对待健康问题会放弃自己的立场，并跟随医生的立场。

人们往往更愿意跟随权威者的步伐。当个体在群体中的地位越高时，越不容易产生从众心理。正所谓"人微言轻、人贵言重"。地位低的人在群体中相对会受到轻视，会受到较大的群体压力，更容易从众；地位高的人由于自身掌握的信息较多，经验更丰富，容易得到低地位的信赖，群体不会给他带来太大的从众压力，就不会容易从众。

个体归属感也是影响从众心理的重要因素。只有当个体感觉到自己受到关注和重视时，不仅会产生良好的心理体验，也会更加积极地融入集体，且产生对群体的归属感，而要获得这种归属感，从众就是一个重要的途径。

4.情境因素

问题的性质、表达意见的方式、文化差异及事前承诺等属于影响从众心理的情境因素。

当个体面对的问题比较复杂，没有具体的评判标准时，会更容易产生从众。因为对这个问题是缺乏认识的，情景比较模糊，这时候的个体为了避免出现错误会跟随其他人的观点，产生从众现象。当问题涉及自身的利益或者原则问题时，则不易产生从众，因为这类问题的情景是非常清晰的，有具体的客观标准进行评判。

当表达意见的方式有公开表达和匿名表达两种时，公开表达会比匿名表达更容易产生从众。当公开表达的时候，别人会立刻接收到你的意见，如果你与群体意见不一致，有意无意总会给自己带来一些群体压力，致使自己最终与群体意见一致；而在匿名情况下个体所受的群体压力较小，会更加独立地思考，从众行为也会更少，例如举手表决就会比无记名投票更易产生从众。

不同的文化造就不同的人，文化差异也是影响从众的重要因素。中国深受儒家文化的影响，奉行的是集体主义，个人的利益要服从集体和国家的利益，遇到情况时也要优先考虑集体利益。根据调查显示，中国比那些奉行个人主义的西方国家更容易产生从众行为，这是文化差异带来的结果。

二、大学生从众心理表现分析

人的心理活动会通过一定的方式表现在行为上，大学生在面对群体压力时产生的从众心理会外在表现在群体行为上，并与其保持一致。对大学生从众心理的表现进行分析时，既要分析现实层面大学生从众心理的表现，也要分析网络层面大学生从众心理的表现。通过对调查问卷进行分析，总结出大学生具体会出现的从众行为，如学习从众、消费从众、择业从众等，还对网络上大学生从众行为的表现进行总结，认为大学生网络从众行为主要可概括为三个方面：盲目的跟风者、理性的沉默者和利益驱使的投机者。通过对两种层面下大学生从众心理表现进行区别与对比，从而总结出网络环境下大学生从众心理产生的原因以及带来的影响。

（一）现实层面大学生从众心理的具体表现

1. 学习从众

学习是学生的天职，"学习群体"也是高校中最常见的一类群体。一般来说，进入同一所大学的大学生在学习经验和学习成绩等方面差别不大，在经过一段时间的大学生活后，同学之间的差别会逐渐拉大，这就是因为不同大学生参与了不同的学习群体，且发生了不同的从众行为。学习从众可分为积极的学习从众和消极的学习从众。当处在一个积极上进的"学习群体"中时，就会力争上游，例如某些班级的班风学风会格外突出以及出现考研寝室和考证寝室等；当你处在一个消极倦怠的"学习群体"时，就会得过且过，不思进取，例如某些班级总体成绩一直垫底，某些寝室也会出现临近考试全员上自习的情况。作为新时代大学生，要践行积极的"学习从众"行为，杜绝消极的"学习从众"行为。

2. 择业从众

在获取信息更加便捷且择业渠道日益广泛的今天，大学生有很多就业选择和就业趋向，但是经过研究发现，很多大学生在就业选择上具有一致性，都表现出择业从众。择业从众的其中一个表现为面临毕业的大学生普遍都希望找一个稳定、高薪的工作，国家机关与事业单位是目前很多大学生的第一选择，考公务员、事业编、进国企也成为大学生关注的热门择业标准；择业从众的另一个表现是就业地点多为经济发展比较好的城市，很少有同学愿意去一些欠发达地区甚至是贫困地区工作。部分缺乏主见的大学生会因为社会大环境、学校、家庭等因素影响自己的就业选择，只是为了追求热门工作，不顾自己的优势跟兴趣爱好，最终导致个人未来发展缺乏后劲。因此，大学生在就业时要树立正确的就业态度，要对自身有明确的认识和评估，不要盲从，为自己做好未来职业规划，在自己的兴趣和未来职业规划下选择自己将要选择的工作，同时也要积极考虑国家和社会的需要，为社会主义现代化建设贡献自己的力量。

3. 道德从众

道德作为内心的法律，在维护国家统一、保持社会稳定、规范个人行为等方面具有重要的影响。大学阶段是大学生道德观念完善和发展的重要时期，具有非常强的可塑性，而道德本身具有一定的模糊性，儒家、道家等具有不同的道德要求，当情境比较模糊时，更易发生从众行为。社会主义核心价值观和社会主义荣辱观对个人的道德行为作出了正确的指引，一方面，积极道德从众是个人对社会和群体规范的一种积极内化，不仅能够帮助个人树立正确的道德理想，帮助社会维持秩序，抵御社会的不良风气和不正之风，建立更加合理、更加和谐的社会道德环境，更能加强大学生对社会主流文化和价值观的认同和践行；另一方面，道德从众也会带来一些负面效果，会致使大学生产生惰性思维，缺失理性判断，不利于大学生的全面发展。因此，要通过发挥从众心理的正面效应，培养大学生树立正确的道德意识，使其内化于心，外化于形，促进大学生道德的养成。

4. 恋爱从众

大学阶段是学生一生中非常美好的一个阶段，处在青春期发展的大学生在经历相比高中阶段更宽松、更开放的大学环境时，会萌生恋爱的想法。很多大学生的恋爱行为并不是开始于对对方的品性和内在有一个整体认识或深入了解的前提下，而是仅仅看到身边的人都进入了恋爱状态，受到从众心理的影响，随便谈一场恋爱，把恋爱当作大学经历的必修课。

5. 消费从众

大学生作为当今消费市场中的主流群体，在消费理念和消费行为上也带有一定的从众性。进入大学使大学生在金钱支配上变得更加自由，金钱支配的自由使大学生或多或少会进行一定的消费升级。受到大环境下消费平台贩卖焦虑、消费项目名目繁多以及所处群体消费理念和消费行为的影响，由于自身缺乏理性消费思维，致使当代部分大学生出现消费从众心理，这种心理引发的消费行为会带来两个方面的影响：一方面，该消费心理若用于自身能力的提升和学识的积累，会对大学生产生积极影响；另一方面，该消费心理若用于非必需消费，由此导致的消费欲望扩大，从而超过自身消费能力，则会对大学生产生消极影响，甚至出现盲目消费、攀比消费、赶潮消费、面子消费等非理性的消费行为，这种不健康的消费从众心理会给人生带来不可逆的负面效应。

6. 入党从众

中国共产党始终代表着最广大人民的根本利益，党的领导是中国特色社会主义制度最大的优势，中国大学生从启蒙教育阶段就开始接受马克思主义和中国特色社会主义文化的熏陶，加入中国共产党是当代大学生的正确选择。在大学生生活的校园群体、班级群体和宿舍群体中，不乏优秀的共产党员。不管是国家层面对共产党员的重视，还是社会层面对共产党员的便利，都会让大学生普遍认为入党可以给自己带来更多的优势，特别是在找工作时，部分单位会要求中共党员或者党员优先，这些都会放大大学生的入党意愿。能成功入党的大学生毋庸置疑是非常优秀的，但部分大学生仅仅看到成为一名共产党员所带来的有利条件，而不会考虑作为一名合格优秀的共产党员应该具备的思想觉悟与应该履行的义务，跟随大流，盲目从众。

（二）网络环境下大学生从众心理影响分析

从众心理是在群体的影响和压力下个体做出的一个心理调节和行为转变，这种群体对个体的影响既可能为积极影响，也可能为消极影响。当群体的行为积极向上时，其对个体产生的影响是正面的，反之，则是负面影响。因此要对网络环境下大学生从众心理带来的影响进行辩证分析。

1. 大学生从众心理的正面影响分析

群体的积极行为与个体的心理呈正相关关系，当群体行为与对个体实施的压力是积极的时候，个体的从众就会是积极从众，即会带来正面效应。

（1）有助于思想政治教育的开展

思想政治教育本身就是在群体中进行的，利用大学生积极从众心理对大学生有地放矢地进行思想政治教育，可以起到事半功倍的效果，既可以营造良好的教育环境，又可以帮助大学生进行思想和心理上的塑造和教育，有助于思想政治教育工作的开展。一方面，积极从众心理有利于营造良好的思想政治教育环境。环境可以影响人的思想和活动，个人也可以发挥主观能动性去创造适合自身生存和发展的环境。另一方面，积极的从众心理对于净化维持宏观环境和营造微观环境都具有促进作用。

就思想政治教育的宏观环境来看，社会大环境下的政治、文化和大众传媒都会对大学生产生影响。在世界网络信息飞速发展的今天，善于接受新鲜事物的大学生在面对复杂的社会环境时，在面对多元文化、多重价值观念和意识形态的冲击下，容易受到不良思想的毒害。在此大背景下，我国积极在社会中弘扬主流文化，传播积极思想舆论，引导大学生树立正确的社会主义核心价值观，鼓励大学生积极进行社会实际活动，越来越多的大学生在正确思想和舆论的影响下，并在从众心理的促使下，加入弘扬中华民族主流文化的群体中，不仅可以帮助大学生自身树立良好的价值观念，也可以净化和维持外部大环境，由此形成良性循环。

积极从众心理还可以帮助其营造思想政治教育微观环境。思想政治教育微观环境分为学校环境和群体环境，既包括学校文化长廊、宣传海报、名人寄语等真实存在的文化，又包括校风校纪、榜样宣传教育等软实力。这些都在潜移默化地影响着大学生，既可以引导大学生产生积极的从众心理，又可以利用此心理来引导和教育大学生。例如，大学生会在从众心理的作用下遵守道德规范，主动向优秀的同学学习等，这些都会在群体中无形地形成崇尚先进、学习模范和自觉抵制不良行为的氛围。

另外，积极从众心理还可以帮助大学生进行思想和心理上的塑造和调试。人在认识世界和改造世界的过程中逐渐形成了自己的世界观，大学生在学习思想政治教育相关课程的过程中可以完善自己的世界观，在参与学校的群体学校和活动过程中也会互相团结、互相学习，促使自己内外双修。在从众心理的驱使下，校园内健康的思想会被大家所接受并广泛传播，大学生长期在此氛围下生活与学习，无形中会对自己的思想有一个良好的塑造作用，以达到内化于心、外化于行的目的。就像大学生学习方面的从众一样，当所处群体都是向上时，受群体影响的个体也不会敷衍了事，而是会严格要求自己，长此以往，不仅可以形成良好的意识和思想，也会树立起积极的生活习惯、学习方式和行为方式。

大学生在从众心理的驱使下融入群体并被群体所接受的过程中，会使内心的紧张和焦虑有所缓解，其自身的自尊心和自信心都会得到适当的满足，起到调适心理的作用。在网络环境下，大学生可以与其他人和信息进行无障碍的交流，在交流过程中的负担和压力较现实生活中要小，因此可以使自身的心理得到放松。同时，大学生在上网的过程中也是一个学习的过程，学习他人的行为方式，发挥自身的长处，在满足自尊心的同时也会提升自身的自信心，这对于对大学生开展思想政治教育工作具有积极的促进作用。

（2）有助于大学生社会道德规范的内化和行为习惯的外化

积极的从众是社会道德规范内化的一个起点。道德规范的形成需要个人在真实接受的基础上主动地将社会道德规范内化为自身的道德需要。养成良好的道德行为规范的前提是个人对道德规范有一定的认识、理解和接受。大学生在对社会道德规范进行了解时，由于自身对社会认知能力有限的情况下，在受到大众媒体宣传和校园文化的影响下，使积极的思想和行为的影响力大大提升，在学习社会道德规范时普遍也会参照学校群体中大多数人的选择来决定自己的行为，然后通过自身的实践将社会道德观念转变为指导自身行动的行为指南。可见，利用大学生从众心理可以有效促使大学生社会道德规范内化。

良好的社会道德规范可以指导大学生的行为习惯，使大学生发扬、传播良好的行为习惯，自觉抵制不良行为习惯。在积极从众心理的影响下，大学生树立了集体主义的观念，具有较强凝聚力和正确思想观念的群体会在营造一个良好的社会氛围和网络舆论环境中，指导大学生养成良好的行为习惯。例如，在加强生态文明建设的当下，大学生也会自觉承担起保护环境与保护生态的责任，积极地为生态文明建设作贡献，通过在校园内组织宣传教育活动、网络平台宣传等方式，在规范自身行为习惯的同时也影响着身边的同学。当良好的行为习惯得到普遍的认可后，会迅速形成一种学习践行的好风气，在群体大氛围的影响下，部分有着不良行为习惯的大学生也会在学校的教育、社会和网络群体的熏陶和朋友、同学的榜样作用下，认识到自己的行为错误，在克制自己的不良行为习惯的过程中久而久之会形成良好的行为习惯。

（3）有助于大学生人际关系的发展和融入社会

和谐的人际关系对于大学生的发展和更好地融入社会都具有重要的推动作用。积极的从众心理可以帮助大学生建立良好的人际关系。大学生都不愿意被孤立，渴望融入群体，与他人和谐相处，而从众会使大学生彼此产生共同的话题、兴趣和爱好，拉近与群体的距离，并与群体成员产生共鸣，进而获取群体的信任和帮助。从众是大学生交往和融入群体生活的前提与途径之一。同时，身处学校的大学生最终都要走向社会，若想在社会中生存，就需要融入社会。从众使大学生人际关系得到发展的同时也能帮助大学生更加容易融入社会，社会中所形成的思想和行为规范必定是被社会中的多数群体所接受和认可的，个人要想得到社会的认可，参与到社会的活动中成为合格的社会成员，就需要向社会中的大多数人学习。大学生在大学阶段就在通过学习专业知识、参加各类社会实践活动等为将来融入社会作准备。积极的从众会使大学生更好地融入社会，通过从众，刚刚进入社会的大学生会通过向社会的学习明确社会倡导什么、不倡导什么，清楚自己什么该做、什么不该做，减少错误行为的发生，同时也会像社会中的优秀人士请教和学习，取人长补己短，了解自己所处社会群体的文化，帮助自己更好地融入社会。

2. 大学生从众心理的负面影响分析

适当且积极的从众会促进大学生的全面发展，但当从众心理过度时，就会阻碍大学生的发展，即当群体行为与对个体实施的压力都是消极的时候，个体的从众就会是消极从众，即会带来负面效应。

（1）不利于大学生形成良好的思想和行为习惯

长期处于消极从众心理的影响下会使个体自我否定。总是消极从众的大学生会丧失自己的主见，形成思维定式，遇到问题的第一件事是去参考别人的意见，而不是自己独立思考，导致自己盲目从众。在一个群体中，总是盲目从众的个体很容易丧失自我，找不到存在感，会导致自我的否定和自我的贬低。从众心理较为严重的大学生在面对问题时的第一反应不是从自己内心的真实想法和自身的真实情况出发，更多的是会考虑所处群体的想法，盲目跟随群体的行为，就算最后发现自己行为错误，也不会认为是自身的原因，一方面会把错误归结到别人身上，把自己放在受害者的位置上，怨天尤人、丧失斗志；另一方面会对群体产生怀疑，虽然表面上顺从群体，但内心已经对此表示不屑，容易诱发个人主义思想，对待群体的时候表面应付了事，人到心不到，严重影响了群体思想和行为的贯彻和执行。

另外，消极从众心理还会使大学生所处的小群体陷入宗派主义的怪圈中。宗派主义是指以小团体利益考虑为重点，一部分小群体会为了所处群体的利益而拉帮结派，并牺牲整体利益，进而挑起争端。群体中的大学生如果长期不独立思考，习惯从众，势必导致故步自封，只会强调个人的感受，片面维护自身利益和小团体的利益而牺牲集体的利益。例如，一个班级中如果有多个小团体存在，每个小团体都以自己的利益为主，就会影响班级的凝聚力，进行影响班级的整体利益，使同学之间情感破裂，不利于班级文化的发展和班级意见的实行。长此以往，会对大学生的心理和思想产生消极的影响，也会使大学生形成不良的行为习惯。

（2）不利于大学生创新能力的培养

创新是引领发展的第一动力，消极的从众心理会阻碍大学生创新能力的培养，磨灭大学生的创新意识，进而影响社会的进步和发展。学术从众就是大学生缺乏创新力的表现，如果一个大学生长期处于从众的环境中，会逐渐丧失创新的兴趣和能力，在学术上也会缺少主动探究的主动性，而是对前人的结论进行复述，无法从一个全新的视角出发，造成了学术界的"死气沉沉"。从众心理的一个特点就是不善于表现自己，这种特点在大学生课堂上表现明显，高校教师在对大学生进行授课和交流时，教师与学生应该形成良性互动，但有部分大学生会在从众心理的影响下，不会提出自己的独特看法，长此下去，这部分同学的创新想法一直无法得到肯定，就容易产生自我怀疑，创新意识也会逐渐淡化或消退。另外，网络的迅速发展使信息交流和传递变得异常便捷，任何信息都可以通过网络渠道获取，这就导致了大学生思维的懒惰，教师在布置作业时，第一步是上网搜索，而不是独立思考，不自觉会压抑自身的创造能力，将自己的创造力扼杀在摇篮之中。

此外，消极从众心理还会抑制大学生个性的发展。当大学生过多与他人保持一致时，会抑制自身个性的发展。大学生个体不管是在学校群体还是在社会群体中都是属于劣势群体，容易致使大学生放弃自己的思想和个性，选择从众。例如，学习能力相对较弱的大学生会从众于学习能力较强的大学生，经验较少的大学生会从众于经验丰富的大学生，这类行为对大学生本身和个性的发展是不利的。

（3）不利于大学生道德责任感的培养

当群体的道德水平比较低、个体从众心理比重较多的时候，错误的思想和行为就容易在群体内泛滥，个体就不会考虑自身的从众行为会对群体和社会带来的负面效应，这会导致道德认知的失调和道德责任感的缺失。大学生道德认知失调表现在网络虚拟环境下，网络的消极从众会使大学生盲目遵从网络群体的行为，失去自己的道德判断，并影响自身的道德认知能力。大学生对网络热点问题兴趣较大，容易受到网络腐朽信息的影响，如网络中出现非理性的"爱国主义"、网络批判、网络人肉等不道德行为，都是道德认知失调的表现。大学生道德责任感缺失的表现可以用"旁观者效应"来说明，旁观者效应是指当在一起危急事件中的旁观者越多时，人群中会选择挺身而出、给予帮助的可能性就会越小。大学生"旁观者效应"表现在从众心理的驱使下对校园内的不文明行为与同学的不道德行为选择置之不理，以及对社会中的危急事件选择旁观等。这些行为虽然看似影响不大，但其实已经对大学生群体的质量产生了影响，这些行为都是从众对个体道德和责任感弱化的具体表现，不利于大学生道德责任感的培养。

综上所述，大学生从众心理具有两重性，大学生从众心理所带来的正面效应对思想政治教育工作的开展、对大学生自身道德和行为的发展及对人际关系的发展都具有积极的推动作用。大学生从众心理所带来的负面效应不仅体现在学生时期的不自信中，也会延续到社会生活中；既会对大学生的心理健康和思想带来影响，也会阻碍社会的发展和国家的进步。因此，要加强对从众心理的重视，引导大学生树立积极从众心理，避免消极从众心理。

三、网络环境下关于大学生从众心理的引导与教育对策研究

（一）运用新媒体正确引导大学生从众心理

1. 利用"议程设置"，正确引导网络舆论

现代社会是一个以大众传播高度普及和广泛渗透为特征的信息社会，大学生无论是在生活、学习还是娱乐中都与大众传播有着密切的联系，大众传播会对大学生的心理产生一定的影响和效果，因此，可以通过大众传播的方式对大学生的从众心理进行引导，而"议程设置功能"就是大众传播的发生机制。"议程设置"是指大众传播具有一种为公众设置"议事日程"的功能，传媒的新闻报道和信息传达活动以赋予各种"议题"不同程度的显著性（salience）的方式，影响着人们对周围世界的"大事"及其重要性的判断。通俗地说，就是通过媒体来设置舆论的切入点，虽然不能影响人们怎么想，但可以影响人们想什么。网络的传播结构不仅可以轻松提高某些事件被报道

的频率和强度，还是对传统大众传播的一种补充，更能拉近传播者与受众个体之间的联系。因此，网络下的"议程设置"作用程度会更强烈，要通过"议程设置"对网络舆论进行正确引导，以形成一定的主流舆论。

（1）制度化调控与非制度化调控相结合

对网络舆论进行正确引导，既需要国家在宏观上进行把控，即进行制度化调控，也需要个体自觉形成一定的规范，即非制度化调控。

制度化调控需要国家通过相关政策和法规对网络舆论传播进行明文规定，正本清源。我国要加强互联网内容建设，建立网络综合治理体系，营造晴朗的网络空间，要让互联网成为传播先进文化的重要阵地。《网络安全法》的实施、网络实名制的推出等措施都是为形成一个完善的网络规范体系所做出的举措，对网络不良舆论信息进行监管和拦截，对发布不良信息或恶意引导网络舆论的媒体和个人依法进行惩处。通过相关政策法规牢牢把握舆论的话语权，占据舆论高地，将网络社会中的从众行为控制住，并让事件朝着正确的方向发展。非制度化调控需要个体在上网过程中自发形成，并且为网络群体普遍都遵守的规约，以此来对网络舆论进行正确的引导。因为网络是一个互动传播的过程，我们不仅是信息的接受者，也是信息的传播者，而网络中的舆情会影响人们对于相关事件的关注程度，因为人们对网络某一时间的关注往往取决于他人之前的关注，网络中发生的比较激烈的意见乃至表达会引起后来者的好奇与参与的意图，掌握主动权的网络个体很容易在群体内形成舆情，进而影响舆论的走向，因此，要使非制度化调控舆论形成一个良性发展的趋势。通过实行制度化调控和非制度化调控，使大学生在加入不同网络群体时能得到正确的引导，从而为大学生营造一个风清气正的网络空间。

（2）加强网络媒体的行业自律

要将网络舆论引向正确的发展方向，从舆论发布的源头出发，网络媒体是发布网络舆论的主力军，因此，要加强网络媒体的行业自律，既要如实发布信息，又要加强网络媒体人员的自身素养。

首先，要实事求是地发布网络新闻。网络上部分无良媒体会为了博关注和点击率而发布虚假新闻或者对事件断章取义，甚至会出现违反社会道德、侵犯集体和国家利益的行为，部分大学生受众群体由于面对网络信息是被动的接受者，会在从众心理的影响下对新闻不加以证实就进行附和与传播，对大学生的发展产生一定的影响，甚至会带来严重后果。因此，网络新闻媒体工作者应杜绝消极怠工的现象，实事求是传播网络信息，这样才能避免从众心理带来的消极影响。其次，要加强网络媒体人员的自身素质，网络媒体人员的素质高低对传播行业、网络发展乃至社会进步都是至关重要的，因此要对网络媒体人员的素质进行严格把关，要具有专业化的职业精神和业务素质，并且严格遵守"爱国、守法、公平、诚信"的互联网行业自律基本原则，同时，也要通过制定相关行业的规定和伦理对消极舆论及时进行引导，更要对不遵守道德规范和损害国家利益的网络传播媒体进行惩罚甚至关停。

（3）完善网络传播伦理，管理网络传播

网络传播伦理，是网络舆论传播的重要管理者。网络社会也是以遵循现实社会规范的方式产生的，因此也要建构网络传播伦理。由于网络是一个言论自由开放的社会，其充斥着大量违反传统语言规则的语言形式和网络用语，这些流行的网络用语在大学生中也颇为流行，但这些网络用语中不乏有一些粗俗不堪的不良语言，因此网络传播伦理要注重对网络语言进行规范，构建文明和谐的网络语言世界。一是要制定网络语言的语言规范，可以通过网络技术对不良语言进行"和谐"与拦截。二是要制定网络语言的道德规范，要求网民要自觉遵循网络道德规范，网络语言要真实真诚，杜绝龌龊不堪和攻击他人的语言，更不能随意散播未经考察的信息以免给他人带来误解等诸如此类不道德的行为。真诚是保持网络社会稳定的重要因素，它关系到公平、善恶等多个道德范畴，因此要使网络社会的语言保持真诚。三是媒体要积极引导网络语言，面对网络语言，简单的"封杀"并不能解决问题，要发挥网络媒体的引导作用，分清网络语言的良莠，接纳传播优秀的网络语言，抵制不良网络语言，积极引导网络语言朝着规范化的道路发展。

2.加强大学生网络媒介素养教育

新时代的大学生是网络群体的重要组成部分，对网络信息的接纳程度和学习能力都较强，但也更容易受到网络不良信息的侵害。大学生存在网络自我管理能力较差，对网络信息缺乏正确辨别力等问题，容易在没有知晓全貌的情况下，跟随网络媒介人云亦云，产生从众心理，因此，要对大学生加强网络素养教育，避免大学生产生消极的从众心理，从而给大学生身心带来危害。

（1）加强大学生网络底线思维

要想营造一个风清气正的网络环境，规范网络秩序，强化大学生在网络环境中的网络自律，避免大学生盲目从众，从根本上来说需要明确大学生网络道德行为的底线，并且大学生要能够自觉主动地恪守网络行为的底线。加强大学生网络底线思维需要多层面的共同努力。首先，网络主流媒体与自媒体之间要作好协调，进行良性沟通，保证公正理性的声音能够流畅地表达出来，及时纠正不良舆论与信息，避免网络口水战，引领网络信息与社会主义核心价值观相适应，共同推进网络舆论生态文明建设，使大学生在上网过程中潜移默化地受到影响，提升大学生的网络道德素养，加强大学生网络底线思维，使其恪守网络行为道德底线。其次，大学生要加强网络主体意识和网络怀疑批判意识。面对多元化的网络信息，不要被牵着鼻子走，要增强自身的自主性、能动性和创造性，面对网络信息要增强辨别能力和科学的自我批判能力，对网络信息做到不轻信，能够在坚持正确的原则基础下，对复杂的网络信息进行理性独立的思考，强化底线思维，避免盲目从众。

（2）加强大学生网络媒介素养理论与实践教育

加强大学生网络媒介素质教育，既需要加强大学生对基础媒介素质教育理论的学习，也需要通过结合新时代的新发展以及思想政治教育工作的实际对大学生进行实践教育，实现大学生网络媒介素质教育的创造性，高校思想政治教育工作者在教授基本理论知识的基础上，也要通过与网络媒介的实时联动，将二者有机地结合在一起。通过培育大学生多方面的网络操作技能，避免大学生对网络技术产生依赖；向大学生普及网络法律教育和网络道德教育，使大学生具备维护网络环境安全有序的使命感和责任感；利用网络媒介开展社会实践，让大学生真正参与到网络媒介的机制中去，能够帮助大学生在实践中掌握网络媒介的运作机制，提高大学生深度使用网络媒介的能力，能够使其对不良网络信息进行明确辨别，在增强大学生网络媒介素养认知的基础上，也要让大学生自发成为网络媒介素养的传播者，形成良性互动，有效地提升大学生的网络媒介素养。

（3）加强大学生网络自律意识

大学生网络媒介素养教育的一个重要组成部分就是学会自我内化。大学生在通过网络媒介和高校教育共同努力的基础上，也要加强自律意识，面对复杂的网络环境和良莠不齐的网络信息，要时刻保持正确的判断，增强对网络信息的判断能力，也要对网络行为和网络语言进行自我约束和规范。通过以上方式将从外界所接受来的有用信息内化为自身信息，主动对网络负面信息进行排除，强化自我意识，通过不断加强网络自律意识达到强化网络媒介素养的作用，避免产生消极从众的心理。

（二）通过心理引导加强大学生从众心理教育

1.进行网络心理素质教育，强化大学生心理素质

大学生产生从众心理的原因之一是大学生的心理素质仍不够完善，心理素质较强的大学生在面对压力和突发事件时的抗压能力和解决能力都较强，在应对群体压力和进行选择时也会有更大的选择空间，才不会盲目从众。因此要通过在网络环境下开展大学生心理健康教育、群体规范心理教育对大学生进行心理素质教育，强化大学生心理素质。

（1）开展大学生网络心理健康教育

实现大学生心理健康是教育的一个根本目标。心理素质相对较弱的大学生在面对群体时会增大群体所带来的压力，在外界压力与自身压力的作用下变得不敢坚持己见，做出人云亦云的行为，因此，要避免大学生在网络环境下产生盲目从众的心理和行为，开展大学生网络心理健康教育是重要的切入点。首先，教育者要重视大学生的网络心理健康教育环境，为心理健康教育提供必要的硬件和软件设施，不仅要把心理健康教育放到课堂上，更要放到网络上。可以通过在校园网上设立专门的心理咨询中心的方式，为大学生及时进行心理疏导，还可以通过在线上进行心理健康相关教育讲座、辩论赛、会议、活动等全面宣传心理知识，同时要营造一个积极向上的心理健康风向和气氛，潜移默化地影响大学生。其次，教育者在对大学生进行心理健康教育时要端正态度，也需要调节好自己的心理，使自己在面对学生时能够始终保持一个积极向上的心理状态。要时刻把大学生放在主体地位上，做到真正关心大学生的身心发展，同时也要做到因材施教，了解不同学生的不同心理需求，最大限度地发掘和培养每个学生的优势，以学生带动学生，使大学生更能保持坚定，减少群体对自己的干扰。最后，要格外关注大学生的网络心理问题，普及网络心理健康的基本知识，加强对大学生网络心理健康的研究，分析网络大学生从众心理的特征，培养专业的网络心理健康教育队伍，来解

决大学生在网络环境中遇到的心理困境，从而减少大学生的网络从众行为。

（2）开展网络群体规范心理教育

人的社会关系的归宿就是群体，正是在群体内部明文和不明文规定的约束下，群体成员才能够保持心理和行动上的一致。当群体凝聚力较强的时候，产生的从众心理便会带来积极效应，在不同群体中生活、学习和娱乐的大学生如果身处凝聚力较强的团体中时，也会对自身的发展产生促进作用，因此要注重网络群体对大学生的影响，要通过开展网络群体规范心理教育加强群体规范的力度、广度和深度，使群体内个体的思想都能够得到规范的引导和教育，而制约群体规范的力度、广度和深度的重要因素就是群体凝聚力。因此，首先应认识到群体规范对群体的重要性，加强群体凝聚力的意识。当群体具有较强凝聚力时，在这种力量的影响下个体都会自觉遵守群体内部的秩序和约定，并且会一致为群体目标做出努力，而处于此氛围中的大学生也会具有较强的团结意识，跟随群体的步伐一起变得更加优秀。其次，加强群体凝聚力要从实际出发。虽然群体规范教育中的群体凝聚力是思想和心理上的教育，但也要将这种心理教育与实际生活结合在一起，群体要通过实际工作真正得到个体的支持，群体如果能够将人文关怀贯彻其中，关心和积极解决成员的心理和困难，群体成员自然而然会对群体真心拥护，通过双向互动不断增强群体凝聚力。

2. 发挥网络人物带动作用，加强典范效应

群体可以对个体进行正确的引导，群体内榜样的力量也是强大的，其可以激起个体的共鸣，要对大学生的从众心理进行正确的引导，就需要利用好大学生对优秀人物和事迹的学习从众心理，通过强化网络把关人、网络领袖和身边榜样的作用，并发挥他们的带头作用，加强典范效应，向大学生输出正确的价值观，对大学生进行正确的引导与教育。

（1）强化网络把关人作用

网络把关人对网络信息质量和舆论导向具有至关重要的作用，甚至会对事件的结果带来决定性影响。

网络把关人类似于引导网络信息良性发展的领导人物，网络把关人的作用发挥好了，带给群体的影响就将会是正面积极的，大学生在接受相关信息的时候也会被导向积极的想法和行为，因此要强化网络把关人的作用。

网络把关人相当于网络信息的鉴定者，因为网络环境的特殊性使得信息发布者可以将信息以任何形式发出去，当信息在网络上用各种方式进行传播的时候，需要网络把关人对信息进行及时的调控与纠正，避免出现信息扭曲或三人成虎的后果。网络把关人的作用尤其体现在网络负面信息的传播上，网络把关人的形式多种多样，既可以是政府层面的专业技术人员对网络舆论进行严格的把控，也可以是一个小网络团体内的领导人员对发布的不良言论及时进行删除，例如论坛管理人员为维持论坛的良好秩序删除一些"带节奏"或随意捏造事实的帖子，或者对发布不良信息的个人进行"封杀"账号。在网络把关人的作用下，对负面效应的信息及时进行删除，对带来正面效应的信息进行广泛的传播，不仅能够给大学生带来积极的信息，也能够帮助社会在网络上形成主流价值体系，为大学生形成积极健康的价值观提供了重要的参考依据。

（2）培养正确价值导向网络领袖

网络领袖与网络把关人有所不同，网络把关人是上层赋予个人可以行使把控网络信息的权利，而网络领袖是网络群体中自发推举出来的，他们通常都对信息有着超高的敏感度，更大的网络平台，具有强大的号召力和影响力，包括学界权威学者、资深评论人，甚至明星等，被人们认定的网络领袖人物，他们身后会拥有数量不一的跟随者，他们的思想和行为会引发一定程度的从众行为，因此培养具有正确价值导向的网络领袖，对正确引导和教育大学生从众心理具有重要的作用。

大学生群体中的网络领袖起着引导网络舆论、充当教育媒介、促进信息传播和引导校园文化的作用。首先，网络领袖应制造正确的网络舆论，并在高校思想政治教育工作者的领导下发布正确的网络舆论，对网络舆论进行处理，在理性分析的基础上让大学生接受到正确的网络信息，并在此基础上发表符合社会主义核心价值观的言论。其次，网络领袖要充当教育媒介的职能，要积极地在大学生和高校教育之间架起沟通的桥梁，通过入驻校园新媒体平台，利用明星宣传效应等方式，从教育者的角度切入，正确引导大学生的心理。再次，网络领袖要积极促进信息传播。上文提到网络领袖的信息平台相对较大，他们对信息的关注也会更加敏锐，因此要利用好网络领袖的独特性，发挥他们的专业优势，帮助大学生对事件进行全面的了解，在此前提下，大学生盲目从众的概率就会大大减少。最后，要对校园文化进行引导。网络领袖要与高校合力构建出良好的校园网络文化氛围。通过在校园网络中传递正能量、传播有意义的信息等方式，扩宽大学生的眼界，并将其网络世界与现实世界相联系，避免大学生沉迷于网络。

（3）发挥榜样力量

榜样的力量是无穷的，当大学生认识到自己处在一个充满优秀榜样的群体当中时，在从众心理的影响下会将榜样的言行和事迹当作自己的行动指南。因此要做好大学生的榜样宣传工作，做好榜样教育对大学生的价值引导、心理激励、行为示范作用和对舆论的引导示范作用，将大学生对榜样的认识转变为自身的实际行动。首先，要做好榜样的宣传工作。可通过校园网站、学校官方账号、校园宣传活动等方式让榜样为更多人所知，让榜样的力量渗透大学的每个角落。其次，要注重榜样的时代性与真实性。不同时代有不同的英雄，也会出现不同的榜样，榜样的力量在不同的时代背景下会有不同的力量，因此我们在选择榜样时，要立足当下时代特征，结合当前大学生的不同特性，根据学生的认知结构等特点选择出能够对大学生带来深刻影响的榜样，同时不能单纯为了教育大学生而凭空捏造榜样人物和相关事迹，这样会打击大学生学习榜样的积极性。再次，要注重榜样宣传的实效性。学习榜样的过程是一个长期潜移默化的过程，因此它是一个疏导的过程，这样才能确保榜样教育带来实效。通常来说，身边榜样带来的力量所带来的效果会更好，因为大学生容易对身边人产生情感上的倾向，这部分榜样的行为都是较贴近大学生真实生活的，大学生接受和认可起来也会更加容易，因此，要树立榜样意识，树立学生身边的榜样，社团内、班级内、宿舍内都可以树立榜样，教师、同学、校内工作人员等也都可以树立榜样。最后，要加强教育者的示范性和影响力。要想真正感化别人，那么自身就需要具备鼓舞与推动前进的影响力，教育者在对大学生的引导与教育过程中处于核心地位，对大学生起着言传身教的影响，教育者自身是否具有示范性和影响力对大学生会产生显著的影响。因此教育者要在课堂与实践中都发挥良好的榜样示范作用，同时也要通过自身的感染力和号召力对大学生产生影响。这样在对大学生从众心理进行正确引导时，也会达到事半功倍的效果。

3.加强大学生自我效能和自主意识教育

运用积极心理学对大学生进行正确心理引导是加强大学生从众心理教育的新视角。它是一门以培育人积极品质为研究取向的新兴学科，积极心理学把培育人的积极品质作为目标，通过将积极心理学与思想政治教育工作相结合，加强对大学生的自我效能和自主意识教育，发掘出大学生的积极力量和积极品质，提升大学生的自信心和幸福感，帮助大学生提高自尊心，增强大学生的归属感和安全感，并消除网络负面消息带给大学生心理的消极影响，帮助大学生克服消极从众心理。

（1）加强大学生自我效能感

自我效能感是指个体在特定情境中对自己某种行为能力的自信程度。大学生容易在网络上发生从众行为的一个重要原因就是对自己网络行为的不自信，对自己的想法和行为不够坚定，从而选择盲目从众。因此，增强大学生网络行为能力的自信程度，加强大学生的网络自我效能感，对于帮助大学生克服网络消极从众行为均具有十分重要的作用。

首先，高校思想政治教育工作者要完善网络教学工作。一方面要营造一个积极向上的网络教学工作氛围，在网络教育教学工作中要注重大学生的心理状态；另一方面要学会技巧教学，对网络教学任务按照难易程度划分等级，根据大学生的不同水平教授不同的难易内容，使大学生能够循序渐进，在掌握更多经验的基础上也能提升自信心，以此来提高大学生的网络自我效能感。

其次，要增强大学生的网络人际信任感。网络社会由于具有虚拟性等特点，网络信息更加真假难辨，当社会阅历不够丰富的大学生面对五花八门的网络信息，缺少对网络信息辨别真伪的能力，如果轻信了网络虚假信息，可能会对大学生的网络人际关系产生信任危机。因此要通过完善网络保障机制，建立网络规范的方式，对网络信息进行正确的筛选，对大学生网络行为进行正确引导，帮助大学生建立网络良好的人际关系，增强大学生的网络人际信任感，避免对错误网络信息和网络行为的消极从众。

（2）加强大学生自主意识教育

自主意识是指一个人对自己各种身心情况以及自己和周围关系的一种认识。加强大学生自主意识教育，对于激发大学生的内在潜能和大学生独立思考的意识，促进大学生的全面发展，具有重要的作用，也有助于大学生增强辨别是非的能力，面对复杂环境坚持自我，保持自己正确的判断。网络环境的匿名性和信息化使大学生获取信息更加便捷、直观，但网络信息的良莠不齐也会使得部分缺乏自主意识的大学生受到负面网络信息的影响，进而产生消极从众的行为。因此要加强对网络环境下大学生从众心理的引导与教育，就需要重视对大学生的自主意识教育。

首先，要培养大学生网络时代信息能力，即提高大学生主动选择和运用信息以及信息手段的能力。大学生要学会对网络信息进行合理的判断，有效选择以及正确处理的能力。在此基础上能够将有效信息进行转化与传播，并产生影响，在此基础上，培养自己的意志力。大学生在面对网络信息时，要主动地对网络信息进行判断，不能人云亦云，面对有歧义的信息保留意见，通过多渠道了解正确信息，发表正确的意见，避免盲目从众。

其次，创新思想政治教育方式。在"以人为本"的教育理念的基础上，创新思想政治教育理念，思想政治教育工作者要多角度、全方位地开展教育工作，发现影响大学生心理和思想的众多因素，因材施教，重视大学生的个体发展，在具体的社会实践活动和网络实践活动中始终把大学生放在首要位置，重视倾听大学生的想法，加强引导教育，并将教育大学生、引导大学生、帮助大学生、鼓舞鞭策大学生等工作结合起来，共同促进大学生自主意识的养成。

（三）多管齐下，发挥大学生从众心理的积极作用

1. 加强校园网络文化建设，营造良好育人环境

"人创造环境，环境也创造人。"大学生的发展在很大程度上取决于所处环境的优劣，一个人的价值取向和道德品质深受风气和氛围的熏陶，校园环境是教育的隐形课堂，良好的育人环境可以为思想政治教育提供优良的土壤，可以发挥价值导向和善恶判断的作用，更是正确从众心理产生的客观条件，校园网络环境是校园环境的重要组成部分，因此要通过发展优秀校园网络文化、发挥班级和宿舍的引导作用、建构校园网络德育科学体系加强校园网络文化建设，从而营造良好的育人环境。

（1）发展优秀校园网络文化

健康高雅的校园文化环境是高校加强和改进大学生思想政治教育工作

的重要载体。

在互联网高速发展的今天，更要为大学生营造一个风清气正的校园文化环境，加强对优秀校园文化的建设，通过发展优秀的校园文化和网络文化，为大学生营造良好的校园文化氛围，促使大学生积极融入校园，并促使积极从众行为的发生。

首先，要重视校园基础设施建设，为大学生提供舒适便捷的生活和学习条件，以便大学生以更好的状态和热情投入学习和生活。校园的建筑风格能给人带来非常直观的感受和氛围，历史文化比较悠久的校园进入之初便能感受到其浓重的年代感，不同地区的大学建筑也会带有不同的地域特点，不同学院教学楼的设计也均有不同含义，在不同风格建筑的熏陶下，既可以形成一种对待事物和未来的感性认识，又可以体会到历史的厚重感，从而对学校产生崇敬之心。教学楼和校园道路的命名也是校园基础设施建设重要的一部分，如"厚德楼""博学路"等，既可以反映学校的氛围，也可以对学生产生激励的作用，促进自身努力进取。校园基础设施建设要以小见大，面面俱到，让学生在学校内无时无刻感受到学校所要传达的精神，这样才能对学生产生潜移默化的影响，才能自觉践行校园文化行为。

其次，要完善校园精神文化建设，通过加强校风建设和学风建设完善校园精神文化。校风建设指的是高校经过长期的发展和积淀形成的具有一定影响力的思想和行为风尚，这是学校的风气，也是校园精神文化建设的核心部分，它具有强大的精神力量，既能够对大学生进行约束，也能够对大学生产生潜移默化的影响，使大学生自觉朝着正确的方向学习和前进。加强校风建设的途径多种多样，包括学校的校史、校训、校歌等，都是加强校风建设的重要途径，高校要加强对校风教育的重视，重视精神力量对大学生的引导作用。在加强校风建设的时候也要搞好学风建设，大学生的任务就是学习，大学生相比中学生，其学习时间更加自由，学习氛围也更加放松，加强学风建设不仅能够帮助学生在学习上相互促进，也能影响比较放松懈怠的同学端正学习态度，以培养大学生学习的主动性和创造力。因此，对大学生进行学风教育对于提高学习效率、教学质量，培育自省自律、全面发展的大学生具有重要意义。

最后，要加强校园网络文化建设。在互联网飞速发展的今天，网络已成为大学生活动的重要场地，因此，学校要重视网络管理建设，加强校园网络文化建设，始终以马克思主义为指导思想，增强社会主义核心价值体系在网络建设中的引导力。

（2）发挥班级和宿舍的引导作用

校园、班级和宿舍是大学生在校园生活的三类不同的环境，在校园氛围和校园风气建设好的基础上，也要加强班级和宿舍氛围和风气的建设。班级和宿舍是大学生长期进行集体生活的小群体，在班级和宿舍环境中大学生的时间是自由和充足的，每个人的发展趋向也都多种多样，班级和宿舍成员的思想和行为会对大学生的思想和行为产生不同程度的影响。凝聚力较强的班级和宿舍会使群体内每个成员的发展都是积极的，因此，要发挥班级和宿舍的引导作用，在积极从众心理的作用下使学生之间能够做到帮、传、带。高校要加强对班级和宿舍的管理工作，帮助其营造积极向上的班级风气和宿舍氛围。一方面，在良好班风的影响下，会激发起大学生学习从众、入党从众等积极从众行为，民主和谐的班级氛围也会增强大学生的归属感，以得到情感上的认可，从而能够增强群体的凝聚力；另一方面，在优良宿舍氛围的熏陶下，舍友之间关系融洽，互帮互助、互相关心的氛围，也会帮助大学生培养良好的生活习惯和正确的人生态度。这些都可以帮助大学生避免出现消极从众的行为。

（3）建构校园网络德育科学体系

第一，要改善德育工作方法。在大学生思想发展变化的过程中，德育工作只能在外部起促进作用，在内部起作用的还是大学生对自身的教育。因此，德育工作在继续充当外部促进作用的前提下也要改善方式方法，多采用启发式教育，让大学生能够加强自我反省和自我教育，使他们能够积极主动地融入主流，还要采取因材施教的策略，掌握大学生的心理差异，做到因人而异，全面调动大学生的积极性，帮助大学生提高独立思考的能力，对大学生树立正确的从众心理思想具有重要的促进意义。

第二，要加强思想道德培养，培育责任品质。通过抓住大学生对传统道德、社会公德和中华民族传统美的认同感，借用各种渠道方式，加强对大学生的思想道德培养教育，让大学生不仅能够有认同感，更要产生共鸣，在形成正确心理导向的基础上，能继续形成积极正面的集体意识和责任意识，培育大学生的集体荣誉感和社会责任感，勇于承担责任，有助于大学生形成积极的从众心理。

第三，完善网络道德教育。目前大学生所接受的道德教育偏理论性，缺少实践性，新时代新发展下的高校应该立足于当下的时代特征，通过理论与实践相结合开展相关的网络实践活动，提高网络道德认知能力，加强网络情感共情能力，完善网络道德教育。一方面要对大学生进行人际感情教育，大学生沉迷网络所产生消极从众的其中一个原因就是现实生活中人际交往能力较弱，需要到网络上寻找满足感，因此要采取多种方式来增加大学生人际交往的机会，增强大学生人际交往的能力；另一方面要通过开展网络知识讲座、网络社团活动等方式进行网络道德的教育，促使大学生对网络上的正面信息产生积极感情，帮助大学生在面对网络热议问题时能够提出辩证的意见，对有争议的问题进行正面引导，对大学生出现的网瘾、网络虚假感情、网络孤独等问题能及时发现并进行积极引导，帮助大学生向健康且积极的方向发展。

2.重视家庭教育，增强大学生自信心

家庭教育是各阶段教育的基础，个人思想的发展行动的呈现就是家庭教育的缩影。家庭教育在大学生身心发展的过程中占据重要地位，提高对家庭教育的重视，增强教育意识，改善教育方式、加强家校共育，这对于帮助大学生树立正确从众心理具有积极的指导作用。

（1）增强教育意识

家庭教育在一生的教育过程中有着举足轻重的作用。许多家长都秉承着"望子成龙，望女成凤"的心理，对孩子给予厚望，在每个孩子都要做到全能发展的大环境下，会给孩子报种类繁多的辅导班，以培养孩子的一技之长，却在很多时候忽略了对孩子心理的关注和对道德观的培养，致使孩子在成长过程中无法对发生的事情作出正确的判断，从而出现盲目从众的行为。

家庭教育本就是非强制和非权力影响下的产物，它主要受家庭成员的思想、品德和行为等因素的影响。首先，家长要重视德育教育，在关注孩子学习成绩和拥有一技之长的同时，也要认识到对孩子进行德育教育对孩子身心发展的重要地位，将教育理念融入与孩子接触的每一个环节中去，在每一次与孩子交流的过程中了解孩子不同阶段的心理特点，并为他们及时解决困惑；其次，家长要提高自我要求，提高自身的文化素质、心理素质和思想道德素质，不断更新教育理念，家长的心理健康程度对子女的心理是否能健康发展有非常大的影响。青少年在遇到困境时，很多时候会选择向自己的父母求助，希望父母能够给予自己精神上的理解和支持，在孩子建立自我意识和自信心的过程中，父母的行为，既可能会帮助孩子建立起自信心，也能对孩子造成严重打击，使孩子在以后的发展过程中都充满不自信，因此，家长要注意自己的一言一行，关注孩子向自己求助的瞬间，及时对孩子进行鼓励与支持，同时家长也要保持良好的心理素质和心理状态，独立且创新的家长培养出来的孩子一定也是充满创造力与独特性的，其发生消极从众的概率也会大大降低。

（2）改善教育方式

目前来看，国家越来越重视培养孩子的道德品行，比如现在在各个学校推行的国风教育，家长在响应学校相关教育的时候，需要注意教育的方式方法，拒绝"灌输式"学习。理解能力尚弱的孩子就算是死记硬背记住了，也不能够做到真正理解，甚至可能会伤害孩子进行道德教育的积极性。第一，家长要通过自身做出表率和树立榜样的方式，对孩子进行言传身教和负责任的监督，将正确的三观养成与健康的人格形成放在第一位；第二，家长要做到理论学习与实践活动相结合的方式，为孩子提供一个良好的道德教育环境，通过带孩子参加国学活动、参观经典道德景点等方式对孩子进行耳濡目染的熏陶；第三，家长要改变传统的权威姿态，营造出一个民主放松的家庭氛围，更要将孩子放在主体地位上，把孩子当作独立的个体，与孩子进行平等的沟通与交流，不要给孩子带来不必要的压力与紧张感，及时关注孩子对所接触内容的具体接受程度，调节出最适合自己孩子的学习方式，并充分给孩子表达自身观念的机会；第四，家长要利用好网络媒介的优势，通过寓教于乐的方式，将教育通过娱乐和游戏的方式传递出去。

（3）加强家校共育

大学生所处最多的环境就是学校环境和家庭环境，教育学上有"五加二等于零"的现象，即学生在学校获得的思想道德教育仅仅是一个双休日就可能由于社会和家庭的某些不良影响化为零，功效尽失。因此，学校与家庭合力对大学生进行教育是至关重要的，但就目前来看，很多大学生家庭与学校之间是零沟通的，家长不知道孩子在学校的具体状况，学校也不清楚学生在家中的情况，这些限制对大学生进行教育与引导具有一定的局限性。因此，要利用现代网络技术，构建网络家校合作平台，加强学校与家庭之间的联系与沟通，加强家校共育效应，家长要在学校的倡导下积极做好对学校教育的配合工作，学校也要为家长对孩子进行引导与教育提供正确的理论和方法指导，使家长能够有针对性地对孩子进行引导。家庭与学校合力对大学生的从众心理进行引导，会得到事半功倍的效果。

首先，要扩宽沟通渠道。高校要借助新生报到的时候与学生家长尽可能多地交流彼此的信息，并通过微信公众号、建立群聊、学校网站等平台将学生的近期情况与学校的最新动态分享给家长，对于家长对学校提出的建议或要求进行讨论并积极采取。

其次，为青少年家庭教育提供正确的理论和方法指导。很多家长并不懂得如何与孩子进行沟通交流，对孩子缺乏耐心引导，而是选择简单粗暴的方式，这给学校的教育带来了一定的障碍。因此，学校要充分利用教育者的理论储备与技能，向家长传授科学的家庭教育的方式，用民主的、科学的方式对大学生进行正确的引导与教育，在他们面对学习、生活和娱乐中的压力和问题时，能够给予大学生正确的支持，以增强大学生对自身的认同感和自信心，帮助大学生培养正确的从众心理，促进大学生的全面发展。

3. 发挥网络非正式群体的带动作用

大学生群体既包括正式群体，也包括非正式群体。正式群体是指有较为严密的组织结构和规章制度，有正式组织章程和相关组织纪律，群体成员依规定享有明确权利并履行响应义务的群体，正式群体既包括班级、宿舍、学生会、团委，也包括校内的各类学生社团等；而非正式群体则没有严密的组织结构，也没有明确的规章制度，是成员之间由于拥有共同的利益关系、兴趣爱好或情感需求而自发聚集在一起所形成的群体，如老乡群、同学群等。规范正式群体，发挥非正式群体的带头引导作用，对于帮助大学生树立积极的从众心理具有重要的引导作用。

非正式群体没有明确规章制度的约束，因此在管理上是有一定的难度的。但由于非正式群体内的成员是互相吸引而自发组织在一起的，因此，成员关系会更加融洽与亲密，也具有更强的凝聚力。网络环境中的非正式群体表现为老乡群、同学群等一系列在网络环境下自发聚集在一起的各类形式。在非正式群体中虽然没有明确的领导人物，但有自然形成的具有强烈号召力和威信的"领袖人物"，但在没有统一主流制度规范的前提下，非正式群体中自然形成的"领袖人物"的思想和行为会对大学生带来一定的影响，甚至可能带来负面影响，使大学生产生消极的从众心理。所以要对非正式群体进行正确的引导，使该群体人员沿着正确的轨道发展。

（1）加强对"领袖人物"的正确引导

要加强对非正式群体"领袖人物"的正确引导，非正式群体中大学生对"领袖人物"的从众行为由于是在自身对"领袖人物"高度认可的基础上发生的，因此具有较强的自卫性和排他性，所以要充分发挥"领袖人物"的积极带头作用，促使大学生发生积极从众行为。例如，可以通过互联网对自愿回到基层组织工作为家乡作出贡献或去西部贫困地区扶贫的毕业生的榜样事迹进行宣传，利用他们的榜样作用，帮助大学生树立正确的就业观，使其能够真正发挥自身的人生价值。

（2）确定一致目标，促进良性互动

首先，要促使成员目标与群体目标保持一致，当成员与群体的目标高度一致时，成员参考群体行为的概率会更大，因此，要在非正式群体目标积极的情况下，积极促使成员目标与群体成员保持一致，促使群体成员积极从众行为的发生；其次，非正式群体要与正式群体之形成良性互动，发挥正式群体的带动作用，非正式群体的影响有时可能会大于正式群体所带来的影响，因此，正式群体要积极与非正式群体进行沟通与良性互动，对非正式群体自发形成的正确理念和积极行为规范进行鼓励，并消除非正式群体可能会带来的消极影响，使其向积极方面转化。帮助非正式群体解决群体内部问题，发挥正式群体中学生干部、学生会成员和党员的领导带头作用，形成一个互帮互助的良好氛围，让非正式群体不再只是单纯联系感情的群体，而变成能为大学生带来正确引导的群体，要帮助非正式群体完成良性转化。

（3）积极引导网络非正式群体

要积极利用网络非正式群体，发挥网络非正式群体对于大学生的正向激励优势，帮助大学生形成积极向上的网络交往动机，既要培养大学生独立思考的能力，也要增强大学生解决问题的能力，对大学生的消极从众心理及时进行修正，这样，即使在群体意见不一致的情况下，大学生也不会迫于群体压力而发生从众，而是会在理性思考的基础上做出正确的行为。

4.锤炼品德修为，强化大学生综合素质

可以通过培养大学生的理性思维能力、锤炼大学生的品德修为、强化大学生网络综合素质来减少大学生消极从众行为的发生，并促生积极的从众心理。

（1）培养理性思维

大学生作为新时代青年的主力军，在错综复杂的社会大环境和意识形态百花齐放的网络背景下，一定不要盲目随波逐流，要以辩证与独立的态度对待群体的意见和行为，在自己思考和分析的情况下做出正确的判断。

第一，增强独立意识，保持独立个性。大学生具有如此普遍的从众心理的原因之一就是大学生自我意识较弱且普遍缺乏独立性。一方面，大学生要树立自我意识，提高自己在生活上和学习上的独立性和自主性，在与他人交流的过程中，不要盲目参考和接受他人的意见，而是要充分发挥自己的主观能动性，进行独立思考，通过锻炼自己进行独立思考和分析问题的能力，使自身的独立意识和自我意识不断得到增强；另一方面，要促进个性发展，大学生是朝气蓬勃、青春张扬的一类群体，每个大学生都应该是充满个性的个体，并具有自己鲜明的特征。但宣扬个性并不代表哗众取宠，而是要在道德规范的约束范围下保持独特性，发扬充满正能量的个性和人格，既能够培养自己的自信，也能够为群体营造一个积极向上、百家争鸣的氛围。

第二，提高自身科学文化素养。大学生发生盲目从众的重要原因是对事物不了解，因此，大学生在学校接受教育的前提下，也要积极主动地进行自我教育。一是通过参加学校社团活动、社会实践活动、自主阅读等方式提高科学文化素养。同时，互联网的发展使人们足不出户就能行万里路，因此，大学生也可以利用网络信息的便捷性，主动丰富自己的信息来源，扩宽知识面，增长见识，响应国家号召，将自己培养成新时代"四有"青年。二是大学生要增强辨别是非的能力，要对自己充满信心，克服自身的盲目性，遇事要养成主动思考的习惯，有意识地在面对问题时进行多方位的思考和分析，锻炼自己的逻辑思维能力，并将这种习惯长期保持下去，使习惯成自然，这样在面对一个新问题时，既能摆脱群体给自己带来的消极影响，也可以在实现自我价值的基础上为群体带来价值。

（2）锤炼品德修为

大学生要通过提高责任意识、增强抗压能力与坚定理想信念的方式来锤炼自己的品德修为，锻炼自己的坚强意志，避免产生消极从众心理和消极从众行为。

首先，提高责任意识。大学生承担着重大的责任，大到推进社会主义现代化建设和实现中华民族伟大复兴的责任，小到肩负教师、父母和朋友期望的责任。因此，大学生要明确自己身担重任，增强责任意识。大学生要通过经典故事、主流网站等方式，主动学习这类宣传所传达的道德思想和行为，激发自己强烈的爱国主义之情和集体荣辱感、社会责任感。

其次，增强抗压能力。群体压力会使大学生产生从众心理，但并非所有的群体压力带来的发展都是积极的，因此，大学生要在明辨是非的基础上增强抗压能力，勇于拒绝、勇于批判。大学生在面对消极压力时要及时进行自我疏导以及主动寻求他人的帮助，在不断面对压力、缓解压力和释放压力的过程中，增强自身的抗压能力。大学生在发现自己出现心理问题时一定要及时对自己进行心理疏导，主动学习心理疏导的基本方法，积极面对，不要自暴自弃，在发生自己不能解决的情况时，要积极寻求身边人和专业人士的帮助，帮助自己缓解压力，这样才不会在群体消极压力的影响下产生消极从众心理。

最后，坚定理想信念。大学生要将树立坚定的理想信念作为自己奋斗的支撑。大学生既要有为社会主义和共产主义奋斗终生的崇高理想信念，也要有努力实现自身价值的基本理想信念。在坚定理想信念的支撑下，大学生才能够明确自己的定位，对未来有一个明确的认识和憧憬，并为之奋斗，对避免发生消极从众行为也会有积极影响。

（3）强化网络综合素质

首先，提高大学生网络素质。网络并不是完全自由之地，大学生在网络环境下也要遵守相应的道德规范，不能降低对自己的要求，要做到自律，既要提高自身的网络信息素养，也要提高媒介素养。在上网的过程中，做到始终心中有一把衡量的尺子，始终用道德规范来约束自己的行为，明白什么该做，什么不该做，在网络交流的过程中也要保持必要的道德自制力，以增强对网络信息的鉴别能力。在对网络信息进行传播时保持客观性，绝不传播未经查证的舆论或损害他人或集体利益的行为，并自觉维护网络秩序，这样既可以为自己营造一个正面的网络氛围，也能够减少网络消极从众行为的发生。

其次，要做到扬长除弊。大学生需要对自己有一个全面的认识，并清楚自己的长处，明白自己的不足，在群体中既要积极发挥自己的长处，又要弥补自己的不足，促进自己的全面发展。大学生要对自己有一个明确的综合素质培养规划和未来职业规划。一方面，通过制订综合素质培养规划，对自己有一个全面的审视，明确自己的弱势在哪里，对于综合素质较差的大学生，要抓住自己在大学学习的黄金时期，通过各种方式来强化自己的综合素质，为将来步入社会打下坚实的基础；另一方面，大学生需要根据自己的兴趣和优势制作一份明确的未来职业规划，避免在临近毕业时在比较迷茫的情况下出现盲目择业从众的行为，影响自己的一生。

参考文献

［1］钟燕.新媒体视野下大学生思政教育创新探索［M］.天津：天津人民出版社，2022.

［2］陈鑫.新媒体环境下大学生人文素质教育研究［M］.延吉：延边大学出版社，2022.

［3］张萍.大学生心理健康教育［M］.重庆：重庆大学出版社，2022.

［4］王坚，谢康.大学生心理健康教育［M］.苏州：苏州大学出版社，2022.

［5］王清，王平，徐爱兵.大学生心理健康教育［M］.苏州：苏州大学出版社，2022.

［6］王珲.大学生心理健康教育［M］.北京：北京理工大学出版社，2022.

［7］杨惠.大学生心理健康教育理论与实践［M］.武汉：华中科技大学出版社，2022.

［8］李爱冰.大学生心理健康教育机制构建与模式创新研究［M］.延吉：延边大学出版社，2022.

［9］李晓敏，栗晓亮.大学生心理健康调适及其教育管理研究［M］.北京：中国纺织出版社，2022.

［10］左霞.大学生思想政治教育与心理健康研究［M］.长春：吉林大学出版社，2022.

［11］许璘琳.大学生心理健康教育［M］.合肥：合肥工业大学出版社，2022.

［12］薛香.大学生心理健康教育［M］.苏州：苏州大学出版社，2022.

［13］杨健梅，于昊，杨见奎.大学生心理健康教育［M］.北京：九州出版社，2021.

［14］刘岗.高校大学生心理健康教育工作创新研究［M］.北京：北京工业大

学出版社，2021.

［15］张娜，崔玲，刘玉龙.新编大学生心理健康教育［M］.北京：中国民主法制出版社，2021.

［16］秦晓丹.体验式大学生心理健康教育［M］.合肥：合肥工业大学出版社，2021.

［17］李培培，田帅，乌日娜.大学生心理健康教育与心理咨询研究［M］.长春：吉林人民出版社，2021.

［18］张媛聆.新媒体时代高校思政教育研究［M］.成都：四川大学出版社，2020.

［19］刘嵋，刘岳.大学生心理健康教育［M］.成都：电子科技大学出版社，2020.

［20］王刚，曹菊琴.大学生心理健康教育［M］.北京：北京理工大学出版社，2020.

［21］张秀娟.大学生心理健康教育［M］.长春：东北师范大学出版社，2020.

［22］沈沛汝.大学生心理健康教育理论与实践［M］.北京：北京航空航天大学出版社，2020.

［23］马立骥.大学生心理健康教育与实训［M］.上海：上海交通大学出版社，2020.

［24］王金良.青少年社交网站使用与心理健康［M］.北京：科学出版社，2019.

［25］李妲.大学生网络舆情正向引导研究［M］.北京：社会科学文献出版社，2019.

［26］尉海东.大学生品行提升与实践［M］.北京：中国人口出版社，2019.

［27］赵异民，杨中焕，向宇婷.大学生心理健康教育［M］.成都：电子科技大学出版社，2019.

［28］陈玉霞，周英华.大学生心理健康教育［M］.成都：电子科技大学出版社，2019.

［29］路晓英，孙锋，许明超.大学生心理健康教育［M］.天津：天津科学技术出版社，2019.

［30］冯宪萍.大学生心理健康教育［M］.济南：山东人民出版社，2019.

［31］王天哲.大学生心理健康教育［M］.西安：西北大学出版社，2019.

［32］严敏，熊星.大学生心理健康教育［M］.青岛：中国海洋大学出版社，
2019.

［33］李国毅.大学生心理健康教育［M］.北京：国家行政学院出版社，2019.

［34］罗旋，王倩婷，杜爽.大学生心理健康教育［M］.长春：吉林科学技术
出版社，2019.

［35］高宁悦.大学生心理健康教育［M］.长春：东北师范大学出版社，2019.